成人(网络)教育系列规划教材
CHENGREN (WANGLUO) JIAOYU XILIE GUIHUA JIAOCAI

管理会计

GUANLI KUAIJI

主　编　李玉周

西南财经大学出版社
Southwestern University of Finance & Economics Press

总 序

随着全民终身学习型社会的不断建立和完善，业余成人（网络）学历教育学生对教材的质量要求越来越高。为了进一步提高成人（网络）教育的人才培养质量，帮助学生更好地学习，依据西南财经大学成人（网络）教育人才培养目标、成人学习的特点及规律，西南财经大学成人（网络）教育学院和西南财经大学出版社共同规划，依托学校各专业学院的骨干教师资源，致力于开发适合成人（网络）学历教育学生的高质量优秀系列规划教材。

西南财经大学成人（网络）教育学院和西南财经大学出版社按照成人（网络）教育人才培养方案，编写了专科及专升本公共基础课、专业基础课、专业主干课和部分选修课教材，以完善成人（网络）教育教材体系。

由于本系列教材的读者是在职人员，他们具有一定的社会实践经验和理论知识，个性化学习诉求突出，学习针对性强，学习目的明确。因此，本系列教材的编写突出了基础性、职业性、实践性及综合性。教材体系和内容结构具有新颖、实用、简明、易懂等特点；对重点、难点问题的阐述深入浅出、形象直观，对定理和概念的论述简明扼要。

为了编好本套系列规划教材，在学校领导、出版社和其他学院的大力支持下，首先，成立了由学校副校长、博士生导师丁任重教授任主任，成人（网络）教育学院院长唐旭辉研究员和出版社社长、博士生导师冯建教授任副主任，其他部分学院领导参加的编审委员会。在编审委员会的协调、组织下，经过广泛深入的调查研究，制定了我校成人（网络）教育教材建设规划，明确了建设目标，计划用两年时间分期分批建设。其次，为了保证教材的编写质量，在编审委员会的协调下，组织各学院具有丰富成人（网络）教学经验并有教授或副教授职称的教师担任主编，由各书主编组织成立教材编写团队，确定教材编写大纲、实施计划及人员分工等，经编审委员会审核每门教材的编写大纲后再编写。

经过多方的努力，本系列规划教材终于与读者见面了。在此之际，我们对各学院领导的大力支持、各位作者的辛勤劳动以及西南财经大学出版社的鼎力相助表示衷心的感谢！在今后教材的使用过程中，我们将听取各方面的意见，不断修订、完善教材，使之发挥更大的作用。

西南财经大学成人（网络）教育学院

2009 年 6 月

前 言

管理会计是适应当代社会经济发展和市场经济环境对企业管理的需要而从传统成本会计体系中分离出来的，并且与财务会计一起成为现代企业会计的两大支柱。随着社会经济的不断发展，市场竞争日益激烈，现代企业对具有会计特征的管理会计的要求越来越高；同时，现代管理科学理论的完善和方法的丰富，也为管理会计的不断发展提供了条件。管理会计是现代管理科学与会计学科的有机结合，是一门新型的综合性的边缘学科。

本书由从事大学会计教学尤其是管理会计教学工作多年的老师编写而成。书中全面、系统地介绍了管理会计的基本理论、管理会计的方法原理及其应用。立足现实，展望未来；立足中国，放眼世界；既注重所述内容的现实适用性，又致力于理论探索的前瞻性；以此使读者扩大视野、开拓思路，从而为他们能适应有关环境和条件的变化，综合而灵活地运用书中所述的原理和方法，提高理论洞察力。

本书特点可概括为：(1) 在保持管理会计原有风貌的同时，注重对管理会计的基本方法讲解；(2) 内容简洁，适合学生使用。

本书既可作为高等财经院校、管理院校有关专业的学生学习管理会计的教材，也可作为广大企业管理干部自学或进修管理会计课程的参考用书。

本书由李玉周担任主编，李来儿、李海燕、吉利担任副主编。编写分工如下：第一章、第二章由西南财经大学李玉周编写，第三章由李玉周、王莉负责编写，第四章和第七章由西南财经大学吉利负责编写，第五章和第六章由成都信息工程学院李来儿负责编写，第八章、第九章和第十章由西南财经大学李海燕负责编写。

由于编者学识水平有限，编写时间仓促，有些地方难免有疏漏、错误与不足之处，恳请广大读者批评指正。

编 者

2009 年 11 月 17 日于西南财经大学

前言

[illegible]

目录

1 总论

管理会计是一门应用型学科，掌握好管理会计的基本概念是学习这门课程的基础，进而了解管理会计的发展过程和内容，并对比管理会计和财务会计的区别与联系加以掌握。

1.1 管理会计的概念

管理是指在一定的生产方式下，人们为了达到预期的目标和任务，按照某些原则、程序和方法，针对管理对象所进行的计划、组织、指挥、协调、控制等一系列的活动或职能。它的基本任务是把劳动者、劳动手段、劳动对象以及生产技术情报科学地组织起来，并按系统最优的方式进行经营，其终极目标是为了取得最大的经济效益和社会效益。

随着社会的发展，管理会计与企业生产经营活动结合得十分密切，在企业会计中已明显形成财务会计与管理会计两个分支。

美国会计学会（AAA）于1958年成立了“管理会计委员会”，该委员会对管理会计作了如下的概括：“管理会计是运用适当的技巧和概念，处理和分析企业的历史资料或预测的经济资料，以协助管理当局制定经营目标，编制计划，做出各种决策，以达到企业的经营目标。”还指出：“管理会计使用一些必要的方法和概念，以编制有效的计划，从多种方案中作最优选择，并且通过对业绩评价与分析来进行控制，对专项问题的会计资料进行汇总、分析和提出报告。”后来，不少国内外学者对管理会计的定义提出了不同的看法。有的学者认为：管理会计是以现代管理科学为基础，以提高经济效益为目的，以一系列特定的技术方法为手段，对企业生产经营活动进行规划和控制的信息系统。也有学者认为：管理会计是通过一系列专门方法，对财务会计资料及其他资料进行整理、分析，使企业各级管理人员能据以对日常发生的经济活动进行规划与控制，并帮助管理人员做出各种决策的信息处理系统。还有学者认为：管理会计是一个收集、分类、总结和报告信息的系统，它有助于管理者进行决策和控制。1982年，英国成本与管理会计师协会（ICMA）对管理会计的概念提出了一个新的定义，认为除审计以外的会计系统所有组成部分都应属于管理会计，认为财务会计的一切工作都是服务于管理需要的，对外的财务报表也是决策的依据之一。这种意见得到国际会计师联合会管理会计委员会的赞同。当然这个概念是一个广义的管理会计概念，向企业外部的信息使用者报告企业的财务状况和经营成果也是企业管理当局的责任。企业外部的投资者债权人及潜在的投资者取得财务会计报告也是为了进行决策和管理。从这个角度来说，财务会计也属于管理会计。

综合各家之长，考虑到体现管理会计的特点、本质和职能，我们认为：管理会计是以现代管理科学为理论基石，从财务会计中分离并具有会计特征，通过规划、控制和组织的方式为企业内部管理提供决策支持的会计信息系统。

对于管理会计的概念可以从广义和狭义两个方面去理解。广义的管理会计，是指用于概括现代会计系统中区别于传统会计，直接体现预测、决策、规划、控制和责任考核评价等会计管理职能的那部分内容的一个范畴。这个概念既适用于揭示目前得到公认的微观管理会计（即企业管理会计）的本质，又可以反映正在形成的宏观管理会计和国际管理会计的一般特征。狭义的管理会计，又称微观管理会计，是指以强化企业内部经营管理、实现最佳经济效益为最终目的，以现代企业经营活动为对象，通过对财务等信息的深加工和再利用，实现对经济过程的预测、决策、规划、控制、责任考核评价等职能的一个会计分支。它是一种侧重于在现代企业内部经营管理中直接发挥作用的会计，同时又是企业管理的重要组成部分，因而也有人称其为内部经营管理会计。

总之，被西方称为“管理会计”的那个客体，就其客观内容而言，不过是现代会计系统中区别于传统会计，能够更明显更集中地体现会计职能中预测经营前景，参与经营决策、规划经营方针、控制经济过程、考核评价责任业绩等内在功能的那部分工作内容。显然，将管理会计作为现代会计的范畴考察，将其同现代经济环境、现代经济管理实践的特点联系起来，有助于一系列管理会计基本问题的圆满解决。

1.2 管理会计的发展过程简要回顾

1.2.1 管理会计的形成

一种新的理论、方法或学科的出现，需要同时具备两个条件：一是社会的需要；二是客观的现实可能。管理会计正是社会的需要和客观现实可能的产物。

管理会计的产生是经济发展的客观要求。早期的企业经营一般是独资或合伙的组织形式，企业的经营活动由企业的所有者自己管理。由于当时企业规模小，经营活动简单而重复，资本投入量不大，管理者依靠传统会计核算所提供的信息已足够满足企业经营管理的需要。随着科学技术的进步，特别是 18 世纪后期第一次工业革命由于动力问题的解决而引起机器设备的大量使用，经济得到高速发展，企业生产规模日益扩大。进入 19 世纪，大规模生产需要投入大量资本，股份公司组织形式在经济生活中开始占据支配地位。股份公司以其雄厚的资本和明细的生产分工在资本主义经济中得到迅速发展，并反过来促进了经济的进一步繁荣。股份公司显著的特点是其所有者（即股东）众多，而且大多远离作为经营实体的企业，他们中绝大多数人不可能直接参与企业管理，只能委托他们的共同代理人即总经理来承担，这就出现了企业所有权与经营权的分离。所有权者等企业外部人员需要了解企业客观公正的财务状况和经营成果信息，对财务会计产生了客观要求。经营权者等企业内部管理人员需要有效地履行自己的经营职责，并努力使股东财富最大化，对管理会计产生了客观要求。所以，随着经济的发展，企业所有权与经营权的分离是管理会计产生的客观条件。

企业所有权与经营权的分离是管理会计产生的客观条件，而现代管理科学则是管理会计形成和发展的理论基石。管理会计的产生、发展、完善是与科学管理理论的发展密切联系的，伴随着科学管理理论的发展，管理会计的形成和发展经历了两个显著阶段。

管理会计的形成过程归纳如表 1 - 1 所示：

表 1 - 1

时间	地点	会计学发展的重要事件
13 世纪	意大利	文艺复兴，工商业的发展带动复式记账法出现
15 世纪末（1494 年）	意大利	卢卡帕乔利（Luca Pacioli）在其所著的《算术、几何、比及比例概要》一书中正式提出复式记账法和“簿记学”
19 世纪末，20 世纪初	英国	英国学者皮克斯利迪克西和乔治李斯尔把簿记学推进到会计学。
20 世纪 30 年代	美国	一战后，会计理论的研究中心由英国转移到美国。泰罗的科学管理带动会计学科的发展，首次在成本会计中将标准成本制度、预算控制和差异分析等专门方法引进到原有的体系中来。管理会计思想的萌芽出现
20 世纪 40 年代	美国	二战结束后，企业规模日益扩大，竞争剧烈，企业为了战胜对手，增强竞争力，不得不重视提高内部工作效率，所以“责任会计”和“成本 - 业务量 - 利润分析”等专门方法应运而生。现代管理会计萌芽出现
20 世纪 50 年代	美国	科技日新月异，生产力迅猛发展，企业规模愈趋庞大，跨国大型公司的出现，市场竞争更加激烈，为了应对这些形势，现代“管理会计”体系开始形成。1952 年，国际会计师联合会（IFAC）正式通过“管理会计”（Management Accounting）这个专门词汇

1.2.2 现代企业会计的两大支柱

会计系统是一个信息系统。就会计系统所提供信息的性质和用途来看，现代企业会计可分为两大重要领域：财务会计与管理会计。财务会计与管理会计构成现代企业会计的两大支柱，两者从不同的角度反映和控制企业生产经营活动，相互补充、相互配合，共同提供决策者所需要的会计信息。

财务会计通过定期对外公布的财务会计报表，主要为企业外部与企业有经济利益关系的各种社会团体和个人服务。对外公布的财务会计报表能定期、概括、客观地反映企业的财务状况和经营成果，这些信息正是企业外部的投资者（如股东）、债权人（如银行）和其他人员所关心和需要的。企业的投资者通过财务会计报表了解企业的盈利能力，企业的债权人通过财务会计报表了解企业的偿债能力，有关政府机构和法律部门也要求企业提供真实可靠的财务报告。所以，企业是社会的组成部分，其财务状况和经营成果是社会各方面共同关心的问题，需要财务会计通过确认、计量、记录、报告等环节以会计报表形式来满足外部各方面的需要。

随着经济发展，企业经营规模日趋扩大，经营活动日趋复杂。同时，市场竞争也日趋激烈。由于财务会计所处的公允立场，使得财务会计信息偏重于适应企业外部集团和人员的要求。财务会计这种固有的局限要求有一套为企业内部经营管理服务的会计信息系统，这就产生了管理会计。管理会计侧重于为企业内部各管理阶层和人员服务，它运用一系列特定的理论概念和专门方法，对包括财务会计数据在内的各种企业管理所需信息进行进一步加工、报告，为企业内部管理阶层和人员提供有助于他们进行正确规划、决策和控制管理的会计信息。

综上所述，管理会计是经济发展的客观要求，它源于成本会计，并以现代管理科学为理论基石，它是会计学科与管理学科有机结合所形成的一门新型边缘性科学，其重点是为企业内部经营管理服务。管理会计的形成与发展，标志着传统财务会计职能的扩展，是会计发展史上的又一里程碑。

1.2.3 管理会计的发展

第二次世界大战后，随着经济的不断发展，西方的企业组织发生了较大变化：企业的规模越来越大，企业人员不断增加，企业的机构由一个地区扩展到若干地区，由国内扩展到国外，出现了众多的跨国公司。跨国公司的出现，使企业之间的激烈竞争由国内转向了国际，世界范围内的经济竞争加剧了。

鉴于经济的发展和竞争的加剧，传统的管理方式已不能满足管理的要求，因而产生了现代化管理。现代化管理是一整套管理理论和方法的总称，它的主要特征可以归纳为以下几个方面：

（1）适应市场需要，以销售为中心开展管理工作，加强竞争意识，不断开拓市场。

（2）实行专业化协作生产，打破部门、行业、企业之间的界限，通过协作关系，使各企业形成一个有机的系统。

（3）在管理方法上，定性分析和定量分析相结合。

（4）广泛使用电子计算机进行日常的经营管理工作。

（5）重视调动劳动者和上下左右各部门的工作积极性，最大限度的提高劳动生产率。

企业为了在激烈的市场竞争中求得生存和发展，同时为了适应现代化管理的要求，客观上对会计工作提出了更高的要求，至少要求加强两方面的工作：一方面，由于企业经营规模不断扩大，需要运用会计手段加强对企业经济活动的管理，进行内部控制和考核；另一方面，由于竞争日益加剧，市场行情变化莫测，企业需要加强预测、决策工作，要求会计工作提供管理上所需要的有关预测、决策等方面的信息资料。这两方面的工作是传统的记账、算账、报账的财务会计所难以胜任的。这就必然刺激和加速具有预测、控制、决策、分析和考核等职能的为企业内部管理服务的管理会计的进一步发展。特别是随着科学技术的飞速发展，社会科学和自然科学的各个学科的不断发展和相互渗透，各种数学方法（如运筹学、数理统计学），行为科学和电子计算机等广泛应用于管理会计，使管理会计逐渐发展成为具有一定基本理论和专门方法的新的会计分支。

进入20世纪70年代后，管理会计在世界范围内进一步发展，其理论和方法（比如预算控制、责任会计等理论和方法）不仅应用于制造业和服务性行业等，而且还应用于各种非盈利组织。这使得管理会计在经济活动中所发挥的作用越来越大。

此外，西方国家的各种管理会计组织的建立、职称的设定和刊物的发行，对管理会计理论和方法的不断丰富、发展和完善，起到了极大的推动作用。

在美国，美国会计师协会（NAA）、美国会计学会（AAA）等主要的会计组织下面，都设有致力于研究和推动管理会计发展的管理会计协会。在美国，公认的会计职称有两种：注册管理会计师（CMA）和注册会计师（CPA）。二者之间的差别是，注册管理会计师主要从事企业内部的各种咨询、审计工作，为企业领导人员的决策出谋划策；而注册会计师是一种独立的职业，受企业委托，对企业的各种财务报表进行独立、客观、公正的审计，并对审计结论承担法律责任。

在我国，管理会计这个概念出现并被人们所知晓的时间是在20世纪70年代末80年代初，但管理会计的有关内容在中国最早出现的时间是在20世纪50年代。

管理会计的发展是和社会生产力的发展紧密相连的。我国从20世纪50年代出现管理会计内容到90年代，管理会计的发展大致经历了两个阶段：

第一阶段，孕育阶段

我国1953年进入经济建设时期，在20世纪50年代和60年代企业全面推行前苏联的企业管理经验和会计理论方法的同时，还结合自己的实际，采取了一些新的可行措施，如在企业中实行的经济核算制，企业内部开展班组（柜组）经济核算等。其间所出现的一些管理会计内容表现在：①20世纪50年代的成本、管理工作，进行成本的事前控制与事后分析；②20世纪50年代推选的班组（柜组）核算和开展经济活动分析；③20世纪50年代在重点建设工程进行可行性研究和投资效果分析；④20世纪60年代在国营企业推行财务收支计划管理，实行资金归口分级管理；⑤实行生产技术财务计划和厂内经济核算制度。这些做法虽然谈不上完善，作为管理会计的内容也是支离破碎的，但它毕竟突破了传统财务会计只是记账、算账的老框框，这就标志着中国特色管理会计产生了萌芽。

第二阶段，起步阶段

1978年党的十一届三中全会为我国开创了经济建设的新时期，从此，党的工作重点转移到以经济建设为中心的轨道，实行对内搞活和对外开放的方针，全面进行经济体制改革。在企业管理体制方面，陆续出台了一系列改革措施，赋予企业应有的自主权，企业开始实行独立核算，自主经营，自负盈亏，从而打破了职工吃企业的“大锅饭”，企业吃国家的“大锅饭”的局面，企业为了在市场竞争中立于不败之地，必须由生产型向生产经营型转变，企业经营者要把工作重点转移到搞好经营管理、提高经济效益上面来。

在这种形势下，企业会计面临着由核算型会计向管理型会计转变的历史任务——建立具有参与企业管理职能的会计管理系统，构建中国特色管理会计。由此，从20世纪70年代末到90年代，中国管理会计形成雏形并进入了起步阶段，这个阶段大致有以下特点：

第一，以引进为先导。为了建立中国的管理会计，在20世纪70年代末80年代初我们自己这方面的基础还比较薄弱的情况下，考虑国外管理会计发展比较成熟，采取了引进西方管理会计理论和方法，从我国实际需要出发，进行合理的借鉴。

第二，加强宣传，鼓励应用。管理会计是一门应用科学，在它成熟之前，必须先掌握它并在实践中逐渐应用它。于是，在引进西方管理会计之后，国内曾一度在会计领域形成一个学习、宣传和应用管理会计的热潮，比如，据不完全统计，仅20世纪80年代中后期，国内正式出版《管理会计》著作达几十部，全国近百家杂志发表了大批有关管理会计内容和应用方面的文章，其中包括部分专家、学者关于建立中国管理会计理论和方法的研究成果。

第三，通过教育，培养专业人才。据了解，到1985年前后，全国大专院校的会计专业相继开设了管理会计课，此外，不少政府部门、行业、企业和学术团体，组织了不同形式的管理会计培训班，为在中国建立和推行管理会计培养人才。

第四，确立了管理会计在中国会计学科体系中的地位。例如，国家主管部门统一安排的会计活动中开始把管理会计作为会计的组成部门；会计专业教学计划中把管理会计定为一门专业主干课，还有部分大学招收管理会计研究方向的硕士和博士研究生。

总的来说，管理会计无论是理论研究方面，还是方法应用方面以及学科的建设等各方面，在我国都取得了可喜的成绩。但在发展过程中，也有不尽如人意的地方，主要表现在体系还不完善，特色还不突出，应用还不普遍，理论还不成熟，中国特色管理会计理论和方法体系尚未最终形成，它表明中国的管理会计还刚刚起步，还未到成熟时期，有待进一步深入细致的研究。

1.3 管理会计的内容

关于管理会计的内容，目前有不同的表述。有的称为管理会计的主要内容，有的称为管理会计的基本内容，也有的称为管理会计的基本体系。这些不同的表述，反映出学术界对管理会计内容的认识程度不统一。有的仅仅是粗略概括出管理会计的基本内容，并未从一个“体系”的角度去认识；有的则已把管理会计的内容作为一个较为完整的体系来进行研究。

由于管理会计出现的时间不长，又是一门多种学科相互结合、相互渗透的综合性学科，因此，要严格地界定管理会计的基本内容是比较困难的。目前，从国外有关著述来看，有些著述在论述管理会计的内容时，还兼述了财务会计的某些内容。

我们认为，目前对管理会计的内容体系做出归纳和表述，既有可能性，又有一定难度。可能性在于，管理会计形成至今已有近 80 年的时间，经过业内人士的努力探索，目前已基本形成管理会计的框架体系，也就是“基础性管理会计”基本内容框架体系。这部分管理会计的内容属基本定型的内容，无论进行怎样的分类和归纳，基本内容总是相对统一和固定的。因此，建立管理会计的内容体系具有可能性。难度在于，社会经济的不断发展，科学技术的不断提高，都会给管理会计带来很大的发展契机和空间。从这一点来看，管理会计的基本内容是“发散型”的，而不是“收敛型的”。既然它是“发散型”的，要对其未来发展的内容进行归纳，是较为困难的，因此建立管理会计的内容体系又有一定的难度。

然而，管理会计学科的不断发展，不能成为不对管理会计的内容体系进行归纳和总结的理由。事物既有发展性，也有相对稳定性。基于此，我们从管理会计的整个形成过程和已可预见的未来发展趋势出发，综合各家之言，试对管理会计的内容体系做出如下归纳。

管理会计的基本内容可以按其形成和发展过程划分为两部分：基础性管理会计和未来发展新领域。

基础性管理会计又可以分为三大部分：基本理论、基本前提和基本方法。基本理论包括基本概念、基本假设、管理会计的对象、管理会计的目标、管理会计的职能、管理会计的信息特征以及管理会计与财务会计的关系等。基本前提是按成本特性划分成本，其理由是管理会计的大多数方法都是建立在按成本特性划分成本的基础之上的。基本方法包括本—量—利分析法、变动成本法、短期经营决策分析、长期投资决策分析、全面预算、标准成本系统、责任会计等。如前所述，介绍这些基本方法的基本原理及其应用，便构成了基础性管理会计的主要内容。

未来发展新领域是指管理会计会随着经济的发展和企业经营管理的要求而不断开拓新领域，吸收新内容，从而发展成为一门更为新型的学科和一项更适应未来经济发展要求的管理工作。作业成本计算、质量成本会计、人力资源管理会计、资本成本会计、行为会计、战略管理会计、环境会计等，这些内容都是目前会计界讨论的热门话题。

综上所述，我们可以将管理会计的内容体系进行归纳，如图 1 -1 所示：

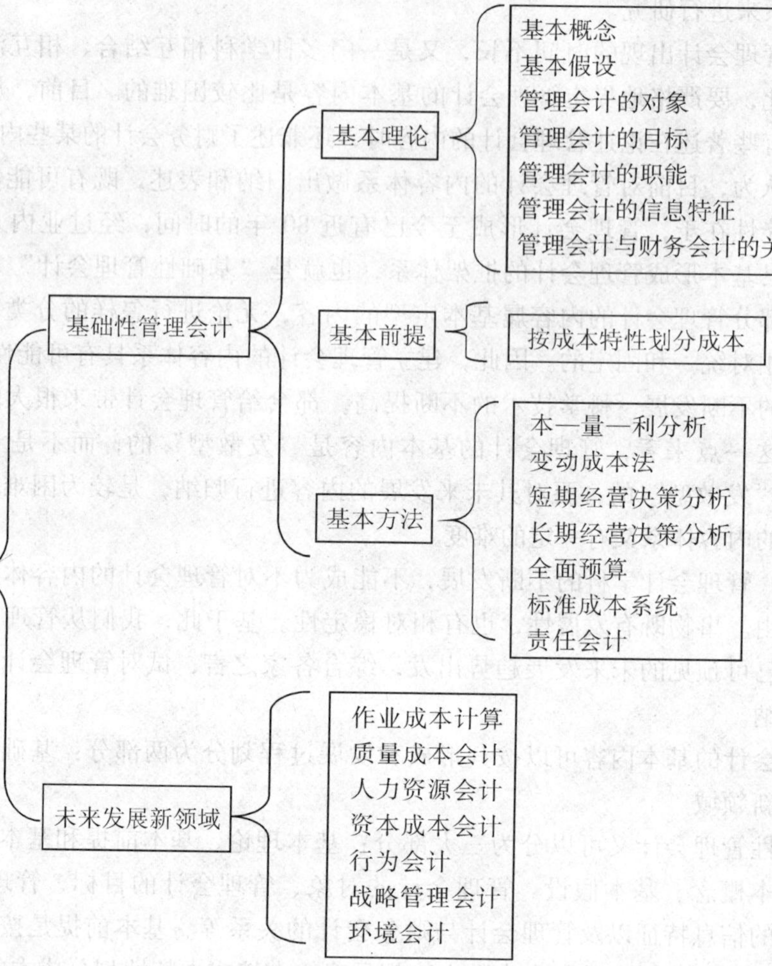

图 1-1

1.4 管理会计与财务会计的区别与联系

关于管理会计与财务会计的关系，目前学术界比较统一的看法是：两者同属企业会计信息系统，既有区别，又有联系。

1.4.1 管理会计与财务会计的区别

管理会计作为与财务会计并列的相对独立的会计子系统，必然具备其特殊性，这就是说，二者之间必然存在区别。

管理会计与财务会计的区别可以归纳为以下几个方面：

1. 主要目的不同

主要目的不同是管理会计与财务会计最主要的区别，其他的区别都是由这个区别派生出来的。财务会计的主要目的是对企业的经济活动进行核算，为企业外部各有关方面提供反映企业财务状况和经营成果的财务信息。管理会计的主要目的是通过收集、加工、处理有关信息，为企业内部各管理层提供经营管理上所需的管理信息。

对于财务会计和管理会计的目的，不能绝对化。财务会计也要为企业内部经营管理提供财务信息，并且这些财务信息对企业经营管理决策而言是十分有用的信息。但由于财务会计对外提供财务信息是法定职责，因此，相比之下对外提供财务信息是主要目的。同样，由于经济的发展和市场竞争的需要，企业外部的有关方面也要求企业提供有关管理会计方面的信息（例如企业的投资可行性分析报告、项目盈利预测等），这样，管理会计也有必要向企业外部有关方面提供管理信息，但这毕竟不是管理会计的最主要的目的。

2. 遵循公认会计原则方面不同

财务会计必须严格遵循“公认会计原则”（在我国为企业会计准则和会计制度），具有统一性。例如，要求统一的货币量度、统一的报表格式、定期编制财务报表、核算必须准确等。管理会计则不受公认的会计原则和会计制度的约束，其处理方法根据企业管理的实际情况和需要确定，具有较大的灵活性。

需要说明的是，管理会计在遵循会计准则和会计制度方面具有灵活性，并不是说可以完全摆脱会计准则和会计制度的约束，只是说具有较大的灵活性，而在某些方面仍然要受其约束，如费用摊销方法、折旧计提方法等方面。

3. 工作对象的范围不同

财务会计工作对象的范围主要是企业整体，以整个企业为对象，提供集中、概括的财务会计信息，据以对过去的财务状况和经营成果做出综合的评价与考核。管理会计虽然也服务于整个企业的经营管理，但其重点在于企业的各个局部，如各车间、各部门，甚至各种产品、各个职工等。

4. 工作的着眼点不同

财务会计注重反映过去已经发生的经济活动，着眼点在过去，进行事后处理；管理会计则在分析过去、控制现在的同时，更注重规划未来，即进行事前的预测、规划和决策分析。

5. 方法体系不同

财务会计的方法比较稳定，核算时往往只需运用简单的算术方法。管理会计可选择灵活多样的方法对不同的问题进行分析处理，即使对相同的问题也可根据需要和可能而采用不同的方法进行处理，在信息处理过程中大量运用现代数学方法。

6. 对人员的素质要求不同

财务会计主要是对过去的经济活动进行如实反映，当然也对事中的经济活动进行控制，其职能主要是反映和控制，对财务人员的素质要求是具备基本的会计专业知识、核算技能和监督技能。管理会计则要在分析过去、控制现在的基础上，着重筹划未来，其职能包括规划、决策分析、控制和考核。因此，对管理会计人员来讲，需要具备更为广博的知识。

综上所述，总结如下表 1－2：

表 1-2

	管理会计	财务会计
服务的对象和报告的目的不同	对内 经营性会计	对外 报账性会计
所遵循的原则不同	不受公认的会计原则约束	受公认的会计原则约束
所受约束不同	不受会计准则，会计制度约束，具有灵活性	受会计准则，会计制度约束
职能不同	对现在和将来	对过去
范围不同	一个特定的对象如车间	一个公司（企业）
方法不同	行为科学，运筹学、高等数学	简单的数学方法、计算
对信息的准确性和精确度的要求不同	内部使用、强调结果而非精确，不需要定期报告	法律效力，强调结果要定期报告
对人员的素质要求不同	更为广博的知识	基本的会计专业知识、核算技能和监督技能

1.4.2 管理会计与财务会计的联系

关于管理会计与财务会计的联系，可以从三个方面去认识：一是过去的联系；二是现在的联系；三是未来的联系。从过去来看，管理会计是适应经济管理的需要，从传统会计中分离出来的一个会计分支，因此，管理会计起源于会计领域；从现在来看，管理会计无论是名称还是工作内容，都离不开财务会计，因为管理会计无论其作用如何，提供的信息总是与会计信息有关，总是以价值信息为主，因而总是属于会计领域；从未来发展来看，管理会计将在作业成本计算与作业管理、质量成本会计、人力资源会计、资本成本会计、行为会计、信息资源会计、委托—代理会计、战略管理会计等方面发展。但无论如何，始终与“会计”分不开，管理会计离开了会计特征，也就失去了自身存在的价值。例如，战略管理会计的出现，可能使管理会计逐渐从管理工具地位（信息系统）走向管理决策地位，但这只是一种设想。因为，战略管理是企业管理的一个组成部分，是决定企业生死存亡的重大管理行为，是企业管理当局的最重要的决策。战略管理会计只是为战略管理服务，是提供有关信息资料的，无论如何，它代替不了战略管理本身。

通过以上的分析，可以将管理会计与财务会计的联系归纳如下：

1. 基础相同

管理会计与财务会计都是传统会计的基础上形成和发展起来的，两者都出自于传统会计，有着相同的“血缘”。

2. 同属于会计信息系统

现代社会已进入信息社会。会计是提供信息的，因此，会计实质上是一个信息系统。财务会计系统是基础，管理会计是为了满足企业经营管理上的要求，根据财务会计提供的信息，以及从财务会计信息系统以外取得的有关信息进行加工计算，从而提供管理会计信息。目前管理会计发展的新领域很多，但无论怎样发展，管理会计都必须借助于财务会计系统提供的财务信息，以此作为其工作基础，并且提供的信息仍然是以价值信息为主。所以，从长远来看，财务会计与管理会计仍应属于同一会计信息系统。

3. 共同遵循一些基本的会计核算原理

财务会计和管理会计都要遵循一些基本的会计核算原理，如折旧方法、费用摊销、纳税计算、收入认定、成本结转等。财务会计和管理会计都需要合理确定折旧方法；在费用摊销上都要遵循公允性原则；纳税计算都要遵循国家的税法及有关规定；在收入认定及成本结转方面，要遵循企业会计准则以及配比原则等。

本章小结

管理会计是以现代管理科学为理论基石，从财务会计中分离并具有会计特征，通过规划、控制和组织的方式为企业内部管理提供决策支持的会计信息系统。其定义可以从广义和狭义两方面理解。管理会计是经济发展的客观要求，也是所有权和经营权相分离，现代管理科学发展的结果。随着社会生产力的发展，管理会计先后经历了孕育和起步阶段，并逐步形成了包括基础性管理会计和未来发展领域的管理会计体系。而对于同属于会计系统的财务会计和管理会计，它们主要的不同表现在主要目的、遵循的公认会计原则、工作对象、工作着眼点、方法体系和对人员的素质要求等方面，同时它们又有着相同的基础，同属于会计信息系统，并且共同遵循一些基本的会计核算原理。

本章复习思考题

1. 什么是管理会计？
2. 管理会计是怎样形成的？
3. 管理会计经历了哪些发展阶段？各发展阶段有些什么特点？
4. 管理会计的基本内容有哪些？
5. 管理会计与财务会计有何区别与联系？

2 成本性态分析和变动成本法

学习本章要求了解成本的基本概念，掌握成本性态的分析方法，学会区分固定成本和变动成本，并能够对混合成本进行分解。同时也需要掌握边际贡献的相关概念与计算，在此基础上对完全成本法和变动成本法加以掌握与区别，并学会用两种方法计算产品成本。

2.1 成本的分类

2.1.1 成本的基本概念

按照马克思主义的观点，所谓成本，就是商品生产中耗费的活动和物化劳动的货币表现。马克思认为："按照资本主义方式生产的每一个商品 W 的价值，用公式来表示是 $W=c+v+m$。如果我们从这个产品的价值中减去剩余价值 m，那么，在商品中剩下的，只是一个在生产要素上耗费的资本价值 $c+v$ 的等价物或补偿价值。"具体来说，成本就是企业为生产和销售一定数量的产品和提供一定数量的劳务所支出的费用总和。

在西方资本主义社会，经济学家们把成本表述为："为了获得某些产品或劳务而做出的牺牲，这种牺牲可以用支付的现金、转移的财产以及提供的劳务等来衡量。"

由于这个定义不仅是对成本的解释，还涉及到费用的支出和资产的获得等，所以，在理解成本的概念时，还有必要认识成本、费用、资产三个概念之间的关系。

西方会计学家认为，成本、费用和资产三个概念既有区别，又有联系。如果成本具有可以识别的未来服务的功效，那么成本就是资产。比如，预付保险费就可以被看作资产，因为它具有未来服务的功效，这种预付款提供了一种保护，可以保护企业不受影响经济活动方面的损失。如果资产所含的功效已被使用，这部分被使用过的资产的功效就成为费用。按照这种观点，成本与费用这两个概念在发生的时间和数量等方面都是有区别的。或者可以说，费用就是按照规定需要在某一会计期间抵减收入的那部分成本。

2.1.2 成本的分类

在实际工作中，处于不同的目的和需要，可以从不同的角度对成本进行分类。将西方传统的财务会计中的成本分类与我国会计中的成本分类两者结合起来看，成本大致可做如下分类（制造企业、服务企业等各种类型的企业都要发生各种各样的成本，但其中以制造企业发生的成本最为完整和典型，所以以下的成本分类以制造企业中发生的成本为例)：

（1）按成本与生产过程的关系划分，可以分为制造成本和非制造成本。

制造成本是指在产品的生产过程中发生的成本。它包括三个方面的内容：

①直接材料——又称为原材料，指构成产品实体的原料和主要材料。

②直接人工——指直接进行某种产品的生产，可以直接计入该种产品成本的人工成本。

③制造费用——指在生产中发生的除直接材料和直接人工以外的所有其他成本支出，如间接材料、间接人工、保险费、折旧费、维修费等。

上述三个要素中，直接材料又称为主要成本，直接人工和制造费用又称为转换成本或加工成本，这是因为这两项成本都是为了将原材料加工成完工产品而发生的。

非制造成本指不是在产品的生产过程中发生的支出。它包括两个方面的内容：

①推销费用——指为满足顾客购货要求和向顾客出售产品或提供劳务所发生的一切必要支出。例如，广告费、运输费、销售佣金、完工产品的储存成本等。

②管理费用——指不能包括在制造成本和推销成本中的一些行政开支费用，如办公费用、交际费用等。

以上各类成本之间的关系如图 2－1 所示。

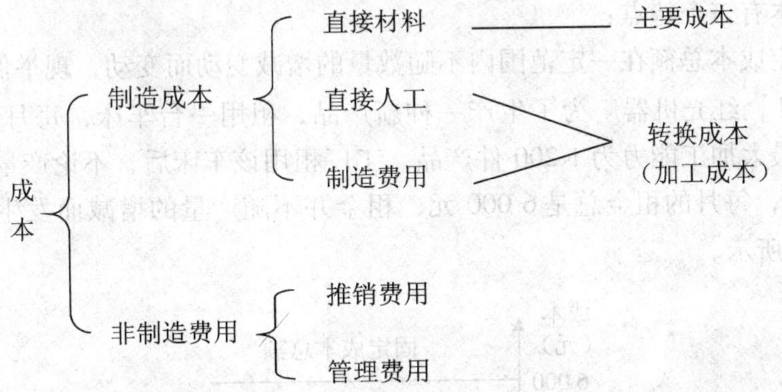

图 2－1

（2）按成本计入产品的方式划分，可以分为直接成本和间接成本。

直接成本指可以直接计入某种产品的那部分成本。

间接成本指不能直接计入产品成本，而需要采用特定方法进行分摊的那部分成本。

（3）按成本与产量（或业务量）之间的依存关系划分，可以分为固定成本、变动成本、混合成本。

（4）按一个组织或单位对成本的可控性划分，可以分为可控成本和不可控成本。

2.2 成本性态分析方法

成本与产品产量和利润之间的关系十分密切。为了加强成本管理，满足管理上对于提供成本资料的各种要求，就有必要按成本与数量之间的关系来划分成本。

2.2.1 成本特性（Cost Behavior）的基本概念

成本特性又称为成本习性或成本形态，它是指成本总额与数量之间的一种依存关系。这里的数量，可以说是产品的生产量、销售量，也可以是提供劳务的作业量。根据成本总额与数量之间的这种依存关系，可以将企业的全部成本划分为三大类：固定成本、变动成本和混合成本。

2.2.2 固定成本（Fixed Cost）

凡是成本总额在一定范围内不随数量的增减变化而发生变化的成本，称为固定成本。例如，机器设备按直线折旧法提取的折旧费、租金、财产保险费、广告费、差旅费、办公费等。

固定成本有三个特点：

（1）固定成本总额在一定范围内不随数量的增减变动而变动，现举例说明。

［例2－1］红光机器厂为了生产一种新产品，租用一台车床，每月租金6 000元。该车床每月最大加工能力为1 200件产品。工厂租用该车床后，不论产量多少，只要在1 200件以内，每月的租金总是6 000元，租金并不随产量的增减而发生变化。上述情形如图2－2所示。

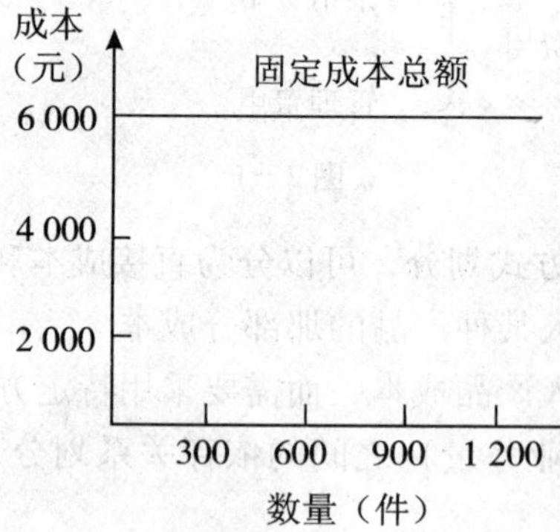

图2－2

（2）超过一定的范围，固定成本总额仍然要发生变化。所以，从更大的范围来看，绝对“固定”的成本是不存在的。这里谈到的是“一定的范围”，在管理会计中称为“相关范围”（Relevant Range），它是一个十分重要的概念。

仍依上例。假定红光机器厂打算共生产1 800件产品，现需要再租用一台车床。这样，每月的租金就要增加到12 000（2×6 000）元。上述情形如图2－3所示。

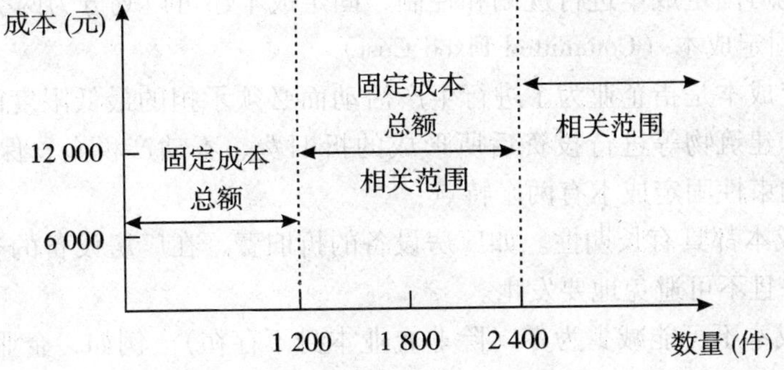

图2－3

（3）单位产品的固定成本，随数量的增减变动而成反方向变动。就是说，当产品数量增加时，分摊到单位产品中的固定成本减少；当产品数量减少时，分摊到单位产品中的固定成本增加。

［例2－2］一个加工企业租用一台车床，每月租金10 000元。当产量分别为200件、1 000件、2 000件时，分摊到单位产品中的固定成本的变化情况如下表2－1。

表2－1

每月租金（元）	每月产量（件）	单位产品中的固定成本（元）
10 000	200	50
10 000	1 000	10
10 000	2 000	5

如将表2－1中的数据用坐标表示则如图2－4所示。

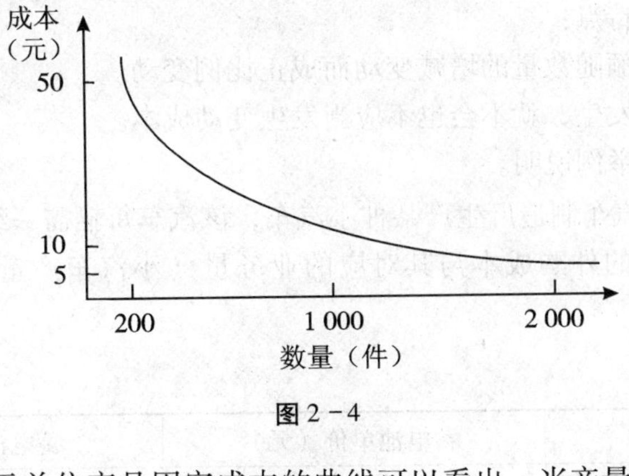

图2－4

从图2－4中表示单位产品固定成本的曲线可以看出，当产量为200件到2 000件之间时，曲线下降很陡，企业要降低单位产品中的固定成本，可以采用扩大产量的办法；而当产量超过1 000件以后，曲线下降逐渐趋于平缓，这说明，当企业的产量较多时，再增加产量，单位产品中固定成本也减少不多，在这种情况下，较好的办法是降低固定成本总额。

为了更好地对固定成本进行规划和控制，固定成本还可以划分为两类：

1. 约束性固定成本（Committed Fixed Cost）

约束性固定成本是指企业为了进行生产活动而必须承担的最低限度的成本。例如，对厂房、设备和建筑物等进行投资后所形成的折旧费、不动产税金、保险费以及管理人员薪金等。约束性固定成本有两个特点：

（1）这类成本都具有长期性。如厂房设备的折旧费，在厂房设备的有效使用期内，折旧费都存在并且不可避免地要发生。

（2）这类成本不可能减少为零（除非企业本身不存在）。例如，企业由于某种原因可能暂时停止生产活动，但仍需要利用一些必要的设备和留用必要的行政管理人员，所以仍然要发生相应的费用。

鉴于约束性固定成本的这两个特点，企业应该尽可能充分地利用一切厂房设备和发挥行政管理人员的作用，从而降低产品成本中的约束性固定成本，达到获得最大盈利的目的。

2. 选择性固定成本（Discretionary Fixed Cost）又称为管理性固定成本（Managed Fixed Cost）

选择性固定成本是指可以通过管理人员的决策行动决定其是否发生的固定成本。例如，广告费、科研经费、人员培训费等。与约束性固定成本相比较，选择性固定成本发生的期限相对较短，一般是以一年为限；同时，考虑到企业的短期经营目标，管理人员可以自行决定是否发生这些成本。

2.2.3 变动成本（Variable Cost）

凡是成本总额随着数量的增减而成正比例变动的成本，称为变动成本，如直接材料、直接人工等都是变动成本。

变动成本有三个特点：

（1）变动成本总额随数量的增减变动而成正比例变动。

（2）没有数量的发生，就不会也不应当发生变动成本。

现就前两个特点举例说明。

[例2-3] 光明汽车制造厂生产某种小汽车，该汽车每辆需一组蓄电池，外购单价为300元，该蓄电池的外购成本与其对应的业务量（小汽车产量）的变动关系如表2-2所示。

表2-2

小汽车产量（辆）	蓄电池单价（元）	蓄电池总支出（元）
1 000	300	300 000
2 000	300	600 000
3 000	300	900 000
4 000	300	1 200 000

本例中，小汽车产量由 1 000 辆上升到 2 000 辆增长 50% 时，成本总额也由 30 万元上升到 60 万元增长了 50%。成本总额与业务量两者的增减幅度相同说明蓄电池外购总额随着汽车产量的增减而成正比例变动。

如果光明汽车制造厂不生产小汽车，当然也就不应当发生外购蓄电池的成本。

（3）单位产品中的变动成本是相对固定不变的。这个特点与单位产品中的固定成本的特点不同，单位产品中的变动成本只是相对固定不变，而不是绝对固定不变的，即变动成本与固定成本相似，也存在着“相关范围”。在相关范围内，单位产品中的变动成本是固定不变的，变动成本总额与数量之间的变化也成正比例变化；超过相关范围，单位产品中的变动成本就可能发生变化，变动成本总额与数量之间的变化关系不再成正比例关系。当变动成本与数量之间的增减变动成正比例关系时，称为线性关系；当变动成本与数量之间的增减变动不再成正比例关系时，称为非线性关系。下面举例说明。

［例 2-4］某制造企业接受一批订货。开始时是小批量试制生产，工人对产品生产的技术性要求有一个适应过程，因此，单位产品耗费的材料和人工成本较多。随着产量不断增加，工人的技术水平也不断提高，这样，单位产品耗费的材料和人工成本将逐渐下降。但如果订货增多，产量一再增加，就可能出现一些新的情况，使单位产品中材料和人工成本出现上升趋势。由此可见，单位产品中的变动成本只是在一定范围内相对固定不变的，因而也存在“相关范围”。上述情形如图 2-5 所示。

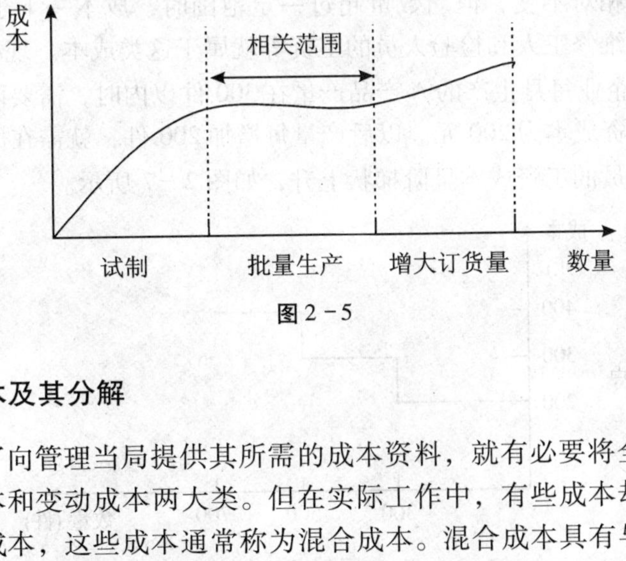

图 2-5

2.2.4 混合成本及其分解

管理会计为了向管理当局提供其所需的成本资料，就有必要将全部成本按成本特性划分为固定成本和变动成本两大类。但在实际工作中，有些成本却很难被明确归为固定成本和变动成本，这些成本通常称为混合成本。混合成本具有与固定成本和变动成本不同的特点，因此有必要对这部分成本进行专门研究。

1. 混合成本（Mixed Cost）的基本概念

混合成本又称为半变动成本，它是指那些既含有固定成本又含有变动成本的成本项目，即：指成本总额要随数量增减变动，但又不保证正比例关系。如水费、电费、维修费、电话费等。

混合成本与数量之间的关系比较复杂，它既具有固定成本的某些特征，又具有变动成本的某些特征。随着数量的增减，混合成本的总额也会发生增减变动，但变动的幅度不大，也不成正比例关系。下面举例说明。

［例2－5］宏达公司租用一台机器，每月租金3 000元，租入后，每使用一个小时支付2元的使用费。已知当月该公司需使用设备400小时，所以当月的租赁总成本为3 800元，其中固定成本3 000元，变动成本800元，两者相加构成混合成本总额。混合成本总额的图形如图2－6所示。

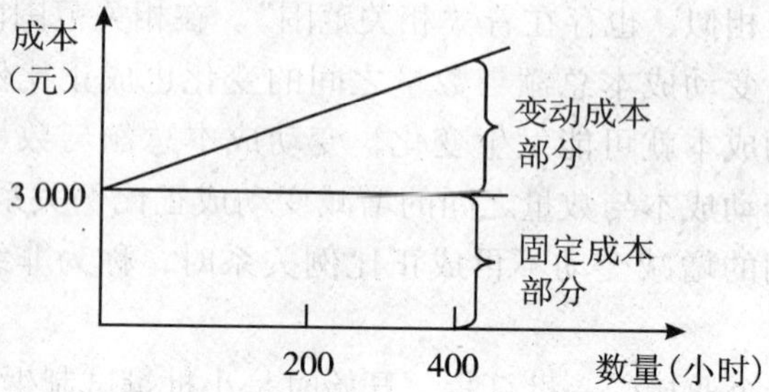

图2－6

2. 混合成本的类型

混合成本的类型较多，上例中的混合成本是较典型的混合成本。其特点是，在一定的固定成本的基础上，成本随数量的增加而成比例地增加，因此又称为半变动成本。另外还有一种类型的混合成本叫“梯形变动成本”（Step Variable Cost），此类成本在一定数量范围内保持相对不变，但当数量超过一定范围时，成本一下子就上升很多，然后又趋于平稳。如维修工人和检验人员的工资等就属于这类成本。现举例如下。

［例2－6］A企业每月生产的A产品产量在300件以内时，需要两名化验员，每人月工资100元，工资成本为200元。以后产量每增加200件，就需在原有基础上增加一名化验员，则化验员的工资成本呈阶梯状上升，如图2－7所示。

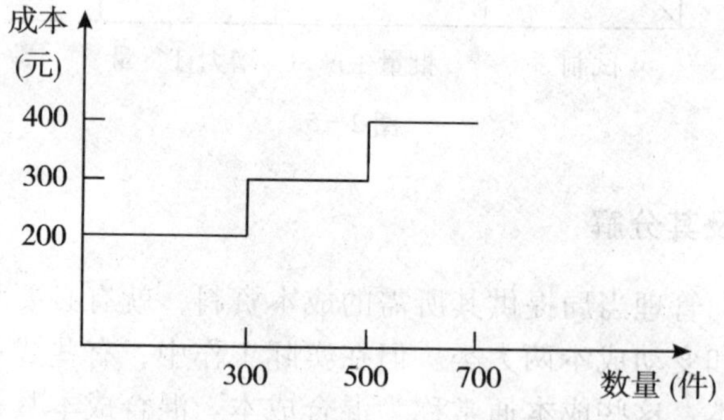

图2－7

3. 混合成本公式

由于混合成本中既包括了固定成本又包括了变动成本，所以混合成本总额可用下列公式表示：

混合成本＝固定成本总额＋变动成本总额＝固定成本总额＋（单位变动成本×数量）

现设混合成本总额为 y，固定成本总额为 a，单位变动成本为 b，数量为 x，则混合成本公式又可表达为：

$$y = a + bx$$

一个企业里的全部成本中，必然包括固定成本和变动成本两大类，所以，企业的总成本实际上就是企业的混合成本总额，因此也可以说企业的总成本等于固定成本总额和变动成本总额之和。

混合成本公式很重要。从公式中可以清楚地看出成本与数量之间的关系，在以后的问题研究中，特别是对混合成本的分解，会用到这个公式。

4. 混合成本的分解方法

为了有利于对企业的经济活动进行计划和控制，加强成本管理，有必要将企业的所有成本按成本特性划分为固定成本和变动成本两大类。这样，就要对混合成本进行分解。

分解混合成本最精确的方法是对每一项业务、每一张发票或凭证逐项逐个进行鉴别，然后分别将其归入固定成本和变动成本。然而这种方法手续繁琐，因此不宜采用。在实际工作中，通常用概略的方法，如合同检查法、技术估算法和历史成本分析法等对混合成本进行分解。

（1）合同检查法

合同检查法就是通过检查与其他单位签订的合同中有关支付费用的具体规定，来确定成本中的固定部分和变动部分。以电话费为例：每台电话机每月要交付一定的月租费，这是固定成本；在此基础上，随着电话使用次数和时间的增加，电话费也将成比例上升，这部分成正比例上升的成本即为变动成本。

（2）技术估算法

技术估算法是通过技术测定和计算来划分成本中的固定部分和变动部分。例如，对产品进行热处理，需将高炉先行预热。高炉预热所耗能源的成本为固定成本。以后随着热处理产品数量的增加，所耗能源成本也将成正比例增加。这部分增加的成本为变动成本。

（3）历史成本分析法

历史成本分析法就是对历史资料进行搜集、分析和计算，据以确定混合成本中的固定部分和变动部分的一种分解方法。历史成本分析法通常包括以下三种方法：

① 高低点法（The High - Low Method）

根据历史资料中相关范围内的数量的最高点与最低点及其所对应的混合成本数据，来推算混合成本中的固定部分和变动部分的方法，称为高低点法。

高低点法的基本原理是：在相关范围内，固定成本一般是不发生变化的，那么，数量最高点所对应的混合成本与数量最低点所对应的混合成本之间的差额，就必然是变动成本。从数量最高点或最低点所对应的混合成本总额中扣除变动成本，余额即为固定成本。这样就达到了分解混合成本的目的。

采用高低点法来分解混合成本，需要利用混合成本公式 $y = a + bx$ 来进行。

[例2-7] 某工厂1~6月份有关产量和成本资料如表2-3所示：

表2-3

月份	1	2	3	4	5	6	合计
产量	450	200	300	500	400	700	2 550
成本（元）	3 300	2 000	2 800	4 000	3 200	5 600	20 900

根据高低点法，混合成本的分解如下：

从所给的资料中可看到，高点为6月份，低点为2月份。

$$单位变动成本=\frac{5\ 600-2\ 000}{700-200}=\frac{3\ 600}{500}$$

$$=7.2（元）$$

固定成本 $=5\ 600-7.2\times700=560$（元）

或 $=2\ 000-7.2\times200=560$（元）

应该注意的是高低点的选择，既可以成本为依据，也可以产量为依据。当产量的最高点与成本的最高点不在同一月份，产量的最低点与成本的最低点也不在同一月份的，或者以产量为依据确定最高点和最低点，或者以成本为依据确定最高点和最低点。确定最高点和最低点后，产量与成本必须是同一个月的数据。所以，在有些情况下，所用的高点成本（或产量）不一定是最高成本（或产量），同样，所用的低点成本（或产量）也不一定是最低成本（或产量）。

用高低点法分解混合成本，其优点是简便易懂，但是用时要注意一些问题。首先，采用这种方法分解混合成本必须在相关范围内进行，超过相关范围即不适用（因固定成本要发生变化）；其次，仅用高点和低点的数量资料及其成本资料来推算成本中的固定部分和变动部分，其结果不一定准确，除非这两点提供的资料都具有代表性，都是在正常情况下发生的。对于非正常情况下发生的成本，在取点时要予以排除。

② 散布图法（The Scatteragh Method）

此法又译做“布点图法”或“散点图法”。这种方法是根据以往若干时期的数量和成本资料，绘制坐标图，再用目测方法画一条回归直线，据以确定混合成本中的固定部分和变动部分。

散布图法的步骤为：

第一步：在平面直角坐标系中，绘制成本的散布点，以横轴代表产量，纵轴代表成本，于是历史成本的数据就形成若干点散布于坐标系中。由此绘制的图即称之为散布图。

第二步：用目测画出一条反映成本平均变动趋势的直线。注意应尽量使画出的这条直线两边的散布点个数相同，而且使各点到直线的距离之和达到最小。

第三步：确定固定成本的平均值，所画的直线与纵轴的交点即为固定成本。

第四步：计算单位变动成本。在所画的直线上任取一点产量，即可对应的查出成本的值。这时单位变动成本就可通过 $b=\frac{y-a}{x}$ 这一公式求得。

用散布图法分解混合成本应注意尽可能使所画直线具有代表性，因而应使成本布点比较均匀地分布在直线的两侧，而对于个别异常的成本点，可不予考虑。

散布图法的特点是可排除偶然因素的影响，因此比高低点法分解混合成本更精确，但由于仅凭目测画线，不同的人就会画出不同的直线，这样固定成本的确定就带有一种随意性，因而散布图分解混合成本仍不能达到较高的精确度，只适用于混合成本的分解精确度要求不很高的情况。

③ 最小平方法（The Least Squares Method）

此法又称为回归分析法，是根据以往若干时期的数量和成本资料，运用最小平方公式分解混合成本的一种方法。“最小平方”一词的含义是：根据 x（数量）和 y（成本）之间的关系，在坐标图上作点，并画一条回归直线，图上各点与回归直线之间的偏差平方和，应较各点与其他任何一条线之间的偏差平方和更小。也就是说，要使偏差的平方和达到最小值。因此，这种方法称为最小平方法。这种方法较之散布图法更为精确合理。它不像散布图法采用目测方式确定直线，而是采用统计方法来分解混合成本。

为了求得 $y = a + bx$ 中的 a 和 b，先以合计数的形式表达 $y = a + bx$ 中每一项。得：

$$\sum y = na + b\sum x \tag{1}$$

再以 x 乘(1) 式的每一项，得：

$$\sum xy = a\sum x + b\sum x^2 \tag{2}$$

由(1) 式得：

$$a = \frac{\sum y - b\sum x}{n} \tag{3}$$

以(3) 代入(2)：$\sum xy = \left(\frac{\sum y - b\sum x}{n}\right)\sum x + b\sum x^2$

由此得：

$$b = \frac{n\sum xy - \sum x\sum y}{n\sum x^2 - (\sum x)^2} \tag{4}$$

再以(4) 代入(3)：

$$a = \frac{\sum y - \left(\frac{n\sum xy - \sum x\sum y}{n\sum x^2 - (\sum x)^2}\right)\sum x}{n}$$

因之得：

$$a = \frac{\sum x^2\sum y - \sum x\sum xy}{n\sum x^2 - (\sum x)^2} \tag{5}$$

联立(5)(4) 两式，即可求得 a 和 b：

$$a = \frac{\sum x^2\sum y - \sum x\sum xy}{n\sum x^2 - (\sum x)^2}$$

$$b = \frac{n\sum xy - \sum x\sum y}{n\sum x^2 - (\sum x)^2}$$

［例2－8］某厂1～5月电话费的资料表如表2－4，试直线回归法将本月电话费500元，加以分解。

表2－4

月份	1	2	3	4	5
直接人工（小时）	3 000	4 000	2 000	5 000	6 000
电话费（元）	360	240	180	400	450

解：根据所给资料，编制计算表2－4：

表2－5

月份	直接人工小时 (X) 千小时	电话费 (y) 元	Xy	X^2
1	3	360	1 080	9
2	4	240	960	16
3	2	180	360	4
4	5	400	2 000	25
5	6	450	2 700	36
$n=5$	$\sum X=20$	$\sum y=1\,630$	$\sum Xy=7\,100$	$\sum X^2=90$

将上列有关数据分别代入（5）和（4）：

$$a=\frac{90\times1\,630-20\times7\,100}{5\times90-(20)^2}=\frac{4\,700}{50}=94$$

$$b=\frac{5\times7\,100-20\times1\,630}{5\times90-(20)^2}=\frac{2\,900}{50}=58$$

依据上列方程：按规律分解本月电话费500元，得出：

500－94＝406

即500元的电话费中94元费用是固定成本，406元为变动成本。

以上介绍了分解混合成本的三大方法，即合同检查法、技术估算法和历史成本分析法。前两种方法的采用都是有条件的，或者有合同可查，或者可通过技术对成本项目进行测算。但企业中更多的混合成本项目是不具备这些条件的，所以宜采用历史成本分析法，包括高低点法、散布图法和最小平方三种方法来分解混合成本。这三种方法各有特点，计算的结果和准确性也有差别。同时，在使用这些方法时，都有一个前提，即据以分析的历史资料数据应该比较准确，成本基本上都是在正常情况下发生的，不正常情况下发生的成本已经剔除。需要注意的是，不论计算如何准确，分解出来的结果，仍然有一定假定性，决策者在据以进行决策时要加以考虑。

在实际工作中，还可采用更为简便的方法，即把凡是能按定额控制的费用列为变动成本，其余均为固定成本。对于某些混合成本，如果估计其中的变动成本数额不大，可以将该混合成本全部当作固定成本处理。

2.3 边际贡献

2.3.1 边际贡献（Contribution Margin）的概念

边际贡献又称做贡献毛益或创利额，它是指销售收入减去变动成本后的余额。

边际贡献有两种表示方法，一为绝对数，一为相对数。绝对数又分为单位边际贡献和边际贡献总额两种；相对数即为边际贡献率。具体计算公式如下：

单位边际贡献 = 销售单价 - 单位变动成本

边际贡献总额 = 销售收入 - 变动成本总额

$$边际贡献率 = \frac{边际贡献总额}{销售收入}$$

或：

$$边际贡献率 = \frac{单位边际贡献}{销售单价}$$

同时，边际贡献率还可以通过另一种计算求得：

边际贡献率 = 1 - 变动成本率

式中的变动成本率是这样计算的：

$$变动成本率 = \frac{变动成本总额}{销售收入总额}$$

或：

$$变动成本率 = \frac{单位变动成本}{销售单价}$$

变动成本率也可以通过（1 - 边际贡献率）求得。

需要注意是，边际贡献并不是传统财务会计中的销售毛利，更不等于销售利润。边际贡献与销售毛利和销售利润之间的区别如表 2 - 6 所示。

表 2 - 6 损益表

传统方法（按职能划分成本）			贡献方法（按成本特性划分成本）		
销售收入		12 000	销售收入		12 000
减：销售成本		6 000	减：变动费用		
销售毛利		6 000	变动生产成本	2 000	
减：营业费用			变动摊销费用	600	
摊销费用	3 100①		变动管理费用	400	3 000
管理费用	1 900②	5 000	边际贡献		
税前利润		1 000	减：固定费用		
			固定生产成本	4 000	
			固定摊销费用	2 500	
			固定管理费用	1 500	8 000
			税前利润		1 000

注：①②这里包括变动费用和固定费用。因这是制造企业的损益表，所以，销售成本划分为变动生产成本和固定生产成本。如果是商业企业（仅仅是向供应方购买商品），那么，销售成本就只是变动成本，而不包括固定成本。

2.3.2 边际贡献的作用

边际贡献既不等同于传统会计中的销售毛利，也不等同于利润，那么，计算边际贡献有何意义呢？

计算边际贡献的意义从下式可见，因为：

利润 = 销售收入 - 变动成本 - 固定成本 = 边际贡献 - 固定成本

所以，当边际贡献大于固定成本时，企业为盈利；当边际贡献小于固定成本时，企业为亏损；当边际贡献的等于固定成本时，企业不盈也不亏。

当企业的固定成本为已知数时，只要计算出来企业的边际贡献总额，即可知道企业的盈亏情况；如果知道一种产品的边际贡献，也就可以知道这种产品的盈利能力。所以，边际贡献的作用在于可以提供关于一个企业或一种产品的盈利能力的情况。

2.4 变动成本法

2.4.1 全部成本法与变动成本法概念

产品的生产成本通常由直接材料、直接人工和制造费用三部分构成。按成本特性划分成本后，产品的生产成本又可划分为两大部分：变动生产成本（包括直接材料、直接人工、变动制造费用）和固定生产成本（即固定制造费用），管理会计是为企业内部管理服务的，而管理的需要又是多方面的。不同的需要对管理会计提供的资料的要求是不同的。这样，管理会计在计算和提供产品生产成本的资料方面，就出现了两种不同的方法—全部成本法和变动成本法。

1. 全部成本法（Full Costing）

全部成本法又称为吸收成本法（Absorption Costing），它是指将一定期间内生产一定数量的产品而耗用的所有直接材料、直接人工和全部制造费用（包括变动制造费用和固定制造费用）都计入产品成本的一种方法。

采用全部成本法，要求把一定期间内企业所发生的全部成本划分为生产成本和非生产成本两大类。把所有的生产成本（包括直接材料、直接人工和全部制造费用）计入产品成本；把所有的非生产成本（如推销费用、管理费用等）列为期间成本（Period Cost），在当期的损益表中全部扣除。如图 2 - 8 所示。

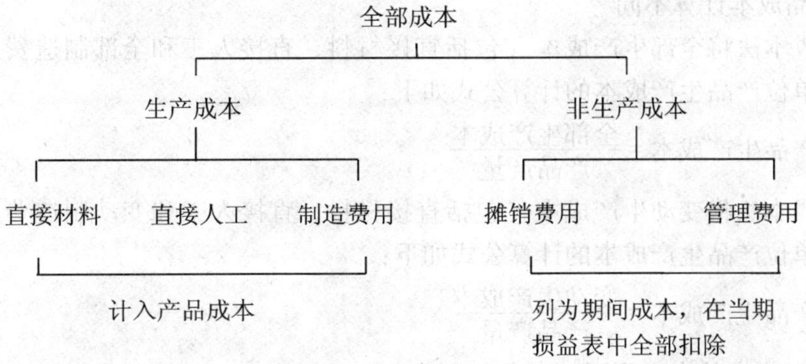

图 2-8

2. 变动成本法（Variable Costing）

变动成本法又叫直接成本法（Direct Costing），它是指只将生产一定数量的产品所耗用的直接材料、直接人工和变动制造费用计入产品成本的一种方法。

采用变动成本法，要求把一定期间内企业所发生的全部成本按成本特性划分为固定成本和变动成本两大类。只把变动成本中的变动生产成本（即直接材料、直接人工和变动制造费用）计入产品成本，而将固定制造费用以及所有的推销费用和管理费用（包括固定部分和变动部分）都列为期间成本，全部在当期损益表中予以扣除。如图 2-9 所示。

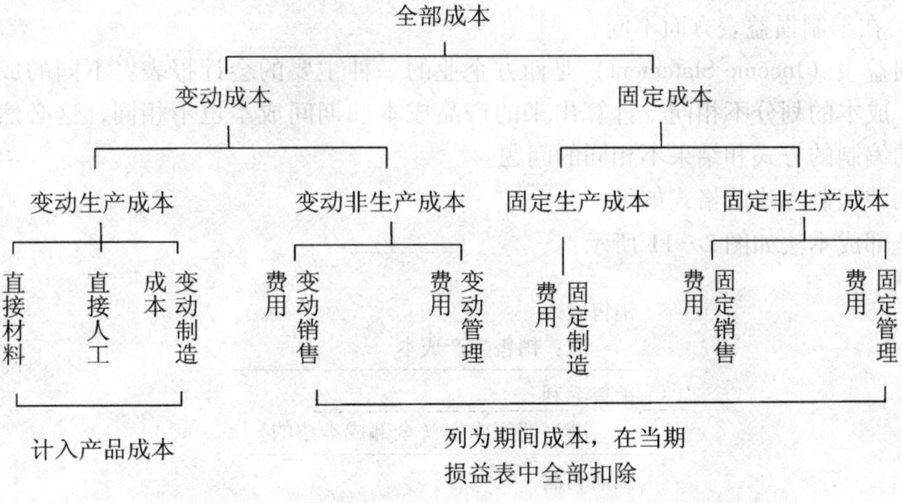

图 2-9

2.4.2 全部成本法与变动成本法的主要区别

1. 成本划分不同

正如前所述，全部成本法是把企业的全部成本划分为生产成本和非生产成本，而变动成本法则是把企业的全部成本按成本特性划分为固定成本和变动成本。

2. 产品成本计算不同

全部成本法将全部生产成本（包括直接材料、直接人工和全部制造费用）计入产品成本，单位产品生产成本的计算公式如下：

$$单位产品生产成本=\frac{全部生产成本}{产品产量}$$

变动成本法将变动生产成本（包括直接材料、直接人工和变动制造费用）计入产品成本，单位产品生产成本的计算公式如下：

$$单位产品生产成本=\frac{变动生产成本}{产品产量}$$

3. 期间成本的内容不同

所谓期间成本，是指在某一时期内发生的某些成本，这些成本与数量的关系不大，而与时间的关系紧密，随着时间的开始而发生，随着时间的消逝而逐渐丧失。

全部成本法的期间成本只包括企业当期发生的全部销售费用和管理费用，变动成本法的期间成本则包括企业当期发生的固定制造费用、全部销售费用和管理费用。如图 2-10 所示。

固定制造费用
期间成本（全部成本法） { 销售费用、管理费用 }
期间成本（变动成本法） = 固定制造费用 + 销售费用 + 管理费用

图 2-10

4. 在编制损益表方面不同

损益表（Income Statement）是西方企业的一种主要的会计报表。不同的成本计算方法，成本的划分不相同，计算出来的产品成本和期间成本也不相同，这必然导致损益表的编制的方式和结果不相同的问题。

两种编制方法的格式如下：

全部成本法如图 2-11 所示：

销售收入
　　减：销售生产成本

销售毛利
　　减：期间成本（全部成本法的）

税前利润

图 2-11

变动成本法如图 2-12、图 2-13 所示。

方式一：

销售收入
减：全部变动成本
{变动生产成本
{变动非生产成本

边际贡献
减：固定成本
{固定生产成本
{固定非生产成本

税前利润

图 2－12

方式二：

销售收入
减：变动生产成本

营业边际贡献
减：期间成本（变动成本法的）

税前利润

图 2－13

现举例如下：

［例 2－9］某公司期初存货量 500 件，单位成本 14 元。本期生产 4 000 件。本期销售 3 000 件。期末存货量则有 1 500 件。销售单价为 20 元/件。本期生产直接材料 24 000 元，直接人工 12 000 元。制造费用中的变动制造费用 4 000 元，固定制造费用 10 000 元。销售费用中的变动销售费用 600 元，固定销售费用 1 400 元。管理费用中的变动费用 300 元，固定费用 2 700 元。

问：1. 本期生产产品的总成本，单位成本

2. 本期销货的生产成本，存货成本（采用先进先出法）

3. 两种方法的期间成本

4. 损益表

1. 本期生产产品的总成本，单位成本

全部成本法

总成本 = 24 000 + 12 000 + 4 000 + 10 000 = 50 000（元）

单位成本 = 50 000/4 000 = 12.5（元）

变动成本法

总成本 = 24 000 + 12 000 + 4 000 = 40 000（元）

单位成本 = 40 000/4 000 = 10（元）

2. 本期销货成本，存货成本（采用先进先出法）

全部成本法：

销货成本 = 500 × 14 + 12.5 × 2 500 = 38 250（元）

存货成本 = 1 500 × 12.5 = 18 750（元）

变动成本法：

销货成本 = 3 000 × 10 = 30 000（元）

存货成本 = 1 500 × 10 = 15 000（元）

3. 两种方法的期间成本

全部成本法：

期间成本 = 600 + 1 400 + 300 + 2 700 = 5 000（元）

变动成本法：

期间成本 = 5 000 + 10 000 = 15 000（元）

4. 损益表

全部成本法：如图 2 - 14 所示。

	先进先出法
销售收入	60 000
减：销售生产成本	38 250
销售毛利	21 750
减：期间成本（全部成本法的）	5 000
税前利润	16 750

图 2 - 14

变动成本法：

方法一如图 2 - 15。

销售收入	60 000
减：全部变动成本	
变动生产成本	3 000 × 10 = 30 000
变动非生产成本	600 + 300 = 900
边际贡献	29 100
减：固定成本	
固定生产成本	10 000
固定非生产成本	1 400 + 2 700 = 4 100
税前利润	15 000

图 2 - 15

方式二如图 2 - 16 所示。

销售收入	60 000
减：变动生产成本	30 000
营业边际贡献	30 000
减：期间成本（变动成本法）	15 000
税前利润	15 000

图 2－16

从这两个分别按全部成本法和变动成本法计算出来的损益表中，可以看出两个主要区别：

（1）成本项目排列的方式不同。按全部成本法编制的损益表，是将所有的成本按成本项目的经济职能进行排列，也就是按生产成本和非生产成本进行排列。如用公式表示，则为：

销售收入－销售生产成本＝销售毛利

销售毛利－非生产成本＝税前利润

按变动成本法编制的损益表，是将所有的成本按成本特性进行排列，也就是按变动成本和固定成本进行排列，如用公式表示，则为：

销售收入－变动成本＝边际贡献

边际贡献－固定成本＝税前利润

（2）按两种方法计算出来的税前利润不同。

2.4.3 全部成本法与变动成本法的进一步比较

从前面的例子可以看出，全部成本法和变动成本法的一个主要区别就在于，按两种方法计算出来的税前利润不同，这就影响到企业的经济利益。因此，企业对成本计算方法的选择十分重视。为了更全面地说明这个问题，下面从连续几个时期来对全部成本法和变动成本法进行比较研究。

［例 2－10］飞达公司连续三个会计年度产品产销量的有关资料参见表 2－7，销售单价和成本等的有关资料参见表 2－7。

表 2－7　　单位：件

摘要	第一年	第二年	第三年	合计
期初存货量	0	0	200	200
当年生产量	1 500	1 500	1 300	4 300
当年销售量	1 500	1 300	1 500	4 300
期末存货量	0	200	0	200

表 2－8 单位：元

每件售价	20
生产成本：	
单位变动成本	12
固定成本总额	3 000
推销及管理成本：	
单位变动成本	0
固定成本总额	2 000

根据表 2－7、表 2－8 中的资料，分别采用全部成本法和变动成本法，编制各个会计年度的损益表。参见表 2－9、表 2－10。

表 2－9

损益表

（按全部成本法计算）

单位：元

摘要	第一年	第二年	第三年	合计
销售收入	30 000	26 000	30 000	86 000
销售成本				
期初存货成本	0	0	2 800	0
本期生产成本（按产量计算）				
变动生产成本	18 000	18 000	15 600	51 600
固定生产成本	3 000	3 000	3 000	9 000
可供销售的成本	21 000	21 000	21 400	63 400
减：期末存货	0	2 800	0	0
销售成本合计	21 000	18 200	21 400	60 600
销售毛利	9 000	7 800	8 600	25 400
减：推销及管理成本	2 000	2 000	2 000	6 000
税前利润	7 000	5 800	6 600	19 400

表 2－10

损益表

（按变动成本法计算）

单位：元

摘要	第一年	第二年	第三年	合计
销售收入	30 000	26 000	30 000	86 000
变动成本				
变动生产成本（按销售量计算）	18 000	15 600	18 000	51 600
边际贡献	12 000	10 400	12 000	34 400
减：期间成本				
固定生产成本	3 000	3 000	3 000	9 000
固定推销及管理成本	2 000	2 000	2 000	6 000
期间成本合计	5 000	5 000	5 000	15 000
税前利润	7 000	5 400	7 000	19 400

通过对两种方法连续三个会计年度的税前利润的计算，可以看出这样一些情况：

（1）两种方法计算出来的第一年的税前利润是相同的。这是因为期初存货量为零，而当期的产量和销量又相等，期末存货量为零。这就可以得出一个结论：如果当期生产量等于销售量（或期初存货量与期末存货量相等），那么，按两种方法计算出来的税前利润相同。

（2）第二年按全部成本法计算出的税前利润为5 800元，按变动成本法计算出的税前利润为5 400元，相差400元。这是因为当期产量大于销量，有期末存货200件。每件存货的成本，按全部成本法计算为14元（12元变动生产成本加上2元固定生产成本），按变动成本法计算为12元（12元变动生产成本），每件相差2元。由于期末存货增加200件，按全部成本法计算时，就有400元（2元/件×200件）的固定生产成本由本会计年度转到下一会计年度。因此，本年度的销售成本就减少400元，税前利润也就多了400元。这样，又可得出一个结论：如果当期的期末存货增加，按全部成本法计算出的税前利润要大于按变动成本法计算出的税前利润，其差额为单位产品中的固定生产成本额与期末存货增加量的乘积。

（3）第三年的税前利润，按全部成本法计算的结果比变动成本法少400元（6 600元－7 000元）。这是因为当年的产量比销量少200件，从而期末存货也减少200件。这200件期末存货是由上一会计年度转来由本期销售的。这样，在采用全部成本法时，本期的销售成本中，就要包括由期末存货转来的上一会计年度的400元固定生产成本（2元/件×200件）。因此，本期的销售成本增加400元，税前利润也就减少400元。结论是：如果当期的期末存货量减少，按全部成本法计算的税前利润必然小于按变动成本计算法计算的税前利润，其差额为单位产品中的固定生产成本额与期末存货减少量的乘积。

（4）从连续三个会计年度来看，按两种方法计算出来的税前利润的合计数是相同的，均为19 400元，这是因为从长期来看，公司的产量和销量总是基本相等的，期末存货也不会有什么变化。

在实际工作中，如果只采用其中一种方法编制损益表，那么，通过调整就可以得到按另一种方法计算的结果。其调整的方法如表2－11所示（仍以前面资料为例）。

表2－11　　全部成本法和变动成本法税前利润调整表　　单位：元

摘要	第一年	第二年	第三年
按变动成本法计算出的税前利润	7 000	5 400	7 000
加：按全部成本法计算出的新增加的期末存货成本	—	400	—
减：按全部成本法计算出的减少的期末存货成本	—	—	（400）
按全部成本法计算出的税前利润	7 000	5 800	6 600

2.4.4 西方有关全部成本法和变动成本法的争论

关于应当按全部成本法还是按变动成本法计算产品成本的问题是管理会计中争论较多的问题之一。争论的焦点并不在于是否应按成本特性将成本划分为固定成本和变动成本，而在于产品的成本中是否应当包含固定制造费用。

变动成本法的倡导者认为，固定制造费用只是企业的生产能量有关内容，包括机器设备的折旧费、保险费、管理人员的工资等。这些费用是企业在一定期间进行生产经营活动必然要发生的，它们与时间的关系紧密，而与生产产品的具体数量并没有必然联系。因此，这部分费用不应当计入产品成本，也没有理由递延到下一个会计期间，而应当在发生的当期作为期间成本全部摊销。

根据这种理论，变动成本法主张将固定制造费用以及非生产成本（推销费用和管理费用）全部列作期间成本，在当期损益表中一笔扣除。由于期间成本要抵减销售收入，所以，期间成本的多少，直接影响成本的多少，直接影响企业利润的高低。

全部成本法的倡导者认为，既然是计算产品成本，就没有必要再区分什么固定制造费用或变动制造费用。这些费用都是为生产产品而发生的，因而在计算产品成本时，理应同等对待，全部计入产品成本。由于所有的制造费用都按一定的比例分摊到产品成本中去，这样计算出来的产品成本才是完全的产品成本。

以上两种观点虽然争论的都是是否将固定制造费用计入产品成本的问题，但实际上，这里涉及一个时间问题，即固定制造费用是发生在当期损益表中全部扣除，还是随期末存货转入下一个会计期间去。在西方，存货是一项资产，而资产是可以产生效益的，那么什么是资产？成本与资产的关系如何？

在西方，人们通常认为，如果一项成本有产生未来服务的潜力（Future Service Potential），那么，这项成本就可以被看作一项资产。比如，预付保险金是一项成本，但由于它可以使企业在未来遭到损失后得到补偿，具有一定的保护作用，即具有未来服务的潜在能力，所以，预付保险金也可被认为是一项资产。

主张采用全部成本法的人认为，分摊到存货中去的固定生产成本具有未来服务的能力，他们认为，如果本期的产量超过销量，那么，就有一批存货转移到下期，并在销售后为下期带来收益。所以，期末存货中的所有成本（而不仅是变动成本），都应作为一项资产转到下期去。折旧费、税金、保险费、管理人员工资等，与变动成本一样，是生产产品必然要发生的成本，很难想像不发生这些固定费用就能制造出产品来。所以，只有将固定生产成本计入产品成本，才是合理的。

主张采用变动成本法的人认为，一项成本是否具有未来服务能力而成为一项资产，是基于这样一个前提：现在发生后，将来不会再重复发生相同的成本，即未来成本的避免（Future Cost Avoidance）。如果现在一项成本的发生并不能保证以后不再发生同类成本，那么，这项成本就不具备未来服务的能力。固定生产成本就不具备这样的能力。今年发生了固定生产成本，明年同样要发生，固定生产成本并不导致“未来成本的避免”，也就不存在未来服务的能力问题。因为，没有理由将固定生产成本作为资产而转移到以后期间去。

2.4.5 对全部成本法和变动成本法的评价

㈠ 对全部成本法的评价

在西方，全部成本法是一种传统的计算产品成本的方法。许多年来，在会计实务中，人们都采用这种方法计算产品成本。这种方法的优点是：

(1) 它符合人们对产品的传统看法：产品成本“是为了获得某些产品或劳务而做出的一切牺牲”。这里的“一切牺牲”显然要包括为了生产产品而发生所有变动成本和固定成本。按全部成本法计算出的产品成本是符合上述成本定义的。

(2) 按全部成本法计算产品成本，其中的固定生产成本在相关范围内是一个定数，只要增加产量，单位产品分摊的固定成本就必然减少。所以，采用全部成本法，可以激励企业以扩大产量的办法来降低产品成本。

全部成本法的局限性在于：

(1) 固定生产成本的分摊工作十分繁琐，要采用不同的分摊方法和分摊标准，在不同的产品中进行摊销，工作量很大。即使这样，分摊的结果也不一定精确，主观随意性较大。

(2) 管理当局要对经济活动进行有效的计划和控制，就有必要将成本按成本特性划分为固定成本和变动成本，而按全部成本法计算出的产品成本是混合成本，这就不能满足管理当局的需要。

(3) 采用全部成本法，企业利润的多少，不是与销售量成正比，而是主要受产量的影响。产量多，利润就多，这就会促使企业盲目扩大产量，而不注重销售，这是一种不正常的现象。

㈡ 对变动成本法的评价

较之全部成本法，变动成本法的历史要短得多。它是源于20世纪二三十年代。第二次世界大战后，资本主义生产进一步发展，而资本主义经济矛盾也日益加剧。为了在竞争中取胜，企业管理当局十分注重加强对经济活动的预测、决策和控制，变动成本法也就应运而生。尽管人们对它的实际应用还存在不同看法，但它至少在向企业管理当局提供预测、决策和控制等所需资料的方面，起到了一定作用。

1. 变动成本法的优点

(1) 能够向管理当局提供加强内部管理所需的信息资料。变动成本法按成本特性将成本划分为固定成本和变动成本，这为管理当局进行预测、量—本—利分析、短期决策、编制预算、制定标准成本等提供了有用的数据。根据固定成本的发生与一定期间和一定范围有关，而变动成本的发生与数量（业务量）密切相关的原理，管理人员就能够找出成本与数量之间的变化规律，对企业的经济活动和产品的产销等做出恰当的决策。另外，变动成本法的出现，还引入了边际贡献这样一个概念。边际贡献能够提供企业和产品的盈利能力状况，这就更有利于管理人员进行经营决策。

(2) 能够简化会计核算工作。采用变动成本法，把固定生产成本列做期间成本，在损益表中一笔扣除，而不必在各种产品中进行分摊，这就极大地简化了会计核算工作。同时，由于固定成本是企业为具备一定生产能力而发生的各项费用，与企业生产活动的一定期间有关，与产品产量的多少关系不大，因此，将固定生产成本作为期间成本在损益表中一笔扣除，这也符合西方的“费用与收益相配合”的原则。

(3) 正确地揭示了销售数量和利润之间的内在联系。采用变动成本法，企业的利润与销售量呈同方向变动，即销售量增加，利润增加，销售量减少，利润减少。利润的多少与产量的多少关系不大，这是符合客观实际情况的。这就促使企业十分重视产品的销售和拓展产品的销售市场，克服全部成本法下的盲目扩大产量的缺陷。

(4) 有利于管理当局加强对成本的控制和考核。采用变动成本法，一旦产品的成本出现了不利差异，就可以通过对产品的变动生产成本和固定生产成本进行分析，找出差异的原因，及时加以纠正。例如，如果发现直接材料、直接人工成本等出现了不利差异，就可以查找供应部门或生产部门的工作是否存在不足之处；如果固定生产成本出现了不利差异，则应由有关管理部门承担责任等。这样，就有利于企业加强成本管理工作和划分经济责任。

2. 变动成本法的局限性

(1) 按变动成本法计算出的产品成本不符合传统的成本概念。传统的观点认为，产品成本是“一切可以计入存货的制造成本”，是“为了生产产品或为了销售而购置的产品而发生的成本”。按照这些传统的观点，产品成本中就应当既包括变动成本，又包括固定成本。按变动成本法计算出的产品成本显然不能满足上述要求。

(2) 按成本特性将成本划分为固定成本和变动成本只是一种粗略的计算，结果并不精确。根据这些不太精确的数据计算出来的产品成本也是不太准确的。

(3) 不便于价格决策。按变动成本法计算出的产品成本，只包括变动成本，不包括固定成本，所以不能直接根据产品成本制定产品价格。同时，也不便于计算单位产品销售利润额。

2.4.5 变动成本法在我国的应用

关于变动成本法能否在我国企业中应用的问题，有不同的观点。

一种观点认为，可以在我国企业中广泛推行变动成本法。理由是，采用变动成本法，可以使企业利润的增减与销售量的增减保持一致，使企业注重产品的销售，而不是盲目扩大产量；可以克服由于采用全部成本法而造成的虚盈实亏、财政虚收的问题；可以简化会计核算工作，有利于加强企业内部管理等。

另一种观点认为，不宜在我国企业中推行变动成本法，或至少不能用于编制对外财务报表。其理由是，采用变动成本法计算的产品成本不符合马克思关于产品成本包括 c + v 的论述。虽然利润的多少应该与销售成正比例，但绝不能忽视生产对利润的影响，变动成本法则完全忽视了这种影响。我国实行的是社会主义市场经济，国家还需要从宏观上对经济活动进行控制、调节和管理，这就需要取得某些资料，比如制定价格和进行成本比较等方面所需的资料，只有按全部成本法计算的产品成本才能更好地满足上述要求。此外，采用变动成本法的初期会影响国家财政收入的稳定。

尽管存在着上述不同观点，但对于采用变动成本法有利于加强企业内部管理这一点，认识基本上是一致的。鉴于此，有人提出了变动成本法与全部成本法相结合的设想。采用变动成本法，以满足企业内部管理的需要；采用全部成本法，以满足对外财务报告的要求。

基本的做法是：按照变动成本法的原理，将成本按成本特性划分为变动成本和固定成本两大类，将变动成本计入产品成本。对于固定成本，在当期的各种产成品中进行分摊，计算产品的完全成本，同时列做期间成本，在损益表中抵减当期的销售收入，计算当期的销售利润。这样，就可同时提供产品的变动成本资料、完全成本资料和对外财务报告，兼顾了内部管理和外部报告的要求。

需要注意的是，采用变动成本法，关键在于成本的划分要尽可能准确。产品成本的内容，因产品不同、企业类型不同而不同（尤其是制造费用和管理费用等项目），所以，成本的划分方法法应做到前后一致，以便比较；另外，在实行变动成本的初始阶段，对于前期的在产品及产成品中分摊的固定成本，也要采用一定的方法进行处理。

本章小结

成本按不同的角度有不同的分类，主要可分为制造成本和非制造成本，直接成本和间接成本，固定成本、变动成本和混合成本，可控成本和不可控成本。成本特性是成本总额与数量之间的一种依存关系。按成本特性可将成本划分为固定成本、变动成本和混合成本，混合成本同时具有固定成本和变动成本的特征，为了加强成本管理，有必要对其按成本特性，采用适当的方法进行分解。

边际贡献又称为贡献毛益或创利额，是销售收入减去变动成本的差额，用以衡量一个企业或一种产品的盈利情况。管理会计在计算和提供产品生产成本的资料方面，有全部成本法和变动成本法两种计算方法。不同的计算方法会影响企业的税后利润，也各自有其优缺点，在我国有人提出两者相结合的思想。但是需要注意，采用变动成本法，成本的划分需要尽可能准确。

本章复习思考题

1. 成本有哪些分类？
2. 什么是成本特性？按成本特性成本可分为哪几类？
3. 什么是固定成本？固定成本有哪些分类？
4. 什么是变动成本？变动成本有什么特点？
5. 什么是混合成本？混合成本有哪些分解方法？
6. 什么是边际贡献与边际贡献率？如何计算？
7. 边际贡献的主要作用是什么？
8. 怎样理解完全成本法？如何评价？
9. 怎样理解变动成本法？如何评价？采用需注意什么问题？
10. 完全成本法和变动成本法的主要区别是什么？

3 本—量—利分析

本量利分析是一种预测分析方法。通过本章的学习，要求掌握什么是本量利分析，学会本量利分析过程中所涉及到的一些指标的计算，如保本点、边际贡献、安全边际等，掌握对单一品种和多产品生产下的保本分析，熟知利润、销售数量、固定成本、单位变动成本和销售单价等因素之间的内在联系。同时也需要掌握营业杠杆的定义、计算及其意义，了解本量利分析的基本假设，并且明白本量利分析所要注意的问题，了解不确定情况下的本量利分析。

3.1 本—量—利分析概述

本—量—利分析（Cost - Volume - Profit Analysis）是成本—数量—利润分析的简称，又称为CVP分析，它是指对利润、销售数量、固定成本、单位变动成本和销售单价等因素之间的内在联系进行分析的一种预测分析方法。

企业经营的主要目的是为了获得利润。从会计的角度看，企业的利润主要受销售收入和销售成本两个因素的影响，而销售收入又受销售数量和销售单价的影响。在对成本按成本特性划分以后，销售成本又由固定成本和变动成本两个因素构成。这样，利润实际上就受四个因素（销售数量、销售单价、固定成本和变动成本）的影响，这四个因素或其中某些因素发生变化，都会引起利润发生变化；反过来，利润目标发生变化，也会导致其他四个因素发生相应的变化。因此，利润、销售数量、销售单价、固定成本和变动成本等因素之间，存在一种内在联系。对这种内在联系进行分析，就称为本—量—利分析。

本—量—利分析法在企业的预测和决策中应用十分广泛。例如，它涉及企业的市场策略、产品定价、生产设备的利用等方面。因此，在挖掘企业生产潜力，达到经营目标方面，本—量—利分析法具有一定的作用。

3.2 单一品种保本分析

企业产销的产品，可能是一种产品，也可能是多种产品。现以一种产品为例介绍本量利分析法。

3.2.1 保本和保本点

保本（Break - even）又称为损益平衡或盈亏平衡，它是指企业当期的销售收入等于销售成本时的一种状况，也就是收支相等，利润为零。用公式表示为：

$$销售收入 = 销售成本$$

前文曾述及边际贡献就是销售收入减去变动成本后的余额，这个余额再减去固定成本，才是利润。如果利润为零，企业刚好保本，那么，这时的边际贡献与固定成本必然相等。因此，又可得出另一个保本公式：

$$边际贡献 = 固定成本$$

保本点（Break - even Point）又称为损益平衡点或盈亏临界点，它是指企业当期的销售收入等于销售成本时的销售数量或销售金额。也就是说，在某个销售数量或销售金额的点上，销售收入与销售成本正好相等，企业不盈也不亏。

保本点是一个很重要的概念。企业经营，首先要做到保本，在此基础上，再争取获得利润。所以，企业经营管理人员在进行经营筹划时，必须要知道保本点，才能做到心中有数，不至失误。

保本点总是与销售这个概念联系在一起的，没有销售，就没有收入，也就谈不上保本的问题。因此，保本点就有两种表现形式：一种用数量表示，称为保本销售数量；另一种用金额表示，称为保本销售金额。

保本和保本点这两个概念的相同之处在于，都是指企业利润为零，不盈不亏。其区别在于，保本是一个抽象的概念，从这个概念中只知道企业不盈不亏，但具体产销了多少产品，收支了多少金额，却并不清楚；保本点是一个具体的概念，它说明了企业处于不盈不亏情形下的具体销售数量和销售金额。

3.2.2 保本销售数量和保本销售金额的计算

企业的利润是企业当期的销售收入减去销售成本后的余额，而销售成本又可划分为变动成本和固定成本两部分，所以，企业的利润可以这样计算：

$$利润 = 销售收入总额 - 变动成本总额 - 固定成本总额 \tag{1}$$

如果企业收支相等，利润为零，则式（1）又可改写为：

$$销售收入总额 = 变动成本总额 + 固定成本总额 \tag{2}$$

又因为销售收入等于销售数量与销售单价的乘积，变动成本总额等于销售数量与单位变动成本的乘积，所以，式（2）又可表示为：

$$销售数量 \times 销售单价 = 销售数量 \times 单位变动成本 + 固定成本总额 \tag{3}$$

由于式（3）是在式（2）假设企业利润为零的基础上设定的，所以，由式（3）即可得出企业的保本销售数量的公式：

$$保本销售数量 = \frac{固定成本总额}{销售单价 - 单位变动成本} = \frac{固定成本总额}{单位边际贡献} \tag{4}$$

［例3－1］新华公司从外地购进并销售一批台灯，每件购价为10元，售价为20元，公司每月的固定成本为3 000元。

要求：计算该公司每月销售多少盏台灯才能保本。

解：将本例中的有关数据代入式（4），则为：

$$保本销售数量=\frac{固定成本总额}{销售单价-单位变动成本}=\frac{3\ 000}{20-10}=300（盏）$$

计算结果表明，新华公司每个月要销售300盏台灯才能保本。

计算保本销售金额的方法有两种：

（1）用已计算出的保本销售数量乘以销售单价，即：

$$保本销售金额=销售单价\times保本销售数量$$

将例题一的资料代入，即得：

$$保本销售金额=20\times300=6\ 000（元）$$

计算表明，新华公司每月的销售收入要达到6 000元，才能保本。

（2）根据保本公式“边际贡献＝固定成本”来计算，公式两边同时除以销售金额，即：

$$\frac{边际贡献}{销售金额}=\frac{固定成本总额}{销售金额}$$

得：

$$边际贡献率=\frac{固定成本总额}{销售金额}$$

则：

$$销售金额=\frac{固定成本}{边际贡献率}$$

因为边际贡献等于固定成本时，企业刚好保本，据以计算出来的销售金额即为保本销售点金额，所以：

$$保本销售金额=\frac{固定成本总额}{边际贡献率}$$

仍用例题一的资料计算，台灯的边际贡献率计算如下：

$$边际贡献率=\frac{单位边际贡献}{销售单价}=\frac{20-10}{20}=50\%$$

$$保本销售金额=\frac{3\ 000}{50\%}=6\ 000（元）$$

3.2.3 实现目标利润的销售数量和销售金额的计算

企业在进行经营活动之前，往往要事先拟定一个希望达到的获利目标，这就是目标利润。根据目标利润，再测算企业应该发生的销售收入和销售成本。

在测算保本销售数量和保本销售金额的两个公式基础之上，加上目标利润因素，即可得出实现目标利润的销售数量和销售金额的公式。

因为：

目标利润 = 实现目标利润的销售数量 ×（销售单价 − 单位变动成本）− 固定成本总额

移项，得：

$$实现目标利润的销售数量=\frac{固定成本总额+目标利润}{销售单价-单位变动成本}=\frac{固定成本总额+目标利润}{单位边际贡献}$$

［例3－2］如果新华公司希望每个月实现目标利润5 000元（其他资料与［例3－1］相同），那么，每个月的销售数量应当是：

$$实现目标利润的销售数量=\frac{3\ 000+5\ 000}{20-10}=800（盏）$$

同理，在计算保本销售金额公式的基础之上，考虑目标利润因素，则可得实现目标利润的销售金额公式：

$$实现目标利润的销售金额=\frac{固定成本总额+目标利润}{边际贡献率}$$

仍用［例3－2］的资料，得：

$$实现目标利润的销售金额=\frac{3\ 000+5\ 000}{50\%}=16\ 000（元）$$

需要注意的是，以上公式中的目标利润一般是指税前利润。如果企业的目标利润是指税后利润，则在进行本—量—利分析时，则要对公式做适当调整。

因为：

$$税后利润=税前利润\times（1-所得税率）$$

所以：

$$税前利润=\frac{税后利润}{1-所得税率}$$

则：

$$实现目标（税后）利润的销售数量=\frac{固定成本总额+\frac{税后利润}{1-所得税率}}{销售单价-单位变动成本}$$

$$实现目标（税后）利润的销售金额=\frac{固定成本总额+\frac{税后利润}{1-所得税率}}{边际贡献率}$$

［例3－3］如果新华公司希望实现目标（税后）利润6 000元，所得税率为25%。问：销售数量和销售金额各为多少？

解：

$$实现目标（税后）利润的销售数量=\frac{3\ 000+\frac{6\ 000}{1-25\%}}{20-10}=1\ 100（盏）$$

$$实现目标（税后）利润的销售金额=\frac{3\ 000+\frac{6\ 000}{1-25\%}}{50\%}=22\ 000（元）$$

3.2.4 诸因素变动的相互影响

前文已述及，企业的利润要受销售数量、销售金额、固定成本、变动成本四个因素的影响，利润与这四个因素之间的内在联系可用下列公式表示：

目标利润 = 销售数量 ×（销售单价 − 单位变动成本）− 固定成本总额

公式两边的任何一个因素发生变动，都会引起其他因素发生相应变动。为了有利于企业进行预测和决策，有必要对这些因素可能发生的变动及其影响加以测算。

1. 目标利润发生变动

［例 3 − 4］如果新华公司的目标利润由原来的 5 000 元增加到 7 000 元，其他因素不变，销售数量和销售金额各应为多少？

解：

$$实现目标利润的销售数量 = \frac{3\,000 + 7\,000}{20 - 10} = 1\,000（盏）$$

$$实现目标利润的销售金额 = \frac{3\,000 + 7\,000}{50\%} = 20\,000（元）$$

可见，如果目标利润增加 2 000 元（7 000 − 5 000 元），那么，销售数量将增加 200 盏（1 000 − 800），销售金额将增加 4 000 元（20 000 − 16 000）。这是目标利润发生变动后对销售数量和销售金额这两个因素产生的影响。为此，企业在制定目标利润时需要仔细考虑，看销售数量或销售金额能否达到与目标利润一致的程度。

2. 固定成本发生变动

在企业中，固定成本总额往往也是要发生变动的。例如，新购置机器设备，增加或减少行政管理人员等。固定成本发生变动，必然对企业的利润和其他因素产生影响。

［例 3 − 5］如果新华公司打算租用一个品牌使用权，每月支付租金 2 000 元，目标利润为 5 000 元，其他因素仍与［例 3 − 1］相同。

问：该公司的销售数量应为多少？

解：

$$实现目标利润的销售数量 = \frac{(3\,000 + 2\,000) + 5\,000}{20 - 10} = 1\,000（盏）$$

结果表明，公司每月的销售数量，在租用品牌使用权后应比租用品牌使用权前增加 200 盏（1 000 − 800），增长幅度为 25%，才能实现目标利润 5 000 元。这是固定成本发生变动后对销售数量的影响。这就要求公司在进行是否租用品牌使用权的决策时，要十分小心，要对产品的销售市场做充分的估计。

3. 单位变动成本发生变动

在制造企业，单位变动成本主要包括直接材料、直接人工和变动制造费用等。在商业企业，单位变动成本则主要是指单位进货成本。由于条件发生变化，单位变动成本也要发生变动。

［例 3 − 6］如果新华公司获悉，原订购的台灯的进价将提高 25%，其他因素与例题一相同，那么，保本销售数量和实现目标利润销售数量各应为多少？

解：

$$保本销售数量 = \frac{3\,000}{20 - 10 \times (1 + 25\%)} = 400（盏）$$

$$实现目标利润的销售数量=\frac{3\ 000+5\ 000}{20-10\times(1+25\%)}=1\ 067（盏）$$

因进价（即单位变动成本）提高25%，保本销售数量为400盏，比原来增加100盏（400－300）；实现目标利润的销售数量达1 067盏，比原来增加267盏（1 067－800）。这将给新华公司的销售工作带来一定压力。

［例3－7］如果新华公司每月的目标利润由原来的5 000元增至7 000元，销售数量估计为800盏，要求除单位变动成本可做适当调整外，其他因素不发生变化。问：单位变动成本应做怎样调整？

解：

$$单位变动成本=销售单价-\frac{固定成本总额+目标利润}{销售数量}$$

$$=20-\frac{3\ 000+7\ 000}{800}=7.5（元）$$

调整后的单位变动成本进价应为7.5元，比调整前降低2.5元（10－7.5）。

4. 销售单价发生变动

市场上的商品价格随着供求关系的变化而经常发生变化，价格的变化会引起销售数量和利润等发生相应的变化。

［例3－8］如果新华公司为了扩大销售，决定采用薄利多销的方法，降低销售价10%，其他因素不变。问：保本销售数量和实现目标利润的销售数量各应为多少？

解：

$$保本销售数量=\frac{3\ 000}{20\times(1-10\%)-10}=375（盏）$$

$$实现目标利润的销售数量=\frac{3\ 000+5\ 000}{20\times(1-10\%)-10}=1\ 000（盏）$$

降低售价10%后，保本销售数量达到375盏，比降价前增加75盏（375－300）；实现目标利润5 000元的销售数量为1 000盏，比降价前增加200盏（1 000－800）。

售价降低10%，而保本销售数量和实现目标利润的销售数量却随之增加，可见，价格的变动，对销售数量的影响是很大的，企业在进行价格决策时要充分考虑到这一点。

［例3－9］新华公司估计每月的台灯销售量可达到1 200盏，目标利润仍确定为5 000元，其他因素不发生变化。问：销售单价可定为多少？

解：

$$销售单价=\frac{固定成本总额+目标利润}{销售数量}+单位变动成本$$

$$=\frac{3\ 000+5\ 000}{1\ 200}+10=16.67（元）$$

5. 销售数量发生变动

销售数量的变动会直接引起销售收入和目标利润发生变动。

［例3－10］新华公司通过市场调查，预测每个月可以销售台灯1 000盏，其他因素不变。问：公司的目标利润可确定为多少？

解：

目标利润＝销售数量×（销售单价－单位变动成本）－固定成本总额

＝1 000×（20－10）－3 000＝7 000（元）

计算结果表明，销售数量由原来的800件增加到1 000件，增加幅度为25%，目标利润由原来的5 000元增加到7 000元，增加幅度为40%。利润增加的幅度高于销售数量增加的幅度。所以，通过扩大销售量来增加利润是十分重要的手段。

6. 诸因素发生变动

以上的分析是假定在一个因素发生变动，而其他因素不发生变动的情形下进行的。在实际工作中，往往若干因素同时发生变动。对于这样的变动给企业带来的影响，仍要加以测算。

［例3－11］新华公司在原有计划安排的基础上，有关因素发生了以下一些变化：每月租用一个品牌使用权，租金2 000元；销售数量在800盏的基础上增加40%；销售单价在20元的基础上降低10%；进货单价在10元的基础上降低20%。要求计算：诸因素发生变动后的目标利润。

目标利润 ＝ 销售数量×（销售单价 － 单位变动成本）－ 固定成本总额

＝ 800×(1＋40%)×[20×(1－10%)－10×(1－20%)]－(3 000＋2 000)

＝ 1 120×(18－8)－5 000 ＝ 6 200(元)

计算表明，企业的目标利润可达到6 200元，比各项因素变化前的目标利润增加了200元（6 200－6 000），这是诸因素综合变动后对目标利润的影响。

3.2.5　本—量—利分析的图示法

进行本—量—利分析，还可以根据有关资料采用绘图的方式进行计算。绘制的图大致有两种：一种是保本图，另一种利润图。

1. 保本图

绘制保本图（Break－even Chart）是通过绘图的方式来确定保本点的一种方法。下面仍以例题一的有关资料为例，介绍绘制保本图的主要步骤。如图3－1所示。

（1）建立坐标图，横轴表示数量，纵轴表示金额。

（2）画一条代表固定成本的与横轴平行的线（新华公司每月的固定成本为3 000元）。

（3）任选某个大于零的销售数量（如新华公司每月销售台灯400盏），再根据这个销售量，确定销售收入总额和销售成本总额，并在图上作总销售收入线和总销售成本线。

销售收入总额＝20×400＝8 000（元）

销售成本总额＝10×400＋3 000＝7 000（元）

（4）总销售收入线与总销售成本线的相交点，即为保本点。该点所对应的数量，为保本销售数量；该点所对应的金额，为保本销售金额。由图3－1可知，新华环宇公司的保本销售数量是300盏，保本销售金额是6 000元。

（5）确定利润区和亏损区。在保本点以下的总收入线与总成本线相夹的区域为亏损区，该区域中的任何一点对应的销售数量和销售金额都达不到保本的要求；在保本点以上的总收入线与总成本线相夹的区域为盈利区，该区域中的任何一点所对应的销售数量和销售金额都超过了保本点。

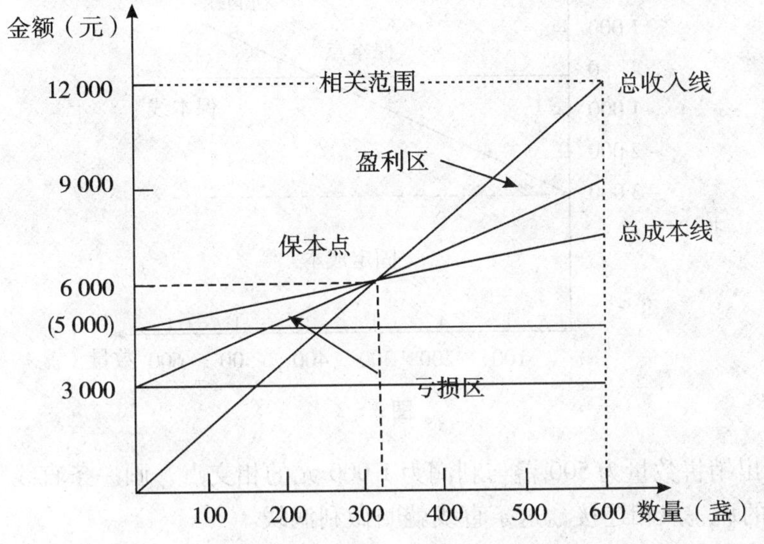

图3－1

（6）确定相关范围。因为绘制图表的前提是假设在相关范围内，各种因素（如固定成本、销售单价、单位变动成本等）都不发生变化，所以需要注明相关范围，该图才有效。

绘制保本图，可以比较直观地反映数量、成本、利润、价格等因素之间的关系。只要制图准确，即可根据经济活动的变化情况，迅速找出所需的数据。保本图是管理人员在计划和控制经济活动时的一个十分有用的工具，但绘制保本图的前提是制图必须精确。在可能的情况下，绘图时可以采用数学计算加以验证。

2. 利润图

绘制利润图（Profit Graph）是通过绘制图表来进行本—量—利分析的一种方法。下面结合例题一的资料，来说明绘制利润图的步骤。如图3－2所示。

（1）建立坐标图，横轴表示销售数量，纵轴表示盈亏金额。

（2）在纵轴金额为零的那一点上画一条与横轴平行的线，称为保本线，并在该线上注明不同销售数量所取得的销售收入金额。

（3）先假定销售数量为零，并在纵轴上注明固定成本总额（3 000元），由于没有销售收入，所以固定成本金额应列在保本线以下。

（4）任选一个销售数量（如400盏），计算出利润额：

销售收入总额（20×400）　　　　8 000元

变动成本总额（10×400）	4 000 元
边际贡献总额	4 000 元
固定成本总额	3 000 元
利润	1 000 元

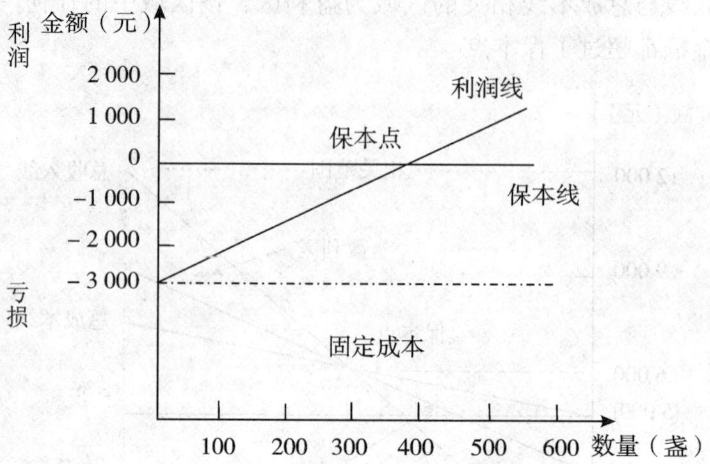

图 3－2

（5）找出销售数量为500 盏与利润为1 000 元的相交点，画一条直线与纵轴上的固定成本金额的那一点相连接，这条直线就叫做利润线。

（6）利润线与保本线相交的那一点即为保本点，两条线相夹的下方区域为亏损区，上方为盈利区。

利润图的优点是较直接地反映出了销售数量和利润之间的变化关系，缺点是不能反映出销售数量与成本之间的变化关系。

3.2.6 安全边际

企业进行经营，最低限度是要保本，不盈不亏，在此基础上，再争取获得尽可能多的利润，达到目标利润。但有时企业的业绩虽然超过了保本点，却不一定能达到目标利润。这时，就涉及安全边际问题。

安全边际（Margin of Safely）是反映预算的或实际的销售金额（或销售数量）与保本销售金额（或销售数量）之间差额的指标，包括绝对量（安全边际额和安全边际量）和相对量（安全边际率）两种形式。

1. 绝对量指标的计算公式

安全边际额＝预算（或实际）的销售金额－保本销售金额

安全边际量＝预算（或实际）的销售数量－保本销售数量

绝对量指标反映出预算或实际的销售业务量与保本销售业务量之间的差额，反映出企业的销售活动在保本的基础上可以上下波动的范围亦即安全程度。上下波动的范围越大，说明安全边际数额也越大，企业的经营活动也就越安全。

2. 相对量指标的计算公式

$$安全边际率=\frac{安全边际额}{预算（或实际）的销售金额}$$

或：

$$安全边际率=\frac{安全边际量}{预算（或实际）的销售数量}$$

3. 相对量指标的标准

安全边际和安全边际率的数值越大，企业发生亏损的可能性就越小，企业就越安全。安全边际率是一个相对指标，它便于不同企业和不同行业的比较。企业安全性的经验数据如表 3－1 所示。

表 3－1

安全边际率	40% 以上	30% ～40%	20% ～30%	10% ～20%	10% 以下
安全等级	很安全	安全	较安全	值得注意	危险

［例 3－12］仍以新华公司为例。该公司的保本销售金额是 6 000 元（销售数量是 300 盏），目标利润（5 000 元），销售金额是 16 000 元（销售数量是 800 盏），则：

安全边际销售金额＝16 000－6 000＝10 000（元）

安全边际销售数量＝800－300＝500（盏）

$$安全边际率=\frac{安全边际销售金额}{预算销售金额}=\frac{10\ 000}{16\ 000}=62.5\%$$

或：

$$\frac{安全边际销售数量}{预算销售数量}=\frac{500}{800}=62.5\%$$

计算结果表明，如果该公司销售活动达不到目标，即销售金额达不到 16 000 元，销售数量达不到 800 盏，则可以往下降，但销售金额和销售数量下降的幅度应分别控制在 10 000 元和 500 盏范围之内。这样，企业仍可保本，是安全的。如超过了上述范围，企业将会发生亏损，就不安全了。安全边际率 62.5% 则反映出企业经营的安全程度。

安全边际还可以用图来表示。如图 3－3 所示。

从图 3－3 可见，一种产品的安全边际距离越长，经营这种产品就比较安全；如果安全边际距离很短，经营这种产品就不太安全，因为销售金额或销售数量稍有下降，企业就会发生亏损。如果某些产品安全边际太小因而经营起来显得不安全，则企业可采用降低保本点或提高销售水平的方法来扩大其安全边际。但安全边际不能随意改变，需要通过对企业的经营活动进行全面分析后才可决策。

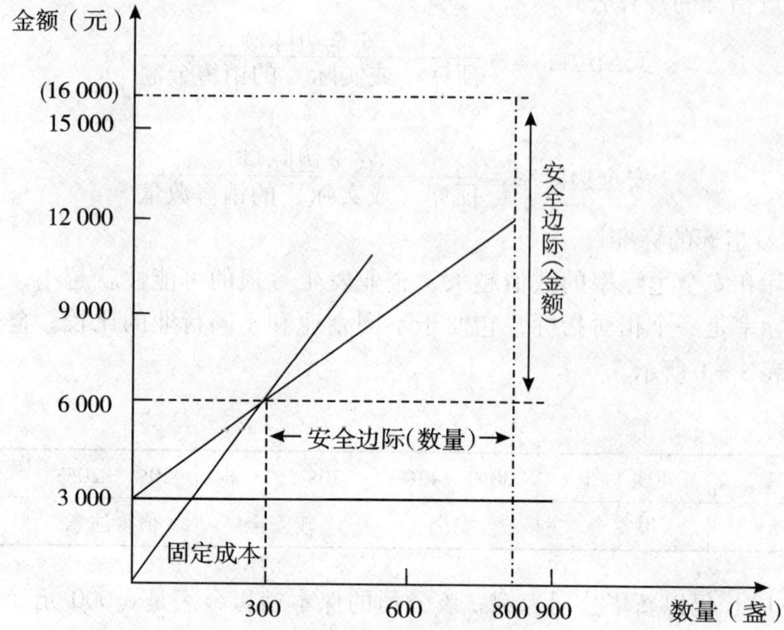

图 3 - 3

3.3 营业杠杆

3.3.1 成本结构对企业利润的影响

企业从事经营的活动，总要发生成本，其中包括固定成本和变动成本。成本总额的多少会影响企业的利润额，同时，企业成本的结构（即固定成本与变动成本之间的比例）也会影响企业的利润额。因此，有必要将成本结构对企业利润的影响进行分析研究。下面举例说明。

［例 3 - 13］A 公司和 B 公司分别生产同一种产品，有关资料参见表 3 - 2。

表 3 - 2

公司	销售数量（件）	销售单价（元）	固定成本总额（元）	单位变动成本（元）
A	200	20	600	12
B	200	20	1 800	6

从表 3 - 2 中可见，A、B 两个公司的成本结构是不相同的。A 公司的固定成本低，单位变动成本高；而 B 公司则正好相反。成本结构的不同会给企业的收益带来不同的影响。

根据表 3 - 2 的资料，计算出有关资料，参见表 3 - 3。

表 3-3

项目	A 公司（元）	百分比	B 公司（元）	百分比
销售收入	4 000	100%	4 000	100%
减：变动成本	2 400	60%	1 200	30%
边际贡献	1 600	40%	2 800	70%
减：固定成本	600		1 800	
税前利润	1 000		1 000	

由表 3-3 可见，两个公司的成本结构不相同，边际贡献也不相同，但税前利润是相同。这样看来，似乎成本结构对公司的税前利润并无影响。但是如果将两个公司的产品销售数量分别增加 10%，情况就会发生变化，参见表 3-4。

表 3-4　　单位：元

项目	A 公司（元）	B 公司（元）
销售收入	4 400	4 400
减：变动成本	2 640	1 320
边际贡献	1 760	3 080
减：固定成本	600	1 800
税前利润	1 160	1 280

计算表明，在销售量增加 10% 的情况下，B 公司的税前利润大于 A 公司。可见，在销售量发生变动的情况下，企业的成本结构不同，税前利润也会在一定程度内发生相应的变动。

3.3.2 营业杠杆（Operating Leverage）定义

由于成本结构会对企业的经济效益产生影响，因此，企业就有必要慎重考虑应当采用什么样的成本结构。

从物理学的角度看，利用杠杆原理，可以用较小的力移动较大的物体。从企业经营的角度看，利用杠杆原理是指只增加尽可能少的销售量（或资产）就可以增加尽可能多的利润。由于这是从经营角度利用杠杆原理，所以叫做营业杠杆。

营业杠杆与企业的成本结构有关。在企业的总成本中，如果固定成本总额很大，单位变动成本很小（如表 3-2 中的 B 公司），那么，就说明营业杠杆很大；相反，如果单位变动成本很大，而固定成本总额很小，就说明营业杠杆很小。一般来说，营业杠杆大，销售的变动对利润的影响较为明显，即只要增加（或减少）较少的销售量，即可增加（或减少）较多的利润额。

以表 3-3 的资料为例。A、B 两个公司的销售收入和销售成本总额（包括固定成本和变动成本）都相同，因而税前利润也相同。但 A 公司的营业杠杆小（固定成本总额小，单位变动成本大），而B公司的营业杠杆大（固定成本总额大，单位变动成本小），所以，当两个公司在原有销售量的基础上，同时增加10%的销售量时，营业杠杆小的A公司的税前利润仅增加了160元（1 160－1 000），增加幅度为16%；而营业杠杆大的B公司的税前利润则增加了280元，增加幅度为28%（参见表3－4）。这说明，营业杠杆大的企业，一旦销售发生变动（增加或减少），对企业利润的影响程度很大。

归纳：营业杠杆是指由于固定成本的存在，公司必然会出现税前利润的变动率总是大于销售量的变动率。

3.3.3 营业杠杆系数（Degree of Operating Leverage）

对营业杠杆的计量通过营业杠杆系数（Degree of Operating Leverage）。

如果将一个企业的销售量固定在一个水平上，即可计算出营业杠杆系数。营业杠杆系数是边际贡献与税前利润之比，即：

$$营业杠杆系数=\frac{边际贡献}{税前利润}$$

营业杠杆系数的意义是，按照给定的销售水平，销售量一定比例的变动对企业利润的影响程度。

以表3－3的资料为例。按照1 000元的销售水平计算：

$$A公司的营业杠杆系数=\frac{1\ 600}{1\ 000}=1.6$$

$$B公司的营业杠杆系数=\frac{2\ 800}{1\ 000}=2.8$$

这两个结果表明，当销售量发生一定比例变动时，A公司的税前利润将按16%的比例发生变动，而B公司的税前利润将按28%的比例发生变动。

以表3－4的资料为例，经过计算，形成表3－5。

表3－5

公司	销售变动率	营业杠杆系数	税前利润变动率
A	10%	1.6	16%
B	10%	2.8	28%

根据表3－5的资料可知，税前利润变动率等于销售变动率与营业杠杆系数之乘积，即：

$$税前利润变动率=销售变动率\times营业杠杆系数 \quad (1)$$

据此，又可得出计算营业杠杆系数的另一个公式：

$$营业杠杆系数=\frac{税前利润变动率}{销售变动率} \quad (2)$$

式（2）中：

$$税前利润变动率=\frac{销售量变动后税前利润-销售量变动前税前利润}{销售量变动前税前利润} \quad (3)$$

$$\text{销售变动率}=\frac{\text{销售量变动后的销售金额}-\text{销售量变动前的销售金额}}{\text{销售量变动前的销售金额}}$$

$$=\frac{\text{销售变动金额}}{\text{销售量变动前的销售金额}} \tag{4}$$

营业杠杆系数在靠近保本点时将达到最大，当销售量和税前利润逐渐增加时，营业杠杆系数将逐渐减小。下面用一些资料来加以说明，参见表3－6。

表3－6

销售收入（元）	4 000	3 000	2 000
减：变动成本（元）	2 400	1 800	1 200
边际贡献（元）	1 600	1 200	800
减：固定成本（元）	600	600	600
税前利润（元）	1 000	600	200
营业杠杆系数	1.6	2	4

表3－6的资料表明，营业杠杆系数随着销售金额和税前利润的不断增加而逐渐减小。但越靠近保本点，营业杠杆系数越大。在保本点处（税前利润趋于零），则营业杠杆系数表现为无穷大。

3.3.4 营业杠杆的作用

营业杠杆是管理人员进行经营管理的一个重要工具。通过营业杠杆系数，管理人员可以立即知道销售数量变动对利润的影响程度，而不必通过编制损益表来进行计算。

例如，如果某种产品的营业杠杆系数是3，预计当期该产品的销售量将增加10%，就可计算出该产品的税前利润将增加30%（3×10%）。同时，由于越靠近该保本点，营业杠杆系数就越大，所以，当一种产品的销售量临近保本点时，只要稍稍提高销售数量，即可较多地增加税前利润。所以，企业管理人员应当特别注意加强对这些产品的销售的管理。

营业杠杆原理的另一个重要作用是可以用来预测企业的经济活动，如可通过产品销售预计增减率来预测企业计划期的税前利润。

先用计划期税前利润、基期税前利润分别代替式（3）中的销售量变动后的税前利润、销售量变动前税前利润，可得下列公式：

$$\text{营业杠杆系数}=\frac{\dfrac{\text{计划期税前利润}-\text{基期税前利润}}{\text{基期税前利润}}}{\text{销售变动率}} \tag{5}$$

移项，得：

$$\text{计划期税前利润}=\text{基期税前利润}\times(1+\text{销售变动率}\times\text{营业杠杆系数}) \tag{6}$$

［例3－14］假如已知计划期某种产品的销售量将增加10%，营业杠杆系数为1.6，基期税前利润为2 000元，则：

计划期税前利润 =2 000 ×（1 +10% ×1.6）=2 320（元）

如果预计计划期销售量将减少 10%，则：

计划期税前利润 =2 000 ×（1 -10% ×1.6）=1 680（元）

同时，也可以根据计划期的目标税前利润，通过计算营业杠杆系数的公式变换，来测算计划期应达到的销售量增减率。

将式（6）变换后，得；

$$销售变动率 = \frac{计划期税前利润 - 基期税前利润}{基期税前利润 \times 营业杠杆系数} \tag{7}$$

［例 3 -15］设基期实际税前利润为 2 000 元，营业杠杆系数为 1.6，计划期目标税前利润为 2 400 元，则：

$$计划期销售变动率 = \frac{2\ 400 - 2\ 000}{2\ 000 \times 1.6} = 12.5\%$$

这说明计划期的销售量应当比基期增加 12.5%，才能实现目标税前利润。

3.4 多种产品的保本分析

保本分析是以企业只产销一种产品为前提的。但企业往往是经营多种产品的，且每种产品的售价、单位变动成本、边际贡献以及边际贡献率等通常也是不相同的。同时，企业在进行经营筹划时，更多地是想从企业整体的角度来预测产品产销的保本点和实现目标利润的销售金额，而不仅仅是了解某一种产品的有关这方面的数据。因此，就有必要进行多种产品的保本分析。

3.4.1 多种产品保本分析的步骤

不同类型的产品的数量是不能简单加总的，所以，在进行多种产品的保本分析时，一般是计算多种产品的综合保本销售金额，然后，再据以分别计算每种产品的保本销售金额和保本销售数量。具体计算步骤如下：

1. 全部产品的总销售金额

$$全部产品的总销售金额 = \sum 每种产品的销售单价 \times 该种产品的销售数量$$

2. 每种产品的销售比重

销售比重（Sales Mix）是指每种产品的销售金额占全部产品总销售金额的比重，计算公式如下：

$$每种产品的销售比重 = \frac{每种产品的销售金额}{全部产品的总销售金额}$$

计算销售比重所需的数据可以根据历史资料或预测资料推算确定。

3. 加权边际贡献率总计

$$加权边际贡献率总计 = \sum 每种产品的边际贡献率 \times 该种产品的销售比重$$

4. 综合保本销售金额

$$综合保本销售金额=\frac{固定成本总额}{加权边际贡献率总计}$$

5. 每种产品的保本销售金额和保本销售数量

每种产品的保本销售金额＝综合保本销售金额×每种产品的销售比重

$$每种产品的保本销售数量=\frac{每种产品的保本销售金额}{该种产品的销售单价}$$

下面举例说明以上步骤。

［例3－16］鸿运公司明年将经销三种商品，其有关预测资料参见表3－7。

表3－7

摘要	风衣	皮鞋	布鞋	全年
销售数量（件或双）	800	400	700	
销售单价（元）	25	40	20	
单位变动成本[①]（元）	15	30	12	
固定成本总额（元）				35 200

注：①这里的单位变动成本是指商品的进货单价。

要求根据表3－7的资料计算每种商品的保本销售金额和保本销售数量。

（1）先通过一张计算表来计算加权边际贡献率总计。参见表3－8。

表3－8

摘要	风衣	皮鞋	布鞋	合计
销售数量（件或双）	800	400	700	
销售单价（元）	25	40	20	
单位变动成本（元）	15	30	12	
单位边际贡献（元）	10	10	8	
边际贡献率	40%	25%	40%	
销售收入总计（元）	20 000	16 000	14 000	50 000
销售比重	40%	32%	28%	35.2%
加权边际贡献率	16%	8%	11.2%	

（2）计算三种商品的综合保本销售金额。

$$综合保本销售金额=\frac{35\ 200}{35.2\%}=10\ 0\ 000（元）$$

（3）计算每种商品的保本销售金额和保本销售数量。参见表3－9。

表 3－9

项目	保本销售金额（元）	保本销售数量（件或双）
风衣 皮鞋 布鞋	100 000 × 40% = 40 000 100 000 × 32% = 32 000 100 000 × 28% = 28 000	40 000 ÷ 25 = 1 600 32 000 ÷ 40 = 800 28 000 ÷ 20 = 1 400

如果已知每种商品的销售比重和单位边际贡献，还可以通过以下方法计算出每种商品的保本销售数量。

（1）计算加权的单位边际贡献。

加权的单位边际贡献 = $\sum$ 每种商品的销售比重 × 该种商品的单位边际贡献

根据表 3－7 中的有关资料，计算加权的单位边际贡献。参见表 3－10。

表 3－10

项目	销售比重 （1）	单位边际贡献（元） （2）	加权的单位边际贡献 （3）=（1）×（2）
风衣 皮鞋 布鞋	40% 32% 28%	10 10 8	4 3.2 2.24
合计	100%	—	9.44

（2）计算三种商品的综合保本销售数量。

$$综合保本销售数量 = \frac{固定成本总额}{加权的单位边际贡献} = \frac{35\ 200}{9.44} = 3\ 729（件）$$

（3）计算每种商品的保本销售数量。

每种商品的保本销售数量 = 综合保本销售数量 × 每种商品的销售比重

代入数字后，计算如表 3－11 所示。

表 3－11

项目	保本销售数量（件或双）
风衣 皮鞋 布鞋	3 729 × 40% = 1 492 3 729 × 32% = 1 193 3 729 × 28% = 1 044
合计	3 729

注：不同商品的数量本来是不能相加的，这里的合计数是在计算保本销售数量这个具体情况下加总的。

多种产品的加权边际贡献率也可以通过另一种方法计算。参见表 3－12。

表 3－12

项目	风衣	皮鞋	布鞋	合计
销售数量（件或双）	800	400	700	
销售单价（元）	25	40	20	
单位变动成本（元）	15	30	12	
边际贡献总额（元）	8 000	4 000	5 600	17 600
销售收入总额（元）	20 000	16 000	14 000	50 000
加权边际贡献率				35.2%

要计算多种产品的综合保本销售金额，关键是要计算出多种产品的加权边际贡献率总计。

如果要计算多种产品的实现目标利润的综合销售金额和销售数量，只需要在计算多种产品保本销售金额的公式的基础上，考虑目标利润因素即可，计算公式为：

$$实现目标利润的综合保本销售金额=\frac{固定成本总额+目标利润}{加权边际贡献率}$$

3.4.2 产品品种结构变动对综合保本销售金额的影响

鸿运公司经销的三种商品的边际贡献率分别为：风衣 40%、皮鞋 25%、布鞋 40%。其中风衣和布鞋的获利程度稍高些，所以，公司决定调整商品的销售结构。调整前和调整后的有关数据，参见表 3－13。

表 3－13

调整品种结构前的有关数据				
项目	风衣	皮鞋	布鞋	合计
销售比重	40%	32%	28%	
边际贡献率	40%	25%	40%	
加权边际贡献率	16%	8%	11.2%	35.2%
调整品种结构后的有关数据				
项目	风衣	皮鞋	布鞋	合计
销售比重	50%	10%	40%	
边际贡献率	40%	25%	40%	
加权边际贡献率	20%	2.5%	16%	38.5%

根据调整品种结构后的加权边际贡献率总计数，计算企业的综合保本销售金额：

$$综合保本销售金额=\frac{35\ 200}{38.5\%}=91\ 429（元）$$

调整品种结构后的综合保本销售金额为 91 429 元，比调整前的 100 000 元减少 8 571 元，减少幅度为 8.57%。公司综合保本销售金额减少说明公司销售商品的盈利性增加。所以，在对市场进行充分调查研究的基础之上，确定合理的产品品种结构，对提高公司的经济效益具有十分重要的作用。

3.5 本—量—利分析的基本假设

运用本—量—利分析，能揭示目标利润、销售数量、销售单价、单位变动成本和固定成本总额等因素之间的内在联系，能给企业管理当局提供进行预测和决策所需的资料。所以，本—量—利分析方法不失为一种很好的预测方法。但是，在运用这种分析方法时，要注意一些基本的假设。离开这些基本假设，本—量—利分析的结果就会发生偏差。

（1）假设能够将企业的所有成本都按照成本特性精确地划分为变动成本和固定成本。

该假设是进行本—量—利分析的重要前提。如果成本划分不准确，那么据以提供的数据也是不准确的。

（2）假设企业的销售收入和销售成本在相关范围内呈线性关系。

在相关范围（或相关时期）内，产品的销售单价、单位变动成本和企业的固定成本等都保持不变。如果销售收入和销售成本呈非线性关系，那么，就很难准确地计算出企业的保本点。

（3）假设企业产品的销售结构在相关时期间内不发生变化。

由前文可知，如果产品的销售结构发生变化，势必影响加权边际贡献率的变化，从而导致保本点发生变化。

（4）假设货币的币值在相关时期间内不发生变化。

（5）假设企业的生产能力和生产效率在相关时期间内不发生变化。

以上是一些主要的基本假设。从这些基本假设来看，有一个共同的特点，就是假设进行本—量—利分析所需的数据在相关范围内基本处于静止状态。但事实上，各种因素都在不同程度地变化着。这样，分析得出的结果，也只可能是一种近似值，而不是精确的结果。

虽然本—量—利分析方法有上述局限性，但只要在分析时做到心中有数，并对分析的结果做适当调整，那么，提供的数据对企业管理人员进行经营预测和决策，仍具有十分重要的参考价值。

3.6 本—量—利分析方法在应用中应注意的问题

在管理会计的各种分析方法中，本—量—利分析法是较为简单适用的一种方法，在我国的企业中应用也较为广泛。我国的会计工作者，根据本—量—利分析法的基本原理，结合我国国情和企业的具体情况，灵活地运用本—量—利分析法，积累了不少经验。现将本—量—利分析方法在实际运用中需注意的问题说明如下。

3.6.1 资料搜集问题

本—量—利分析法是一种预测分析方法，所需的资料主要是预测资料，但也不能忽视历史资料的作用。如成本的划分，可根据基期或以往时期变动成本和固定成本各占总成本的比例数，来预测计划期的变动成本和固定成本。又如，要计算计划期的新产品或非标准产品的边际贡献额或边际贡献率，如无具体的销售价格和单位变动成本的资料，也可参照过去产品的有关资料进行测算。

3.6.2 多种产品的本—量—利分析

多种产品生产企业在预测保本（或目标利润）销售金额或保本（或目标利润）销售数量时，可按品种或类别分别计算边际贡献额和边际贡献率。通常主要产品按品种计算，要求计算得精确些；非主要产品可按类别计算，可适当计算得粗略一些（最好将边际贡献率相同的产品划在一类）。

3.6.3 注意资料的可比性

对于一些常用的资料，如固定成本和变动成本资料，一经采用，就不要轻易变动，以便进行比较。

3.6.4 营业税金问题

根据我国税法，有些企业要按规定缴纳营业税金。营业税金是按企业销售额的一定比例缴纳的税金，具有变动费用的性质。同时，营业税金是直接抵减销售收入，而不进入产品成本的。因此，在进行本—量—利分析时，就要把营业税金这一因素考虑进去。在计算保本销售金额（或销售数量）时，计算公式要做相应改变：

$$\text{保本销售金额}=\frac{\text{固定成本总额}}{\text{边际贡献率}-\text{营业税率}}$$

$$\text{保本销售数量}=\frac{\text{固定成本总额}}{\text{销售单价}\times(1-\text{营业税率})-\text{单位变动成本}}$$

3.7 不确定情况下的本—量—利分析

前文已述及，进行本—量—利分析时，至少涉及五个基本要素：销售数量、销售单价、固定成本总额、单位变动成本和目标利润。在前面的论述中，我们都假设该五个要素都是定数（即已知数）。但在实际生活中，上述五个要素实际上是处在不断变化中。五个要素又是相互关联的，任何一个要素发生变化，都会导致分析结果发生变化。这样，我们就有必要针对这些不确定情况，采用专门的方法，进行本—量—利分析。这就是不确定情况下的本—量—利分析。

不确定情况下的本—量—利分析又分为两种：一种是不确定下的保本分析；一种

是不确定情况下的目标利润分析。

3.7.1　不确定情况下的保本分析

保本分析分为单一产品保本分析和多种产品保本分析。为了便于说明，现仅以单一产品为例加以阐述。

进行单一产品的保本分析，需要取得三种数据，即销售单价、单位变动成本和固定成本总额。由于进行的是不确定情况下的保本分析，所以还需要对每种数据可能发生的金额及其概率进行估计。

不确定情况下的保本分析的基本步骤如下：

第一，对销售单价、单位变动成本和固定成本可能发生的金额及其每种金额的概率的进行估计；

第二，对三个因素可能发生的金额及其概率进行搭配；

第三，计算出每一组合搭配下的保本点数量和联合概率；

第四，以联合概率为系数，计算出每一组合搭配下的保本数量，然后将各组保本数量加总，即可求得该种产品在不确定情况下的保本销售数量。

现举例说明如下：

［例3－17］某公司产销一种A产品，该产品的销售单价、单位变动成本和固定成本总额的金额数据及其概率参见表3－14。

表3－14　　金额及概率表

项目	金额（元）	概率
销售单价	20	0.7
	21	0.3
单位变动成本	16	0.8
	17	0.2
固定成本总额	40 000	0.6
	45 000	0.4

根据上述资料，可编制出不确定情况下的保本分析表。参见表3－15。

表 3-15 不确定情况下的保本分析表

组合	销售单价		单位变动成本		固定成本总额		保本销售数量(件)	联合概率	组合保本销售数量(件)
	金额(元)	概率	金额(元)	概率	金额(元)	概率			
1	20	0.7	16	0.8	40 000	0.6	10 000	0.336	3 360
2	20	0.7	16	0.8	45 000	0.4	11 250	0.224	2 520
3	20	0.7	17	0.2	40 000	0.6	13 333	0.084	1 120
4	20	0.7	17	0.2	45 000	0.4	15 000	0.056	840
5	21	0.3	16	0.8	40 000	0.6	8 000	0.144	1 152
6	21	0.3	16	0.8	45 000	0.4	9 000	0.096	864
7	21	0.3	17	0.2	40 000	0.6	8 000	0.036	288
8	21	0.3	17	0.2	45 000	0.4	9 000	0.024	216
合计								1.000	10 360

表 3-15 的计算说明：以表中第一组数据为例，当产品的售价为 20 元，单位变动成本为 16 元，固定成本总额为 40 000 元时，保本销售数量的计算公式为：

$$保本销售数量=\frac{40\ 000}{20-16}=10\ 000\ (件)$$

在这种情况下出现的联合概率为：

$$0.7\times0.8\times0.6=0.336$$

由此，得到该组合形式下的保本销售数量为：

$$10\ 000\ 件\times0.336=3\ 360\ (件)$$

3.7.2 不确定情况下的目标利润分析

不确定情况下的目标利润分析可以在保本分析的基础上进行。只要把保本分析表的有关栏目稍加改变，即可根据有关数据，编制出不确定情况下的目标利润分析表。现仍根据[例 3-17] 的有关数据，设 A 产品的目标利润为 10 000 元，则可编制出目标利润分析表。参见表 3-16。

表 3-16 不确定情况下的目标利润分析表

组合	销售单价		单位变动成本		固定成本总额		目标销售数量(件)	联合概率	组合目标销售数量(件)
	金额(元)	概率	金额(元)	概率	金额(元)	概率			
1	20	0.7	16	0.8	40 000	0.6	12 500	0.336	4 200
2	20	0.7	16	0.8	45 000	0.4	13 750	0.224	3 080
3	20	0.7	17	0.2	40 000	0.6	16 667	0.084	1 400
4	20	0.7	17	0.2	45 000	0.4	18 333	0.056	1 027
5	21	0.3	16	0.8	40 000	0.6	10 000	0.144	1 440
6	21	0.3	16	0.8	45 000	0.4	11 000	0.096	1 056
7	21	0.3	17	0.2	40 000	0.6	12 500	0.036	450
8	21	0.3	17	0.2	45 000	0.4	13 750	0.024	330
合计								1.000	12 983

综上所述，要进行不确定情况下的保本分析和目标利润分析，关键是要估计出销售单价、单位变动成本和固定成本总额等各要素可能发生的金额及其概率。由于事先考虑到了各种因素可能出现的情况，并且采用比较科学的方法计算，因此，其计算结果更能接近未来的实际情况。但是，这种分析方法的基本点是对要素概率进行估计，由于是估计，因此，仍带有一定的随意性。同时，当各要素出现多种可能情况时，其计算工作量是相当大的。如果再把多种产品的因素加进去，则计算难度更大。

本章小结

本量利分析是对利润、销售数量、固定成本、单位变动成本和销售单价等因素之间的内在联系进行分析的一种简称，也称 CVP 分析。

学习本—量—利分析法，可以从四个方面加以掌握：第一，是保本销售数量的计算与目标利润销售数量的计算；第二，是安全边际的计算和本量利分析的图示法（包括保本图和利润图）；第三，是单一产品保本点的计算与多种产品保本点的计算；第四，运用本—量—利分析法时需要做一些基本的假设；第五，是不确定情况下的本—量—利分析（包括保本分析和目标利润分析）。

企业的成本由固定成本与变动成本两部分构成。这两部分成本之间的比例关系对企业的利润会产生影响。由此，本章还介绍了营业杠杆及其相关内容。

本章复习思考题

1. 什么是本—量—利分析？它的实质是什么？
2. 什么是保本和保本点？它的基本公式有哪些？
3. 实现目标利润计算的公式有哪些？
4. 绘制保本图和利润图的主要步骤有哪些？
5. 什么是安全边际？它的绝对指标和相对指标是如何计算的？
6. 成本结构对企业利润有什么影响？
7. 什么是营业杠杆？它的作用是什么？如何计算？
8. 多产品保本分析的步骤是怎样的？
9. 本量利分析有哪些基本假设？
10. 本量利分析过程中应注意哪些问题？
11. 请简述利润、销售数量、固定成本、单位变动成本和销售单价之间的相互关系？

4 预测分析

学习目的:

本章主要介绍预测分析的运作机理。通过对本章的学习，了解和掌握预测分析的意义、种类和基本的内容、预测程序和主要的预测方法，并能够对这些方法进行一些简单的预测活动，了解企业在实施经济活动中的计划性和可行性。

4.1 预测分析概述

4.1.1 预测分析的概念

预测分析，一般是指根据历年形成的各种会计信息和财务的数据，考虑现实要求和条件以及未来的变化因素，对企业经营活动的未来发展趋势和前景作出具有科学依据的定量或定性的预计和预算。进行预测分析必须按照反映论所具有的连续性、因果性、相似性和可控性的原理来开展工作，否则所做的工作就没有任何的实际意义。预测分析是一种价值活动，其主要目的是为企业未来经营活动和财务活动提供一定的指导。

预测分析是中高层管理人员以未来经济状况和经济行为的假设为基础，对企业预期的经营成果、财务状况和现金流量所作的预测。预测分析形成的成果，是预测性报告，其表现的形式是经营预测分析和财务预测分析报告。

预测分析作为企业价值管理活动极其重要的一种形式，具有以下特点：

1. 预测分析具有超前性

预测分析是对未来的经营活动和财务活动的发展趋势的事先反映，因而能够突破其现实规定和历史界限，合乎逻辑地推测其未来，揭示现时尚不存在的经营活动和财务活动的状况。预测分析的这种超前性，克服了经营管理和财务管理过程中的盲目性，对提高其效益有重大的意义。

2. 预测分析具有探索性

对企业未来的经营状况和财务状况作出准确的预测和判断，预测分析根据以往所具有的信息永远也不可能达到。这是因为预测分析不仅取决于目前的条件，而且还取决于将来企业的环境；不仅取决于资金运动的内在的规律性，也取决于资金运动的外部环境。因此预测分析成果是探索性的，是近似于其正确数值的结论，但这并不影响预测分析的有用性。

3. 预测分析具有灵活性

预测的具体内容广泛，方法和预测目标都有较大的灵活性。这就是说，预测什么，如何预测，以及预测要达到什么样的目的，都可以根据需要和现实灵活确定。预测分析的这一特点取决于预测分析主要为决策和计划服务，因此只要符合管理者的需求即可。

4. 财务预测分析所具有的科学性和技术性

预测分析的科学性是指其建立在现代科学基础上的科学，而不是凭经验和直觉的预测。预测分析受到了企业内外多种经济、科技以及自然因素的影响，各种因素间复杂的相互作用关系，必然要求用科学的方法分析。

预测分析会越来越多地使用现代技术手段。进行分析工作用到的数学模型、数据之多，处理计算工作量之大都是难以想象的，因此必须运用计算机加以合适的应用软件进行分析预测工作。

4.1.2 预测分析的作用

预测分析是企业管理会计重要的内容之一，准确的预测分析对企业运营作用巨大。

1. 预测分析为企业正确进行财务决策提供客观依据

企业决策是企业运营活动的关键活动，财务决策在企业决策中起到了至关重要的作用。正确的财务决策无疑对企业的财务管理工作有重要的影响。财务决策是对企业将要进行的各项财务活动方案和要实现的目标进行的选择和决定，是一个方案优化和选择的过程。财务决策尤其是长期决策面临诸多的随机因素，并在不确定的环境下进行，必须要有准确预测分析的资料，才能保证决策的可靠性。

2. 预测分析为企业编制全面预算提供必要的依据

要保障企业经营活动的顺利进行，就必须要制定切实可行的全面预算。预测分析的精度与广度直接制约着全面预算的准确程度。企业在编制全面预算之前，必须要根据企业经营活动的历史和现状，预测未来发展的趋势和作出相对准确的估计，为编制全面预算提供有用的数据，使全面预算符合财务活动的发展规律，具有科学性和可操作性。建立在准确预测分析基础上的全面预算，不仅要切实可行，而且要协调各部门的工作，保证其顺利执行。

3. 预测分析为企业日常各项经营管理活动提供信息保障

现代的企业竞争已经变成了对信息掌握程度的竞争，谁占有信息优势，谁就有可能最先占领市场。企业的信息包括外部信息和内部信息，预测分析在考虑企业外部的情况下生成了企业的内部信息。企业管理人员就可以根据这些信息来处理日常资金的供应和调度工作，在熟悉企业过去的财务收支活动的情况下，预测未来的资金运动情况和财务收支发展的趋势。通过对生成的预测的信息进行分析和解读，可以使企业更合理利用各项经济资源，不断提高企业运营的经济效益。

4.1.3 预测分析的原则

预测分析涉及与企业经营活动和资金运动相关的一切活动，它是一个复杂的动态过程，而且在预测分析的过程中，既包括管理人员可以预期的可控制因素，也包括许多不可控制的因素，为保证准确性，就相应的要求管理人员在预测分析过程中遵循下列基本原则：

1. 客观性原则

预测必须建立在客观性的基础上，才可能作出正确的结论。这就要求在进行预测分析工作时，要以客观的情况，真实的数据为依据杜绝主观臆断，同时还要求必须对真实的数据进行科学的处理。

（1）预测分析要遵循经济活动的连续性。在经济活动的过程中，经济变量往往遵循连续的发展规律，即在周围环境不发生重大改变的情况下，原来的活动将会持续下去，从而把未来视为历史的延伸。企业经营活动总是建立在过去经营业绩基础之上的，使过去经营活动的延续下去。这种连续性就要求经营活动必须以企业经营目标为指引，将过去、现在和未来有机的结合起来，制定经营活动决策。因此，预测分析首先必须从搜集过去和现在的资料（如会计报表、财务分析报告等）开始，并进行整理分析，然后推测出未来经营活动和资金活动的变化情况。

（2）预测分析要遵循经济活动的相关性。经济活动的相关性是指在经济活动中，影响企业经济运行各个因素之间存在着一定的相互依存，相互制约的因果关系。在财务活动之中，就是各个因素共同制约着财务活动的开展。因此，企业的预测分析不能孤立的进行，必须与企业的其他各种预测分析相结合进行。另外，企业的具体的预测分析如销售预测、成本预测、利润预测、资金预测也不可能单独进行，要考虑之间的相互关系因素，结合进行。

（3）预测分析要遵循经济活动的类推性。所谓经济活动的类推性，就是根据企业某一项经济活动或者某一类的经济活动指标发展的变化规律，进而推出其他经济活的活着经济指标的发展规律。财务活动作为经济活动的一种，就可以遵循经济活动中经济变量的发展规律的相似性，推测以后的财务活动发展的趋势。

2. 经济性原则

经济性原则是指在预测分析时要讲究经济性，尽量以最低的预测费用达到较为满意的预测质量，这是一切经济活动的基本原则。这是因为预测分析要涉及成本和收益问题，对于长期预测而言，由于不确定性较高，进行详细的预测会花费巨大的成本，可适当降低预测的精确度；对于短期预测，本着效益性原则，可以适当提高预测的精确度。

4.1.4 预测分析的种类

预测分析的种类可以按照预测的期限，对象和性质进行分类。

1. 按预测分析的期限划分

按期限预测分析可以分为短期预测分析、中期预测分析和长期预测分析。通常把一年以内的月份和季度预测作为短期预测分析，把一年之五年的预测分析作为中期预测分析，把五年以上的预测分析作为长期预测分析。企业预测分析主要是短期的预测分析，因为它主要展示企业在未来的生产经营中的经营状况和财务状况，通过预测分析，既能保证企业生产经营活动中的资金需求，又能提高生产经营活动的经济效益。预测分析也要涉及一些中、长期预测的问题，这主要是和企业的长期战略规划相一致，集中在可以扩大企业规模的固定资产投资方面的问题。

2. 按预测分析的对象划分

按对象，预测分析可分为以某个期间的财务要素为预测对象的期间预测和以某个决策项目所涉及的财务要素为预测对象的项目预测分析。项目预测分析直接服务于项目的财务决策，因为其预测分析的重点放在预期收入、预期利润以及资金需要方面，由于项目跨越的时间比较长，因此项目预测中通常要考虑货币的时间价值。而期间预测分析目的在于提供企业未来某个或几个跨期间的预期经营成果、财务状况和财务变动情况等方面的信息，因而要保持前后期的一致性及其与事中、事后的协调性。

3. 按预测分析的性质划分

按性质，财务预测分析可分为定性预测分析和定量预测分析。定性预测分析也叫做判断预测，是指利用有关材料，依靠个人经验、主观判断和分析预见能力，对企业未来的资金状况和需要数量做出的预测。定量预测分析是在历史数据的基础上，运用一些财务预测模型与数学分析方法对企业的财务状况和未来发展确实做出数量分析预测。实践工作中，定性预测分析也采用定量分析，而定量预测也要在定性分析的基础上来进行，这样才能提高预测的准确性。

4. 按预测分析的内容划分

预测分析按照内容的不同，主要分为资金预测、成本预测、销售预测、利润预测。资金预测，就是以预期企业自身生产经营规模的发展和资金利用效果的提高等作为主要的依据，运用一定数学方法，对预测资金需要量及其利用效果进行预计和测算。成本预测是编成本预算之前，根据企业的经营总目标和预测期可能发生的各个影响因素，采用定量和定性的预测方法，确定预测期的目标成本、预计成本水平和变动趋势的管理活动。销售预测主要是根据以往的经验对预测期企业的销售量或者是销售额所做的预计和测算。销售预测是决定企业经营决策的最重要的依据，只有在做好销售预测的前提下，才能做好其他的预测。利润预测就是根据企业经营目标的要求，通过对影响利润的有关因素进行分析，对未来一定时期的可能达到的利润水平和变化趋势所进行的科学预计和推测。

4.1.5 预测分析的程序

预测分析的内容取决于预测分析的对象，资金运动的范围和内容，通常主要包括销售预测、资金需求量预测和利润预测。为提高预测分析工作的效率，保证预测分析工作的质量，预测分析就应该遵循一定程序进行。

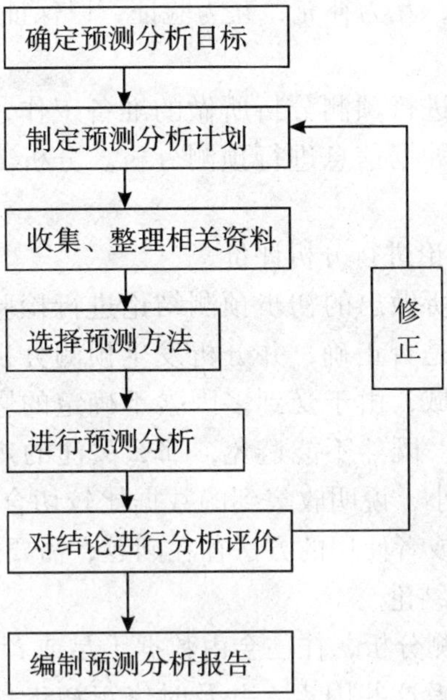

图4－1

1. 确定预测分析的目标

进行预测分析首先要做的就是确定预测分析的目标，确定预测分析的对象就是从管理的需要出发，紧密联系实际需要与可能，确定对什么进行预测分析。预测分析的目标关系到预测对象的确定、预测资料的搜集和预测方法的选择等一系列问题。可见只有确定了预测分析的目标，才可能顺利开展预测分析的工作。在确定目标时应该保证目标要清晰具体，切忌空泛。

2. 制定预测分析计划

预测分析的计划包括预测分析工作的组织领导、人员组成、信息资源的来源渠道和获取方法以及工作期限和经费预算等。预测计划应该详细明确，各单位各部门分工合理，整个时间进程适当。预测分析计划应该根据实际中不断反馈回来的问题，进行动态调整，使其能够更切实可行，真正能够为指引实际工作发挥作用。

3. 收集、整理、分析相关的预测分析资料

根据已经确定的目标和计划，尽可能全面的收集与既定目标相关的信息资料。这些信息资料不仅包括需要预测分析企业的内部会计、统计资料，还包括企业外部的政府有关部门、研究机构、新闻媒体公布的信息资料等。收集的信息资料要保证正确性、真实性和及时性，对其进行鉴别和归纳整理，去伪存真，以保证预测分析的质量和指导性。

4. 建立预测分析的方法

预测分析必须要通过一定的科学方法才能完成，而且在某些情况下，选用的预测分析方法不同，对最后预测分析的结果也会有影响。因此在实践过程中，管理者大都是根据预测分析的目标、内容来选择预测方法，管理者也会需要根据实践的经验将几

种预测分析地方法结合运用，互为补充，互为验证，以保证预测分析的质量。

5. 进行预测分析

前面的几个步骤都是为进行预测分析所做的准备工作，这一步将根据上面确定的方法、前期收集整理得到的数据信息进行预测分析。分析工作完成之后会得到初步的预测结论。

6. 对初步的预测分析结论进行分析评价

经过一定期间，对过去所做出的初步预测结论进行检验，将实际结果与预测数据进行比较，鉴定预测的结果是否正确，并分析发生预测分析误差的原因。在实际工作过程中，尤其是经济活动领域，由于受到多因素不确定的影响，预测分析结果往往和实际结果有一定的误差存在。既然不能避免，那么关注的焦点就为误差是否在可以允许的合理范围之内。误差较小，说明收集到的数据比较切合实际，而且方法选择正确；误差大，说明收集到的数据或者使用的方法存在问题，需要进一步改进。

7. 修正最初的预测分析结论

用定量的方法进行的预测分析，往往会由数据不足或者某种因素而影响预测质量，这就需要用定性的方法来考虑这些因素，并及时修正初步预测分析的结论。对用定性的方法得到的预测分析尽量可能用定量的方法加以修正、补充，以使其结果更加切合实际。预测分析时定量与定性方法有机的结合，会显著提高预测分析的准确性。

8. 编制预测分析报告

通过对选择预测方法进行预测后，预测人员还有编制财务预测报告（报告预测分析研究的主要过程），列出预测分析的目标、预测对象及有关因素的分析结论、主要的资料和数据、预测方法的选择等工作内容，预测分析报告应该递交有关部门，作为编制计划、进行决策的依据。

4.2 销售预测

销售预测是企业在一定的市场环境和一定的行销规划下，在对市场进行充分调查的基础上，通过对有关因素的分析研究，预计和测算特定产品在未来一定时期内的市场销售情况及变化趋势，进而预测该项产品在计划期间的销售量或销售额。销售预测对改善企业生产经营管理、提高经济效益具有重要的关系。

销售预测使企业预测分析的起点和基础，一切的预测分析活动都要从销售预测开始做起，同时还是企业编制预算的基础。这是因为：销售收入是企业主要财务收入的来源；销售收入是创造和实现利润的最基本要素；其他财务项目许多都是随销售收入的变动而变动的。因此在销售预测的基础上，可以按其他项目与销售收入的比率关系，估计这些项目的数额与变动的情况。

销售预测要考虑各方面的因素，因此就需要考虑一些最基本的要求，使得销售预测可以更准确反映企业未来的销售情况。①掌握市场动态，评估市场风险，估计产品的销售形势。市场状况通常不会出现较长时间的持续增长，或较长时间的衰退，而是波动中前进的。这种波动会有明显的表现，大体来说有萧条、复苏、上升、高涨等几个阶段的循环。在波动的较大的情况下就要适当的评估企业的风险，判断企业产品在市场上的地位、认可度等。②运用恰当的预测方法。销售预测作为开展经营预测的前提和制定决策的依据，在筛选准确无误的相关信息资料的基础上，还必须要科学的预测分析方法。用定性和定量相结合的办法，才能使预测更为可靠。③销售预测要将长期利益与短期利益、企业微观利益和社会经济宏观效益相结合。只有把长期利益和短期利益相结合，企业才能在市场竞争中立于不败之地。企业微观利益与社会经济宏观效益结合可以更好的提高企业的声誉度，进而提高企业的产品竞争力。

4.2.1 销售预测中定性分析法的运用

销售预测的准确与否，主要取决于预测所依据的资料是否充分和可靠以及采用的方法是否合适和科学。对销售进行预测的方法很多，概括起来可以分为两大类：定性预测方法和定量预测方法。

定性预测法是根据人们的知识技能、实践经验和综合分析能力，在调查研究的基础上，对事物未来发展趋势做出判断和推测，主要有市场调查法和判断分析法等。这种预测方法适用于数据资料较少、不准确或主要因素难以进行定量分析的情况。

1. 市场调查法在销售预测中的运用

市场调查法是根据某种商品在市场上的供需情况的调查资料和企业的商品在市场上的占有率情况，来预测未来某一段时间内本企业该商品的销售量的一种专门方法。为了全面的了解企业某一产品的市场预期情况，根据需要市场调查法可以采取以下的四种方式得出企业预期的销售情况：全面调查、重点调查、典型调查和抽样调查。全面调查虽然可以得到企业销售预测准确的信息，但是需要耗费巨大的人力和财力资源。根据经济效益原则，显然不可取，除非面对企业产品销售数量小和空间位置狭小的情况。重点调查和典型调查需要在对企业先前的销售信息（比如重点的大客户，代表性的销售单位）作出了解和分析的基础上才更为可靠。一般企业进行市场调查通常采用科学的抽样方法。

2. 判断分析法在销售预测中的运用

所谓销售预测法，就是聘请具有丰富的实践经验的经济专家、教授、零售商或者本企业的经理人员、推销人员，对计划期间商品的销售情况进行综合研究，并作出推测和判断的方法。这种方法一般存在于不具备完整可靠历史资料，较难进行定量分析的企业。如对新产品的销售预测，或者一个产品进入新市场的预测等。判断分析法根据判断人员的不同，又可分为“专家判断法”、“推销人员意见综合判断法”、“经理人员意见综合判断法”三种。这种类型的预测往往会因为缺乏事实根据，主观片面性较强，因此得到结论往往与实际的差距比较大。

4.2.2 销售预测中定量分析法的运用

定量分析法主要是根据过去比较完备的历史资料（包括会计、统计、企业内部业务核算资料以及其他的有关销售的资料等），运用一定的数学方法进行加工整理，建立经济数学模型，研究各个变量之间的规律性联系所进行的预测分析。主要有趋势预测法和本量利分析法。

1. 趋势分析法

趋势分析法，也称时间序列分析法，是指根据企业历史的、按发生事件的先后顺序排列的一系列销售数据，应用一定的数学方法进行加工处理，按时间序列找出销售随时间而发展变化的趋势，由此而推断其未来发展趋势的分析方法。这种方法假设事物的发展将遵循“延续性原则”，事物的发展是可预测的。常用的趋势分析方法有算术平均法、加权平均法、指数平滑法、回归分析法等。

（1）算术平均法。也称作简单趋势平均法，是将若干历史时期的销售量和销售额作为观测值，然后将各个观测值相加除以这一历史时期所经过的年份 N 年作为下期销售的预测值方法。其计算公式为

$$Y = \frac{\sum_{i=1}^{N} X_i}{N}$$

式中：Y 代表观测值；X_i 代表第 i 期的观测值；N 代表所选历史时期的期数。

这种方法的假设前提是从过去到未来销售状况稳定，因此如果产品的销售额或者销售量在选定的历史时期中呈现出某种波动较大的趋势时，就不宜采用此种方法。算术平均法本身就是把每个观测值看成同等重要，不能体现增减变动趋势。

［例 4－1］ 某公司 2006—2008 年销售量分别为 640、690、650 万件，用算术平均法预测公司 2009 年的销售量如下：

$$Y = \frac{640+650+690}{3} = 660 \text{（万件）}$$

（2）加权平均法。将历史若干时期的销售量或者销售额作为观测值，将各个观测值与各自的权数相乘之积加总，除以全数之和，求出其加权平均数，并将加权平均数作为销售量的预测值。按照各个观测值与预测值相关程度的不同分别规定适当的权数，是加权平均法的关键所在。加权平均法的计算公式为

$$Y = \sum_{i=1}^{n} W_i X_i$$

式中：Y 代表预期的预测值，W_i 代表第 i 个观测值的权数，且 $0 < W_i < 1$，$\sum W_i = 1$；X_i 代表第 i 个观测值；n 代表观测值得个数。

［例 4－2］ 某公司 2002—2008 年的销售情况如表 4－1 所示。

表 4－1

年份	2002	2003	2004	2005	2006	2007	2008
销售量（万件）	620	610	630	630	640	650	690

假设根据资料，用加权平均法预测 2009 年的销售量时，由于我们采用了前七年的数据进行预测，因此选定 $n = 6$。2002—2008 年的权数分别为 0.1、0.1、0.1、0.1、

0.1、0.2、0.3，则预测2009年的销售量为

$$Y_{2003} = \sum_{i=1}^{7} W_i X_i$$

$$= 0.1\times620+0.1\times610+0.1\times630+0.1\times630+0.1\times640+0.2\times650+0.3\times690$$

$$= 650（万件）$$

（3）指数平滑法。是加权平均法的一种变化，要计算的是指数平滑平均数。

其计算公式如下：

$$S_t = \alpha X_{t-1} + (1-\alpha) S_{t-1}$$

式中：S_t 代表 t 期的销售预测值；S_{t-1} 代表 $t-1$ 期的销售预测值；X_{t-1} 代表 $t-1$ 期的实际销售值；α 代表满足 $0<\alpha<1$ 条件的常数，亦称为指数平滑系数。

从上述公式中可以看出，指数平滑法实际上是以 α 和 $1-\alpha$ 为权数的一种特殊的加权平均法，只要知道上期的预测销售量和实际销售量，就可以预测出本期的销售量。这种方法的特点最近的观测值和预测值对未来销售量有较大影响。

［例4－3］承［例4－2］，假设 α 为0.4，2002年销售量的实际预测值为640万件，则2002—2009年的销售量预测值如下表4－2所示。

表4－2

年份	αX_{t-1} （1）	$(1-\alpha)\ S_{t-1}$ （2）	S_t （3）＝（1）＋（2）
2002			620
2003	0.4×620	（1－0.4）×640	632
2004	0.4×610	（1－0.4）×632	623.2
2005	0.4×630	（1－0.4）×623.2	625.92
2006	0.4×630	（1－0.4）×625.92	627.55
2007	0.4×640	（1－0.4）×627.55	632.53
2008	0.4×650	（1－0.4）×632.53	639.52
2009	0.4×690	（1－0.4）×639.52	659.71

这里，如果指数平滑系数 α 的取值越大，则近期实际销售量对预测结果的影响也越大；如果 α 得取值越小，则近期实际销售量对预测结果的影响也就越小。这一点我们可以通过公式反映出来，α 取值的大小要根据近期市场波动情况和经验确定。

与加权平均法相比较，指数平滑法有以下两个优点：①α 值可以根据实际的需要来设定，如果上期的实际销售量对本期预测影响较大，则 α 得值可以设得较小一点，因此比较灵活方便；②在不同的程度上考虑了以往所有各期的实际值和预测值对本期的影响，相对而言比较全面。

（4）回归分析法。回归分析法是一种用数学模型计算因变量和自变量之间相互变化关系的统计方法。回归按照方程的构造可以分为一元回归和多元回归，这里只介绍一元回归，也可以称作直线回归法。一元回归是假定影响预测对象销售量的自变量只有一个，根据直线回归方程式 $Y=a+bx$，按照数学上的最小二乘法来确定一条误差最

小的、能正确反映自变量 x 和因变量 y 之间的关系的直线。其中 a 代表基点的销售量起点，即直线的截距；b 代表单位时间增加的销售量，即直线的斜率。如果数值越大，表明增加的越快。Y 代表销售量；n 代表观测值得个数，它的常数项根据最小二乘法计算公式为：

$$a=\frac{\sum y-b\sum x}{n}\qquad b=\frac{n\sum xy-\sum x\sum y}{n\sum x^2-(\sum x)^2}$$

为了计算的简便，我们也可以将时间变量 $\sum x=0$，那么公式就可以进一步简化为

$$a=\frac{\sum y}{n}\qquad b=\frac{\sum xy}{\sum x^2}$$

下面举例说明回归分析法的具体运用情况。

[例4-4] 承[例4-3]，用回归分析法预测2009年的销售量，计算过程如表4-3所示。观测值有七个，为了考虑时间因素 $\sum x=0$，则令时间变量的值为-6、-4、-2、0、2、4、6；如果观测值为偶数个时，则可令时间变量赋值为…-3、-1、1、3…这样的形式，$\sum x$ 仍然可以保持为零。

表4-3

年度	时间变量 x	销售量（万件）y	xy	x^2
2002	-6	620	-3 720	36
2003	-4	610	-2 440	16
2004	-2	630	-1 260	4
2005	0	630	0	0
2006	2	640	1 280	4
2007	4	650	2 600	16
2008	6	690	4 140	36
$n=7$	$\sum x=0$	$\sum y=4\ 470$	$\sum xy=600$	$\sum x^2=112$

根据表中的数字就可以相应的计算出系数 a，b：

$a=\frac{4\ 470}{7}=638.57$，　$b=\frac{600}{112}=5.36$

可得回归方程为：$Y=638.57+5.36x$

有回归方程就可以推算和预测出2009年的销售量，但此时销售量的自变量时间因素取值相应为8。

$Y_{2003}=638.57+5.36\times8=681.45$（万件）

2. 本量利分析法

这种方法是将成本划分为变动成本和固定成本，基础上根据有关产品的产销数量、销售价格、变动成本和固定成本等因素同利润之间的相互关系，通过分析计量而确定

企业目标利润的一种方法。利用三者之间的相互关系，在某些情况下因为目标利润和成本已经确定，可以用已知的成本和利润预测销售量。具体应用将在下一节利润预测中提及。

4.3 利润预测

利润是反映企业综合经济效益的财务指标，它是企业在一定时期内收入抵减费用的净额。企业的经营活动在某种意义上都是围绕实现利润目标展开的，利润预测是在销售预测的基础上，通过对有关产品产销数量和成本、价格等因素的变动分析，对企业未来一段时间内的利润目标及利润变动趋势所作的判断和预测。利润预测通常有本量利分析法、因素测算法。

4.3.1 本量利分析法

本量利分析法也称损益平衡分析法，它主要根据成本、业务量和利润三者之间的变化关系，分析某一因素变化对其他因素的影响。本量利分析法是按照成本性态将成本划分为变动成本、固定成本两大部分。成本性态是指成本本身所具有的性质，这里指成本和业务量的依存关系。变动成本是指其成本总额随业务量变动而成正比例变动的成本。直接材料、直接人工等都属于变动成本。固定成本则是指在一定的时期一定业务量范围内，成本总额不收业务量变动的影响而固定不变的成本。折旧费、房屋租金、管理人员工资等在一段时间内变化较小，都属于固定成本。

1. 成本、销售量和利润之间的关系

为了更直观的显现出它们之间的关系，可以用下列公式来表示：

利润 = 销售收入 − 总成本

= 销售收入 − 变动成本总额 − 固定成本总额

= 销售量 × 单价 − 销售量 × 单位变动成本 − 固定成本总额

= 销售量 ×（单价 − 单位变动成本）− 固定成本总额

这个方程式一般称为基本损益方程式，它明确表达了本、量、利之间的数量关系。但是应注意的是上式中的利润一般是指没有扣除利息及所得税及之前的利润，即息税前利润（EBIT）。

2. 预测盈亏临界点

盈亏临界点又称为保本点，是指既没有盈利也没有亏损时的销售量或者销售额。当销售量或者销售额在此点时，企业利润等于零。因此将本量利公式中利润定义为零。通过公式计算出的销售量即为盈亏临界点时的销售量。

$$\text{盈亏分界点销售量} = \frac{\text{固定成本总额}}{\text{销售单价} - \text{单位变动成本}}$$

3. 预测目标利润

目标利润是在考虑了企业预测期间市场销售状况、物资供应状况、企业生产技术条件、劳动力素质、生产能力以及外部的宏观市场影响后，根据不同的利润率来确定。目标利润率可以根据占用的资金和资金利用率来确定，也可以根据销售利润率来确定。它们的计算公式为：

目标利润 = 预计资金占用额 × 目标资金利用率

或：

目标利润 = 预计销售收入 × 目标销售利润率

这里，预计资金平均占用额和预计销售收入，可在资金预测或销售预测的数据中找到，目标资金利润率和目标销售利润率则根据企业的历史资料和现实条件，参考同行业的先进水平来确定。

当有目标利润存在时，则实现目标利润应该达到的销售量有如下的计算公式：

$$实现目标利润销售量 = \frac{固定成本总额 + 目标利润}{销售单价 - 单位变动成本}$$

4. 本量利分析图

如果将成本、销售量和利润之间的关系反映在坐标中，就形成了本量利图。该图能够形象直观反映出企业盈利和亏损时的销售量，故称盈亏临界图或损益平衡图。

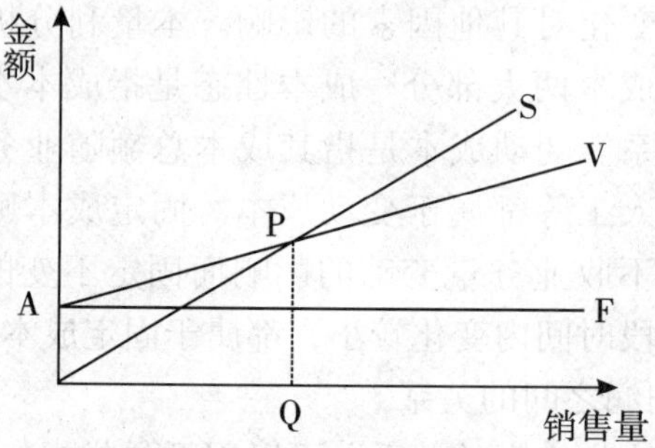

图 4-2　本量利图

在坐标系中，基本的本量利图是由三条线组成的，如图 4-2 所示。图中坐标系的横轴表示销售量，纵轴表示成本及销售收入的金额；平行于横轴的直线 F 为固定成本线；用单位变动成本的斜率直线 V 为变动成本线；以原点（0，0）为销售量起点；以销售单价为斜率的直线 S 为销售收入线。

基本的本量利图主要表示的意义为：

（1）固定成本线 F 与横轴之间的距离为固定成本，不随销售量的变化而变化。

（2）变动成本线 V 与固定成本线 F 的距离为变动成本，随着销售量的变动而变动。

（3）变动成本线 V 与横轴之间的距离为总成本，即固定成本与变动成本之和。

（4）销售收入线 S 与变动成本线 V 的交点 P 为盈亏临界点，也称保本点。当销售量大于 Q 时，为盈利；当销售量小于 Q 时出现亏损。

根据以上本量利的基本原理，我们就可以进行盈亏平衡点的预测和利润预测。

4.3.2　因素测算法

因素测算法是在基期利润水平的基础之上，根据计划期影响利润变动的各项因素，预测出企业计划期间的利润额。因素测算法是以本量利分析法的基本原理为基础的。根据本量利的关系可知，影响利润的主要因素有销售量、销售价格、单位变动成本、固定成本总额和所得税税率等。

采用因素测算法预测利润的计算公式为：

计划期利润 = 基期利润 ± 计划期各种因素的变动对利润的影响额

采用因素测算法进行利润预测时，首先必须对影响利润的各种因素进行测算，这些因素有外部因素，如市场的供需变化对产品销售量和销售价格的影响，也有公司企业内部的因素，如产品的单位变动成本和固定成本的变化等。然后分别计算各种因素变动对利润的影响。通常，销售量和销售价格与利润是正相关关系，而单位变动成本与固定成本与利润呈负相关关系。下面举例说明因素测算法对利润的预测。

［例 4 - 5］ 预测公司所需的前期资料如下表 4 - 4 所示。

表 4 - 4

上年度		计划年度	
项目		项目	
1 ~ 3 季度实际销售利润	850 000 元	按上年度成本计算的计划年度可比产品销售成本总额	12 000 000 元
4 季度预计销售利润	350 000 元	成本降低率	2%
1 ~ 3 季度实际销售成本	7 800 000 元	各种产品所占的销售比重	
4 季度预计销售成本	2 200 000 元	甲产品	40%
成本利润率		乙产品	60%
甲产品	10%	从 1 月 1 日起甲产品涨价	10%
乙产品	15%	增值税率	17%
各产品所占的销售比重		甲产品按上年价格计算销售收入	6 800 000 元
甲产品	60%		
乙产品	40%		

测算可比产品销售利润的具体步骤如下：

第一步，确定上年利润和成本利润率。

上年利润和成本利润率是计算计划年度销售利润的基础，必须首先予以确定。如果在计划年度开始前一个季度着手测算，就需要根据上年 1 ~ 3 年季度的实际数和第 4 季度的预计数来计算。需要注意的是两个年度产品品种应该一致，凡是计划年度不再生产的产品，上年度的有关数额应予以扣除。根据表 4 - 4 给出的企业的计算资料可得：

上年销售利润 = 850 000 + 350 000 = 1 200 000（元）

上年的成本利润率 = 1 200 000 ÷ （7 800 000 + 2 200 000） × 100% = 12%

第二步，确定各因素变动对销售利润的影响。

（1）计算由于计划年度销量变动而增加的利润。在其他因素不变的情况下，计划年度生产和销售产品越多，利润也就越多。计算公式如下：

$$\text{由于销量变动而增减的利润}=\left(\sum \text{上年单位成本}\times\text{计划产量}-\sum\text{上年单位成本}\times\text{上年产量}\right)\times\text{上年成本利润率}$$

$$=[12\ 000\ 000-(7\ 800\ 000+2\ 200\ 000)]\times 12\%$$

$$=240\ 000(\text{元})$$

（2）由于品种结构变动而增减的利润。以上计算是以上年可比产品的平均成本利润率为计算依据的，并假定两个年度的可比产品品种结构完全相同。如果计划年度内可比产品之间的结构比重发生变化，势必会导致可比产品的计划平均成本利润率发生变化，从而影响到计划利润额。如果利润年率高的产品比重比上年增加，就会使平均利润率提高，而增加利润总额。其计算公式如下：

$$\text{计划年度可比产品平均成本利润}=\sum\left(\text{各产品上年度成本利润率}\times\text{该产品计划年度内销售比重}\right)$$

$$\text{由于可比产品品种结构变动而增减的利润}=\text{按上年平均单位成本计算的计划年度可比产品成本总额}\times\text{应销比例}\times\left(\text{计划年度内可比产品平均成本利润率}-\text{上年度可比产品平均成本利润率}\right)$$

根据表4-4的资料计算如下：

$$\text{计划年度可比产品平均成本利润率}=10\%\times 40\%+15\%\times 60\%=13\%$$

$$\text{由于可比产品品种结构变动而增减的利润}=12\ 000\ 000\times(13\%-12\%)=120\ 000\ (\text{元})$$

（3）计算由于计划年度可比产品成本升降而增减的利润。在价格不变的情况下，计划成本比上年降低，就会使利润增加；反之，则使利润减少。计算公式如下：

$$\text{成本降低或升高而增减的利润}=\text{按上年单位成本计算的计划年度可比产品成本总额}\times\text{应销比例}\times\text{可比产品成本计划降低率或升高率}$$

根据表4-4的资料计算如下：

$$\text{计划成本降低而增加的利润}=12\ 000\ 000\times(13\%-12\%)=120\ 000\ (\text{元})$$

（4）计算由于计划年度产品价格变动而增减的利润。计划年度产品销售价格变动也直接影响利润，销售价格高，能增加利润；反之，则减少利润。其计算公式如下：

$$\text{产品销售价格变动而增减的利润}=\left(\text{产品销售数量}\times\text{变动前价格}\right)\times\text{价格变动率}\times\left(1-\text{增值税率}\right)$$

第三步，确定可比产品销售利润。

经过上述分析以后，用上年的利润额加上计划年度各因素变动对利润影响额便可以计算出可比产品销售利润。

根据前述计算可得：

$$\text{计划年度可比产品销售利润}=1\ 200\ 000+240\ 000+120\ 000+240\ 000+564\ 400$$

$$=2\ 364\ 400$$

4.4 成本预测

成本预测是根据企业未来的发展目标和现实条件，参考其他资料，利用专门的方法对企业未来成本水平及其发展趋势进行的推测和估算。它主要综合考虑企业盈利、销售、供应、生产、运输、储存等方面的情况，动员企业各个方面力量挖掘内部潜力，提出降低消耗、完成目标成本的方案，为成本决策和成本控制提供信息。

4.4.1 成本预测同战略管理的关系

根据迈克尔·波特对企业的竞争战略的分析，企业的竞争战略可以分为总成本领先战略、差异化战略和专一化战略。对于常规的制造型企业来说最重要的就是总成本领先战略，因此成本预测在企业战略管理中变得尤为重要。战略管理是面向未来的，成本预测是建立成本对象和成本动因之间的适当关系，用于准确的测算成本的过程，这样的成本预测自然成为战略管理的重要组成部分。

成本预测可以通过分析成本动因来服务于战略管理。成本动因是指影响成本变动的活动或因素，只有准确找到成本发生的动因才能更好地归集和分配产品的成本，只有准确的产品成本信息才能更好地服务于企业的管理决策。成本预测可以通过以前已确认的成本动因来预测未来成本，如果以前的成本动因分析出现了问题可以根据实际需要进行调整。另外，成本预测也有利于在成本动因识别过程中辨别某个成本对象的主要成本动因，影响未来的经营活动。

战略管理在很多方面也需要精确地成本预测信息，这一点体现在下列几个方面：

1. 战略定位的分析

成本预测对于那些实施成本领先战略的企业尤为重要。成本预测可以帮助管理者决定企业应选择哪一种现代管理方法作为企业的主要管理方法，比如说是选择目标成本法还是全面质量管理，以实现企业预期的战略目标。

2. 价值链分析

价值链分析法是由美国哈佛商学院教授迈克尔·波特提出来的，是一种寻求确定企业竞争优势的工具。企业有许多资源、能力和竞争优势，如果把企业作为一个整体来考虑，又无法识别这些竞争优势，这就必须把企业活动进行分解，通过考虑这些单个的活动本身及其相互之间的关系来确定企业的竞争优势。通过成本预测，对价值链重塑，可以帮助企业提供挖掘出降低企业成本的机会。例如：通过成本预测，企业可以在产品的零部件是自制还是外购的选择中，做出有利于降低成本、增加产品价值的决策。

3. 目标成本和生命周期成本

成本预测是目标成本法和生命周期成本法中不可缺少的一部分。管理者根据众多不同产品设计报酬成本预测，据以选择出其中最为合适的一种设计方案，并使这一方案在消费者与厂商之间达到某种最好的价值平衡。同样，成本预测还常被用于测定某项产品与服务的最低生命周期成本。

4.4.2 成本预测的基本要求

1. 成本预测要与提高企业的经济效益相结合

任何一个企业置身于市场经济中，都必须考虑如何才能获取最佳的经济效益，即用较少的耗费来尽可能获得较大的产出。因此，作为对企业未来生产经营活动进行科学组织和严格控制的重要环节的成本预测，应在规划、控制未来的经营决策中，着重解决节约耗费、不断降低成本的问题，为提高经济效益创造条件。具体来说，就是在全面分析影响成本变动各个有关因素、协调好各专业职能部门的关系、调动各方面积极性上面做文章，充分挖掘企业内部的潜力，提高企业的盈利水平。

2. 成本预测要与提高经营管理水平相结合

企业的内部管理问题时时刻刻都影响着企业的运营水平和运行状况，不可否认只有高质量的管理才能够使企业获得更好更快的发展。成本预测是涉及到企业内部管理所有领域的一项综合性的会计计量测算工作，应该在全面的考虑经济发展、技术进步、市场变化、竞争态势等因素基础上对成本管理工作提出更高的要求，以适应企业未来生产规模和经营范围日益扩大、生产经营活动和内部管理环境日益复杂趋势的需要。

3. 成本预测必须要兼顾及时性与准确性

成本预测的目的就是为企业实现事前控制和达到预期目标，因此成本预测就必须要兼顾及时性与准确性，为企业的决策服务。成本预测不及时，就可能致使企业产品面临失去市场的危险；成本预测不准确，就有可能导致企业分不清各产品的盈利水平和状况，优势产品分配资源不足。所以，在成本预测过程广泛的收集多种资料，并对收集的资料进行认真的审查和科学的加工，及时提供预测结果。成本预测的及时性和准确性是相辅相成的，忽略任何一个方面，都会影响其综合的效果。

4.4.3 成本预测的方法

1. 历史资料分析法

历史资料分析法是指在掌握有关的成本等历史信息的基础上，采用一定方法进行加工处理，建立有关成本的模型，并据此预测未来的一种方法。历史资料分析法的原理是：只要生产流程不发生重大的变化，根据过去的生产经验，就可以依据以前各期实际成本与业务量间的依存关系，来推算一定期间固定成本和单位变动成本的平均值。历史资料分析法主要有高低点法、加权算术平均法、一元线性回归法等。

（1）高低点法

高低点法是历史资料分析法中最简便的一种方法，该方法选用一定时期历史资料中业务量的最高点，最低点和相应的成本高、低点之差，先推算出单位变动成本，然后再推算出固定成本，并据以推算出在计划期一定业务量条件下的总成本与单位成本的一种成本预测的方法。

高低点法主要的原理是：固定成本在一定的时期内部会变动太大，单位变动成本随着销售量的增加而增加，因此就可以用方程式 $y = a + bx$，其中 a 代表固定不变的量；

b 代表由业务量的增加而成本增加的量，即单位产品的增量成本。

高低点法具体步骤是：

①确定高低点。从由各期业务量与相关成本所构成的所有坐标点中，找出由最高业务量（以 x_1 表示）及同期成本（以 y_1 表示）组成的高点坐标（x_1，y_1）和由最低业务量（以 x_2 表示）及同期成本（以 y_2 表示）组成的低点坐标（x_2，y_2）。

②计算斜率 b 值。根据高低点坐标计算单位变动成本 b。其计算公式为：

$$b=\frac{y_1-y_2}{x_1-x_2}=\frac{\text{高低点成本之差}}{\text{高低点业务量之差}}$$

③计算 a 值。将高点或者低点的坐标值代入方程式 $y=a+bx$ 中，即可求得 a 的值：

$$a=\text{高点成本}-b\times\text{高点业务量}=y_1-bx_1$$

或：

$$a=\text{低点成本}-b\times\text{低点业务量}=y_2-bx_2$$

④建立成本预测模型。将 a，b 值分别代入方程 $y=a+bx$，可建立成本预测模型。预测下一期的成本时，可以将计划期的业务量 x 代入方程，就可以求得计划期的总成本，从而据以计算单位成本。

高低点法优点在于简便易行，便于理解。其缺点是由于它只选择了诸多历史资料数据中的两组数据作为计算依据，使得建立起来的成本预测模型很有可能代表性不足。如果各期的成本数据波动性较大，仅仅以高低两点的成本代表所有成本的特性，会导致较大的计算误差。所以这种方法一般适用于各期成本变动趋势比较稳定的企业。

（2）加权算术平均法

加权算术平均法是根据过去若干期的单位变动成本和固定成本总额的历史资料，按照事先确定的权数进行加权，以计算加权平均的成本水平，从而建立成本预测模型，进而预测未来总成本与单位成本的方法。计划期产品总成本的预测值的计算公式为：

$$y=\bar{a}+\bar{b}x=\frac{\sum a_iW_i}{\sum W_i}+\frac{\sum b_iW_i}{\sum W_i}x$$

式中：W_i 为权数，其大小根据距预测期的远近而定。靠近预测期的实际销售额对预测值的影响较大，故其权数也就会越大；距预测期越远，则权数也越小。

权数的确定可以按照以下两种方法来计算：

①自然权数法。该法要求按自然数 1，2，…，n 的顺序确定权数，即令：

$$W_1=1,\ W_2=2,\ \cdots,\ W_n=n$$

则以上计算计划期产品的总成本的预测值公式改写为：

$$y=\bar{a}+\bar{b}x=\frac{\sum a_iW_i}{\sum W_i}+\frac{\sum b_iW_i}{\sum W_i}=\frac{\sum a_iW_i}{\frac{(1+n)n}{2}}+\frac{\sum b_iW_i}{\frac{(1+n)n}{2}}x$$

②饱和权数法。该法要求各期权数之和为零，即令 $\sum W_i=1(0<W_i<1)$，则以上计划期产品总成本的预测公式可改写为：

$$y=\sum a_iW_i+x\sum b_iW_i$$

（3）一元线性回归分析法

一元线性回归分析法又称作最小二乘法或最小平方法，是应用数学上最小平方法的原理，从成本（因变量）同业务量（自变量）之间的依存关系出发，根据过去各个时期的成本、业务量资料，确定可以反映二者相互关系及其变动趋势的一条直线 $y=a+bx$，进而预测未来某一段时间内对应于某一业务量的成本数额。这里的模型不同于高低点法中的方程，待定参数 a，b 的计算要通过统计回归才能得到。

一元线性回归的具体步骤是：

①根据历史资料列表，求出 n，$\sum x$，$\sum y$，$\sum xy$，$\sum x^2$ 和 $\sum y^2$ 的值。

②计算相关系数 r，根据 r 值的大小以判别两个变量 y 和 x 之间是否存在必要的内在联系，即两个变量之间相互依存度在它们本身之间多大程度上是相关联的。相关系数 r 的计算公式为：

$$r=\frac{n\sum xy-\sum x\sum y}{\sqrt{\left[n\sum x^2-\left(\sum x\right)^2\right]\left[n\sum y^2-\left(\sum y\right)^2\right]}}$$

r 值的取值范围一般在 0 与 ±1 之间。当 $r=0$ 时，说明两个变量之间不存在线性关系。r 值越接近 1，说明 x 与 y 两个变量之间愈具有密切的相关性。

一元回归线性分析法要求业务量 x 与成本 y 之间必须保持线性关系，然后通过回归方程 $y=a+bx$ 来描述成本变动趋势才有意义。所以，用线性回归预测法之前，应用 r 检验 y 与 x 的相关程度，以减少成本预测失误。

③计算回归系数 a 和 b 的值。a 和 b 的计算公式为：

$$b=\frac{n\sum xy-\sum x\sum y}{n\sum x^2-\left(\sum x\right)^2}$$

$$a=\frac{\sum y-b\sum x}{n}$$

④建立成本预测模型并进行成本预测。上步将 a 和 b 的值代入回归方程 $y=a+bx$，就可以求出回归直线。然后将计划期的业务量 x 代入回归方程 $y=a+bx$，可计算出计划期的总成本，并据以计算单位成本。

2. 因素变动预测法

因素变动预测法是通过分析与定型产品有关的技术进步、劳动生产率变动以及物价变动方向和经济发展前景以及预定采取相应措施对成本指标的影响，预测现有老产品未来的总成本及单位成本的一种定量分析方法。

前面所述的各种成本水平发展趋势的预测方法，主要是根据会计、统计上有关产品业务量和产品成本实际资料，确定固定成本 a 和单位变动成本 b，建立成本预测模型，据此预测计划期一定业务量条件下产品的总成本和单位成本。而因素变动预测法是以基年实际产品成本为基础，预见到各个成本项目中今后一定时期内将受到哪些因素的影响及影响程度，据此预测以后的产品单位成本及总成本。

影响产品成本变动的因素很多，测算的具体方法也不尽一致，归纳起来有以下几种：

(1) 直接材料消耗数量变动对产品成本的影响。产品成本中所消耗的直接材料，大概有原材料、辅助材料、燃料等，它们都是以单位产品的耗用量乘以单价来计算的，如果基期与预计期之间的单位成本耗用量与单价有变动，就会影响预计其产品的单位成本和总成本。所以如果能够事先测定材料的变动数量，就可以直接测算出对产品成本的影响程度。其计算公式为：

$$\begin{matrix}\text{材料消耗数量变动}\\\text{对单位成本的影响}\end{matrix}=\sum\left[\left(\begin{matrix}\text{计划期单位产}\\\text{品材料消耗量}\end{matrix}-\begin{matrix}\text{基期单位产品}\\\text{材料消耗量}\end{matrix}\right)\times\begin{matrix}\text{基期材}\\\text{料单价}\end{matrix}\right]$$

[例4-6] 某企业生产甲产品，需用 A、B 两种原材料，基期单位产品耗用 A 材料3千克，单价15元；B 材料2千克，单价10元。计划期单位产品耗用 A 材料2.5千克，B 材料1.7千克，单价不变。计算 A、B 两种材料耗用量变动对甲产品单位成本的影响。

计算过程：$(2.5-3)\times15+(1.7-2)\times10=(-7.5)+(-3)=-10.5$

计算结果就表明由于计划期材料消耗量降低，使单位成本下降10.5元。

(2) 直接材料价格变动对产品成本的影响。产品成本中的原材料、辅助材料等的单位价格发生变动对单位成本的影响，有如下的计算公式：

$$\begin{matrix}\text{材料价格变动对}\\\text{单位成本的影响}\end{matrix}=\sum\left[\left(\begin{matrix}\text{计划期某材}\\\text{料单位价格}\end{matrix}-\begin{matrix}\text{基期某材料}\\\text{单位价格}\end{matrix}\right)\times\begin{matrix}\text{计划期单位产品}\\\text{耗用材料数量}\end{matrix}\right]$$

[例4-7] 承前例，甲产品耗用 A、B 两种原材料，A 材料基期单价15元，计划期降低到13元，计划耗用2.5千克；B 材料基期计划单价10，计划期预计降低到9元，计划期耗用1.7千克。测算 A、B 两种材料的价格变动对甲产品单位成本的影响。

计算过程：$(13-15)\times2.5+(9-10)\times1.7=(-5)+(-1.7)=-6.7$

计算结果表明由于计划期材料价格的变动，使得单位成本降低了6.7元。

(3) 工资水平和劳动生产率变动对产品成本的影响。单位成本中的工资费用数额，取决于生产工人的平均工资和生产工人劳动生产率的高低。如果工资增长幅度大于劳动生产率增长幅度，产品成本就会上升；相反，如果工资增长幅度小于劳动生产率增长幅度，产品成本就会降低；如果工资增长幅度等于劳动生产率增长幅度，对产品成本就没有影响。因此，可以利用它们的关系测算劳动生产率与平均工资的变动对成本的影响程度。其计算公式为：

$$\begin{matrix}\text{工资和劳动生产率变}\\\text{动对单位成本的影响}\end{matrix}=\left(1-\frac{1+\text{平均工资增长率}}{1+\text{劳动生产率增长率}}\right)\times\text{基期单位成本工资费用}$$

若计算结果为正数，说明工资增长幅度小于劳动生产率增长幅度，使得单位成本降低；若计算结果为负数，则说明工资增长幅度大于劳动生产率增长幅度，使得单位成本上升。

[例4-8] 承[例4-6]，甲产品基期单位成本工资费用20元，工资平均增长为7%，劳动生产率增长为11%。测算计划期工资水平及劳动生产率变动对产品单位成本的影响。

计算过程：$\left(1-\frac{1+7\%}{1+11\%}\right)\times20=0.036\times20=0.72$（元）

计算结果表明由于工资的增长幅度小于劳动生产率的增长幅度，使得单位成本降低0.36元。

（4）产量变动对产品成本的影响。由于固定成本的总额在相关范围内保持不变，所以，随着产量的增加，单位产品分摊的固定成本就相应地减少；当产量减少，分摊到单位产品成本的固定成本就相应的增加。因此，根据基年的产品产量以及基年单位成本中的固定成本额，能测定其影响程度。其计算公式为：

$$\text{产量变动对单位成本中固定成本的影响} = \left(1 - \frac{1}{1 + \text{产量增加率}}\right) \times \text{基期单位成本中的固定成本}$$

［例4－9］承［例4－6］，甲产品基年总成本中固定成本为1 200元，单位成本中固定成本为8元，基年甲产品产量250件，计划期测定为300件，计划期产品产量比基年增长20%。测算由于产品产量增加对单位成本的影响。

计算过程：$\left(1 - \frac{1}{1 + 20\%}\right) \times 8 = 0.167 \times 8 = 1.34$（元）

计算结果说明，由于产品产量的增加，使得单位成本降低1.34元。

根据以上的测算资料，对甲产品成本综合的影响为10.5＋6.7＋0.72＋1.34＝19.26（元），也就是说综合成本降低了19.26元。

4.5 资金预测

资金预测也称资金需求量预测是指对企业未来一段时间内的资金需要量所进行的科学预计和判断。资金预测是财务预测的重要组成部分，也是企业合理筹集资金所必需的一个基础环节。资金预测最常用的方法是销售百分比法和资金习性预测法。

4.5.1 销售百分比法

销售百分比法首先假定收入、费用、资产、负债与销售收入存在着百分比关系，根据预计的销售额和相应的百分比预计资产负债和所有者权益的增加额，然后确定短期的融资需求。

销售百分比法的主要优点是能为财务管理提供短期预计的财务报表，以适应外部筹资的需要，且易于使用。但这种方法也有缺陷，一旦有关的销售百分比与实际不符，据以进行预测就会形成错误的结果。因此在有关因素发生变动的情况下，必须相应地调整原有的百分比。

［例4－10］柳林公司2008年的销售收入为600 000元，年末资产负债表如表4－5所示，该公司现在还有剩余的生产能力，既增加收入又不需进行固定资产方面的投资。假定税后的销售利润率为10%，股利支付率为90%。如果2009年销售收入会增加到720 000元，请预测柳林公司的短期资金需求量。

表4-5 **柳林公司资产负债表**

2008年12月31日 单位：元

资产		负债及股东权益	
现金	19 500	短期借款	13 000
应收账款（净额）	29 000	应付票据	7 500
存货	34 500	应付账款	26 000
预付账款	6 000	应付债券（长期）	60 000
长期投资	50 000	应付债券——折价	（5 250）
固定资产减值（净值）	208 000	股本	195 000
无形资产	28 500	资本公积	12 000
递延资产	10 500	盈余公积	2 000
		未分配利润	75 750
资产合计	386 000	负债及股东权益合计	386 000

现将应用销售百分比法进行预测的程序说明如下：

将资产负债表中预计随销售变动而变动的项目分离出来。在柳林公司的资产负债表中资产项目随销售的增加而增加的有：现金、应收账款、存货、预付费用；负债和权益项目随销售的增加而增加的有：应付票据、应付账款。公司的盈余如果不全都分配给股东，那么盈余也会增加。各项变动项目的销售百分率列于表4-6。

从表4-6中可以看出，销售收入每增加100元，必须多占用资金14.83元，而且同时可以相应的增加5.58元的资金来源。因此从14.83的资金需求中减去5.58自动产生的资金来源，还剩下9.25%的资金需求。该公司销售收入从600 000元增加到720 000元，增加了120 000元，因此需要资金120 000×9.25%＝11 100元。

表4-6 **柳林公司销售百分比表**

资产	销售百分比	负债及权益	销售百分比
现金	3.25%	短期借款	N
应收账款	4.83%	应付票据	1.25%
存货	5.75%	应付账款	4.33%
预付账款	1%	应付债券	N
长期投资	N	应付债券——折价	N
固定资产（净值）	N	股本	N
无形资产	N	资本公积	N
递延资产	N	盈余公积	N
		未分配利润	N
合计	14.83%	合计	5.58%
应筹集的短期资金占销售收入的百分比：14.83%－5.58%＝9.25%			

这些资金需求还可以用企业的盈余公积来融通。2009年预计税后的利润为72 000元（720 000×10%），因为题中给出的企业股利支付率为90%，那么就还有10%的税

后盈余，既有7 200元留存下来，从11 100元减去7 200元，还有3 900元的资金必须向外界融通，这一过程可以用下列公式表示：

$$短期融资外界需求量 = \frac{A}{S_1}(\Delta S) - \frac{D}{S_1}(\Delta S) - EP(S_2)$$

式中：A 代表随销售而变化的资产；D 代表随销售变化的负债；S_1 代表基期销售额；S_2 代表预期销售额；ΔS 代表销售的变动额；P 代表销售利润率；E 代表盈余的留存率；$\frac{A}{S_1}$ 代表随销售变动的资产变动的百分比；$\frac{D}{S_1}$ 代表随销售变动的负债变动的百分比。

根据柳林公司的资料得：

对外界短期资金的需求量 = 14.83% × 120 000 − 5.58% × 120 000 − 10% × 10% × 720 000
= 3 900（元）

此例中，如果柳林公司2009年的销售额预期为660 000元，即增长10%，应用上面的公式可得：

对外界短期资金的需求量 = 14.83% × 60 000 − 5.58% × 60 000 − 10% × 10% × 660 000
= −1 050（元）

也就是说，如果公司的销售仅增长10%，公司不仅不需要向外界筹资，而且还会有1 050元的资金剩余。在此种情况下，公司的任务就不是规划如何筹资，而应是计划增加股利、偿还债务或者寻求其他比较有利的投资机会。这一实例也说明了准确预测资金需求量，对于公司的合理筹资具有非常重要的作用。

4.5.2 资金习性预测法

资金的习性，是指资金的变动与产销量之间的依存关系。按资金同产销量之间的依存关系，可以把资金区分为不变资金、变动资金和半变动资金。

不变资金是指在一定产销量范围内，不随产销量变动的影响保持固定不变的那部分资金。这部分资金主要包括：为维持营业而占用的最低数额的现金，原材料的保险储备，必要的成品储备，厂房、机器设备等固定资产占用的资金。

变动资金是指随产销量的变动而成同比例变动的那部分资金。它一般包括直接构成产品的实体原材料、外购件等占用的资金。另外在最低储备以外的现金、存货、应收账款等也具有变动资金的性质。

半变动资金是指虽然受产销量变化的影响，但不成同比例变动的资金，如一些辅助材料上占用的资金。半变动资金可采用一定的方法划分为不变资金和变动资金两个部分。

把企业的总资金划分为不变资金和变动资金，然后再进行资金需求量预测，这样对企业准确预测资金需求量有很大的帮助。资金习性预测主要有两种方式：一是根据企业资金占用的数额与产销量的关系来预测；二是根据各个资金占用项目分别预测后汇总。

1. 根据资金占用总额与产销量之间的关系预测

采用这种方式是根据历史上企业资金占用总额与产销量之间的关系，将资金划分成变动和不变动两部分，确定预测模型，进而对资金需求量进行预测。这种方法多用回归分析法预测。

[例4-11] 某企业产销量变动情况如下表4-7所示。

表4-7　某企业产销量变动和资金变动情况表

年度	产销量 X_i（万件）	资金占用 Y_i（万元）
2002	3	25
2003	7	35
2004	5	30
2005	9	36
2006	12	45
2007	15	43
2008	13	39

假定产销量为自变量，用 X 表示；资金占用量作为因变量，用 Y 表示，它们的关系可以用一元线性回归的方程式表示：

$$Y = a + bx$$

式中：a 代表不变资金，b 代表单位产销量所需的变动资金。

根据表4-7整理出表4-8。

表4-8　回归直线方程计算表

年度	产销量 X_i（万件）	资金占用 Y_i（万元）	X_iY_i	X_i^2
2002	3	25	75	9
2003	7	35	245	49
2004	5	30	150	25
2005	9	36	324	81
2006	12	45	540	144
2007	15	43	645	225
2008	13	39	507	169
合计($n=7$)	$\sum X_i = 64$	$\sum Y_i = 253$	$\sum X_iY_i = 2\,486$	$\sum X_i^2 = 702$

将表4-8中的资料代入方程计算 a、b 的值：

$$a = \frac{\sum Y_i - b\sum X_i}{n}$$

$$b = \frac{n\sum X_iY_i - \sum X_i \sum Y_i}{n\sum X_i^2 - (\sum X_i)^2}$$

解得：$a = 22.61$　　$b = 1.48$

因此，一元线性回归方程为 $Y = 22.61 + 1.48x$

若企业 2009 年的销售量为 16 万件，则

资金需求量 = 22.61 + 1.48 × 16 = 46.29（万元）

2. 将各个资金占用项目分别预测后汇总

这种方式是根据各资金占用项目，如现金、存货、应收账款、固定资产等同产销量之间的关系，把各项目的资金都分成变动和固定两部分，然后汇总在一起，求出企业变动资金总额和不变动资金总额，进而进行预测资金需求量。

［例 4－11］某企业目前现金占用与销售收入之间的关系如表 4－9 所示。

表 4－9　某企业现金占用与销售收入关系表　单位：万元

年份	销售收入 X_i	现金占用 Y_i
1	200	11
2	240	13
3	260	14
4	280	15
5	300	16

用高低点法计算 a、b 的值

$$b=\frac{\text{最高资金占用量}-\text{最低资金占用量}}{\text{最高销售收入}-\text{最低销售收入}}=\frac{16-11}{300-200}=0.05$$

由 $Y=a+bx$，得

$$a=Y-bx$$

代入第五年的资料得 $a=16-0.05\times300=1$（万元）

同样，根据历史资料，把存货、应收账款、流动负债、固定资产也做这样的划分，然后汇总列于表 4－10 中。

表 4－10　不变资金和变动资金划分表

项目	年度不变资金（a）	每一元销售收入所需要的变动资金（b）
流动资产：		
现金	10 000	0.05
应收账款	60 000	0.14
存货	100 000	0.22
小计	170 000	0.41
减流动负债：		
应付账款及应付费用	80 000	0.11
净资金占用	90 000	0.30
固定资产：		
厂房设备	510 000	0
所需资金合计	600 000	0.30

根据表 4－10 的资料得出预测模型：

$Y=600\ 000+0.3X$

如果第 6 年的预计销售收入为 3 500 000 元，那么：

第 6 年资金需求量 = 600 000 + 0.3 × 3 500 000 = 1 650 000（元）

从上面分析可以看出，资金习性预测注意了资金需求量和产销量之间的变动关系，是一种比较简单而又实用的预测方法。

本章小结

预测分析是管理会计非常重要的一环，通过对企业经营活动的预测分析，可以更好的把握企业未来经营活动的趋势，不仅可以作为企业向前发展的一个方向，同时也为以后的业绩考评提供了一定基础。

预测分析有超前性、探索性、灵活性、科学性和技术性。这决定了预测分析在企业中的位置，但是由于企业受到经济环境各方面的影响，难免预测分析在得出结论和最后的结果之间有一定的差距。

预测分析作为一种超前的企业预测方式，会对企业财务管理、企业全面预算控制和日常的各项管理活动产生一定的影响，准确的预测分析有助于企业各项活动开展。

在进行预测分析时，要考虑客观性原则和经济性原则，客观性原则确保企业预测分析更为客观和准确，而经济性原则确保预测分析不至于耗费企业大量宝贵的经济资源。我们按照预测分析期限、对象和性质，可以将预测分析分为不同的类别。

预测分析需要有一定的步骤，因此标准的步骤就应该按照以下步骤进行预测分析：首先，确定预测分析的目标，然后制定预测分析计划，之后，对资料进行收集、整理、分析，进一步建立预测分析的方法，接下来进行预测分析，过后我们要对初步的预测分析结论进行分析评价，在分析的基础上修正最初的预测分析结论，最后编制预测分析报告。

销售预测是其他预测的先决条件，也是编制预算的基础。销售预测的方法有定性预测法和定量预测法。定性预测法主要有市场调查法和分析判断法；定量预测法是运用数学和统计的相关运算来确定企业的未来销售额，主要有算术平均法、加权平均法、指数平滑法和回归分析法等。

利润预测是反映企业经营综合效益的指标。对其预测的主要方法有：本量利分析法和因素预测法。本量利分析法主要是分析企业收入、成本和利润之间的相互关系，确定影响利润的因素进行分析。因素预测法是根据对比各个利润影响因素，然后对期初利润进行调整。

成本作为企业竞争的一个关键因素，不仅涉及到了企业的战略问题，而且对日常的经营活动也会造成一定影响，因此成本预测就显得至关重要。成本预测的主要方法分为两大类：历史分析预测法和因素预测法。历史资料预测法主要有高低点法、加权算术平均法和一元回归线性预测法。

资金预测是对企业未来的资金活动情况做一个合理的规划，主要用到的预测方法有销售百分比法和资金习性预测法。

本章复习思考题

1. 什么是预测分析？其有哪些性质？
2. 预测分析的重要性体现在哪些方面？
3. 预测分析的原则有哪些？
4. 预测分析按照各个分类方法可以分为哪几种类型？这些分类的依据是什么？
5. 预测分析的主要步骤是什么？对预测分析前期的评价意义何在？
6. 销售预测重要性何在？在预测中需要考虑哪些因素？
7. 销售预测是否只可以考虑定量预测而忽视定性预测？为什么？
8. 什么是本量利分析法？其分析的步骤有哪些？
9. 从战略角度考虑，进行成本预测的意义何在？
10. 成本预测的要求有哪些？
11. 资金预测中销售百分比法有哪些优点和缺点？
12. 为什么资金习性预测要对资金进行划分？划分的标准是什么？意义何在？

参考资料

1. 张巧良. 管理会计学. 北京：经济科学出版社，2006.
2. 王福胜. 管理会计学. 北京：机械工业出版社，2004.
3. 李敏. 管理会计学. 上海：复旦大学出版社，2006.
4. 胡玉明，丁友刚，卢馨. 管理会计. 2006.
5. 李永梅，张艳红，汪军. 财务预测理论与实务. 上海：立信会计出版社，2005.

5 短期经营决策

学习目的与要求

通过本章的学习，其目的是使学生能够掌握企业在日常生产经营活动过程中所使用的一些最基本的决策方法，要求学生明确决策的类型以及决策中涉及到的一些最基本的成本概念，并能够在实际决策中运用自如。

5.1 决策的基本问题

5.1.1 决策的概念和种类

1. 决策的概念

决策是人们在生活和工作中普遍存在的一种活动。在实际生活和工作中，凡对同一个问题，面临几种自然情况（又叫自然状态或客观条件），为了实现某一目标，又有几种行动方案（又叫策略或简称方案）可供选择，这就构成了一个决策。具体点说，决策就是指人们为了实现某一特定系统的目标，在占有信息和经验的基础上，根据客观条件，提出各种备选行动方案，借助于科学的理论和方法，进行必要的计算、分析和判断，从中选择出一个最优方案以及对最优方案的执行和检查，作为目前和今后行动的指南。

决策作为一个网络系统，存在于一定的空间和时间，它由输入、处理、输出和反馈四个环节构成。输入是指输入决策的信息数据；处理是指确定准则、建立模型、进行方案间的比较、评审和选择；输出是指最后输出最优方案；反馈是指在决策过程中具有反馈系统。

决策是一个过程，它既包括作出抉择之前的一切活动，如：提出问题、搜集资料、预测未来、确定目标、拟订方案、列出自然状态、确定决策准则和方法、进行分析对比、作出决策等；它又包括把决策会付诸实施化为行动的一切活动，如：制定方案实施计划，明确负责执行的部门、人员和实现计划的时间等。在方案实施计划的执行过程中要进行两种反馈：一种是如果未按方案执行，则应加强监督控制，保证决策顺利实现；另一种是如果实践证明决策错了，则应重新确定目标，修订方案，要防止一错到底。

20 世纪 30 年代，由于控制论、系统论、信息论的问世，使决策论的方法有了很大的发展。但决策论在现代管理科学中，作为一个学派，则兴起于20 世纪70 年代。其代表人物之一是美国梅隆大学教授赫伯特·A. 赛蒙（Herbert A. Simon）。他在微观经济决策的理论和方法上做了许多有价值的工作，他把高等数学、统计学、电子计算机技术和心理学等用于大型企业和跨国公司的管理，取得了良好的效果。因此赛蒙获得了1978年度的诺贝尔经济学奖。赛蒙认为“如果你从广义方面理解决策过程，那么决策过程就似乎和管理成了同义语”。赛蒙对决策科学的贡献，可以归纳如下：首先，他突出了决策在管理中的地位；其次，他提出了“满意标准”代替传统的“最优标准”新理论；再次，他既重视在决策中使用数学模型、现代计算技术等定量分析方法，又重视心理因素和人际关系等社会因素在决策中所起的作用；最后，他也主张把决策过程延伸到执行和检查阶段。所有这些都具有很好的实践和经济意义。

强调企业要做好经营管理决策，是20世纪70年代一些工业发达国家实行管理现代化的一个新发展。管理与经营，严格地说具有不同的含义，管理是由共同劳动而引起的一种指挥职能，经营则是一个更为宽广的概念，它是由于商品经济发展而引起的一种调节职能。对于企业来说，如果经营不善，产品不能适销对路，即使管理工作做好了，也不能取得好的经济效果。不过从企业全面活动的实际范围出发，研究企业的经营与管理，可以把二者看作是紧密联系的统一整体。这与国外流行的说法“管理的重点在经营，经营的中心在决策”，并不存在矛盾。我们把二者放在一起，并认为企业经营管理决策，是指对企业远期或近期的经营管理目标以及如何实现这些目标的一些问题所作出的最优抉择。这些问题包括：开展市场调查与商情预测，研究产品发展方向，制订长期规划，进行新产品开发，合理组织生产，做好销售与技术服务等，从而达到企业经营管理目标。

一个决策系统通常是由四个基本要素组成：决策者、决策目标、决策变量和状态变量。在企业经营管理决策中，多以最佳损益值作为决策目标；决策者可能采取的各种行动方案叫作决策变量，它是可以人为地进行调节控制的因素，即要选择哪个方案，完全由决策者决定，所以又叫可控因素；决策者在决策时所面临的各种自然状态叫作状态变量，它是不以人们意志为转移、难以人为地进行控制的因素，所以又叫不可控因素，但人们可以推求各种自然状态可能发生的概率。决策准确与否，主要取决于决策者对未来可能发生的自然状态的了解程度，取决于提供的决策变量和状态变量是否准确恰当，取决于使用的决策方法是否科学适用，取决于搜集、处理的决策信息是否完备可靠。

在决策中较多地使用统计方法便形成统计决策。统计决策是由阿·瓦尔德（A·Wald）于1939年把古典统计理论中的假设检验和估计推断方法在决策中加以应用而开创起来的。从20世纪40年代起，统计决策的理论和方法，又得到了很大的发展。现在不确定情况下的定量决策已经离不开统计方法了。有人认为利用概率来进行决策的计算与分析是统计决策不同于其他决策的一个重要特点。但统计方法在决策中的应用，却已远远超过了这一点。

2. 决策的种类

决策的种类，是把决策按不同的标志所进行的分类。这里只写出按什么标志划分，从而有哪些种类的决策，而不对各种决策多作说明。当然，这里所列举的也只限于常见的几种。

(1) 决策按处理问题的内容划分，有政治决策、军事决策、经济决策、科技决策等。

(2) 决策按涉及的范围划分，有宏观决策与微观决策；还有战略决策与战术决策。

按涉及的范围不同划分，又有全国性决策、部门或地区性决策、基层性企业决策和自我性个人决策。此外还有国际性决策。

(3) 决策按决策者所处的地位不同划分，有上层决策、中层决策和基层决策。在这些决策中还有个人决策和集体决策之分。后者是防止决策失误的一项重要组织保证，应当加以提倡。

(4) 决策按目标多少划分，有单一目标决策和多目标决策。决策如果分阶段进行，又有单阶段决策与多阶段决策之分。

(5) 决策按掌握的信息情报资料不同划分，有确定情况下决策、不确定情况下决策和风险情况下决策。

(6) 决策按使用的分析方法不同划分，有定性分析方法决策和定量分析方法决策。

按分析方法是否稳定划分，还有程序化决策和非程序化决策。

在定量分析决策中按使用的概率不同划分，有主观概率决策和客观概率决策，后者又分为先验概率决策和后验概率决策。定量分析决策如果再按使用的方法和准则不同划分，种类就更加繁多。不再一一列举。

我们将要介绍的内容，主要属于微观经济决策的定量分析方法。

5.1.2 决策的程序和条件

1. 决策的程序

科学的决策程序是决策的科学性的一个重要保证。20世纪60年代以前，多数学者认为决策程序可归结为如下三个步骤：

(1) 提出决策目标，即要解决什么问题。

(2) 拟定决策行动方案，即有几个可能答案。

(3) 选出最优方案，即哪个答案最好。

这实际上与实用主义杜威（John Dowey）在他所写《如何思考》（1910年出版）一书中所指出的解题过程三步骤：①问题是什么？②有哪些可能答案？③哪个答案最好？是很类似的。直到20世纪70年代才有人，包括赛蒙在内，提出第四个步骤，即：

(4) 执行和检查最优方案。

即把决策程序作了延伸，使之趋于完善。

决策程序四步骤的重要意义，在于它强调了实践的作用，明确了决策的一个重要环节在于执行，执行又反过来检验最优决策方案的可行性。这样便有可能形成一个“决策——执行——再决策——再执行”的循环往复过程。这在认识论上称为不断实践不断认识的长河，在控制论中称为反馈环，在决策理论中称为动态过程。图5-1如下：

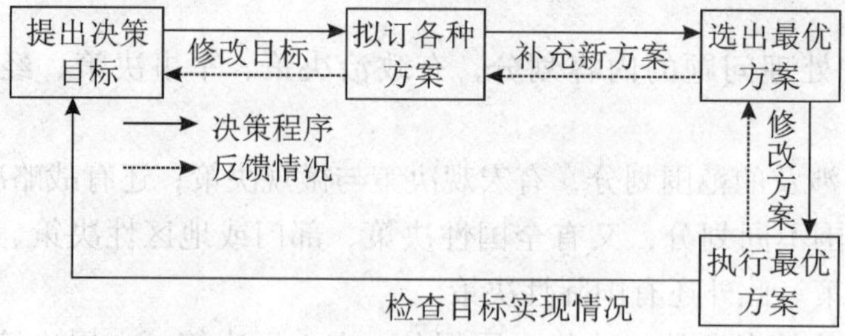

图 5 - 1

其实，在实际工作中，决策的具体程序，还会因决策的种类和性质不同而有所不同。如确定情况下的决策程序就比较简单，也可以图 5 - 2 如下：

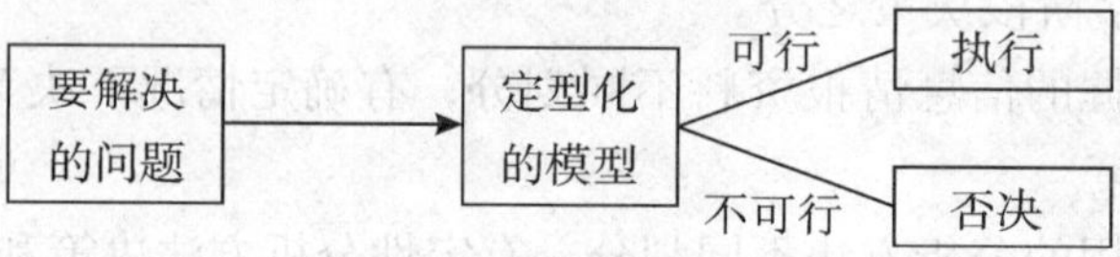

图 5 - 2

而风险情况下的决策程序却比较复杂，但也存在一般常见的过程，简述如下：①提出问题确定决策目标；②针对目标广泛搜集决策所需要的信息和资料；③提出几个可供选择的决策行动方案；④列举与各方案有关的几种可能出现的自然状态；⑤确定各种自然状态可能出现的概率值；⑥计算出各种行动方案与自然状态在不同组合下的收益或损失值；⑦以损益值大小为标准选择出最优方案；⑧制订出具体贯彻实施最优决策方案的办法；⑨在方案付诸实施的过程中进行追踪检查；⑩在方案实施过程中要建立情报的反馈系统。决策者要针对反馈信息，采取各种适当措施。有时因决策目标难以实现，还会推倒原选方案又重复一遍上述过程。有时由于主客观条件发生了重大变化，但又不属于决策失误，还须进行追踪决策。追踪决策并非把原决策推倒重来，它具有如下特点：①进行深入细致的回溯分析；②决策中使用非零起点；③执行双重优化准则，即既要优于原决策方案，又要在新方案体系中体现最优化原则；④注意干群心理效应，统一大家认识。在决策失误，支付过多，欲罢不能的情况下，也需进行追踪决策，力求减少损失，增加收益。

2. 决策的条件

如果讲的是做好某项决策应具备的条件，则与上文联系起来看，一项决策活动通常要具备以下几个条件：①决策者希望达到的目标；②两个以上可从选择的方案；③几种自然状态和它们出现的概率；④可以算出不同方案的损益值，等等。

如果从决策者的角度来说，做好决策的主要条件是：①要掌握住决策对象的本质及其发展变化的规律性；②要完善作为决策基础的信息组织和保证；③要学会各种决策的技术和方法。

另外，决策者的科学素养也是做好现代决策的重要条件。只有知识渊博、实践经验丰富的决策者，才能作出符合实际的科学决策。决策者的科学素养一般包括：①熟悉国情和国家在当时的各项方针；②具备数学、统计学知识，了解三论（控制论、系统论、信息论）的基本内容；③进行经济决策还要学习掌握有关财经科学知识；④随时注意国内外政治经济形势以及市场、科技的发展变化情况；⑤善于安排决策的程序和运用决策的技术与方法。总之，对于决策者的科学素养的要求是很高的。但个人精力有限，不可能事事都懂，样样精通，因此，一些国家、公司和企业都设立有决策的智囊组织或咨询机构，邀请一些专家学者密切配合，协同工作，把决策的“硬”方法和“软”方法结合使用，以期达到决策的科学化和最优化的目的。

5.2 决策分析中的成本概念

决策分析就是利用会计资料和其他有关资料，针对解决问题的各种方案的经济效益，运用专门的方法来测算、分析和比较，权衡利弊得失，从中选出最佳方案的过程。在各备选方案中，除了收入以外，影响经济效益的一个决定性因素是成本。因此，在决策分析中除了变动成本和固定成本以外，还必须考虑有关的一些成本概念，以免决策失误。应该指出，这些成本不一定是实际发生的支出，只是作为决策分析中需要考虑的因素，以便对各种方案作出正确的评价。这些成本概念一般包括机会成本、假计成本、差别成本、边际成本、重置成本、历史成本、沉没成本、付现成本、可避免成本、不可避免成本、相关成本、无关成本等几种。

1. 机会成本

机会成本是指在决策分析过程中，选取某一最优方案而放弃另一次优方案所丧失的潜在收益。例如，某零售商店将其营业空间重新调整后，可腾出一块摆放三个柜台的空间。若利用此空间自营销售业务，每月可得销售收入 20 000 元，但需支出各种费用（包括销售商品的进价成本和其他费用）12 000 元；若将此空间出租，则每月可得租金收入 6 000 元。两种方案相比较，前一种方案比后一种方案每月多得净利 2 000 元。显然，自营销售的方案是有利的。这样一来，柜台出租的方案就被否定了。而出租柜台可得的 6 000 元收入，即为本例的机会成本。

之所以要将被淘汰的有关方案的潜在收益作为被选择的最优方案的机会成本加以考虑，主要是由于达到某项目的，虽可采取多项行动方案，但它们之间是相互排斥的。人力、物力和财力用于此，就不可能同时用于彼。因此，在分析、评价、选择各项方案时，只有把失去的“机会”所能取得的收益也考虑进去，才能真正对已被选定的方案的预期经济效益进行正确的评价，才能从若干备选方案中选择出真正最优的决策方案。

2. 假计成本

假计成本是指与某项经济活动相关联，需要估算确定，但没有实际支出的假设性成本，即需要估算的使用某种经济资源的代价。假计成本是机会成本的一种特殊形态。例如，某企业因业务需要拟购置一台运货卡车，其成本通常包括买价和运杂费等。所需资金虽为自有资金，但若用这笔资金进行其他投资，如买卖债券等，就会有投资报酬。为了正确评价购置运货卡车这项决策方案的可行性，尽管投资报酬并未实际取得，但应将投资报酬视同机会成本进行估算。

3. 差量成本

差量成本是指各备选方案预期成本之间的差额。例如，某商品流通企业经营某种商品，该商品若从本地购进，购进单价与其他的单位购进费用合计约为 14 元，若从外地购进，则需 13 元，二者之间的差额 1 元，即为以上两个备选方案之间的差量成本。再如，某小型商店或专营服装类商品，或专营靴鞋类商品。若专营服装类商品，则每月预计总成本为 80 000 元；若专营靴鞋类商品，则每月成本总额预计为 50 000 元。则两者之间的差额 30 000 元为以上两种方案的差量成本。

同差量成本相对应的一个概念是差量收入。所谓差量收入，是指各备选方案预期收入之间的差额。如上例，若专营服装，则每月预计销售收入为 100 000 元，若专营靴鞋，每月预计销售收入为 67 000 元，两者之间的差额 33 000 元即为以上两种方案的差量收入。

4. 边际成本

边际成本是指因业务量每变动一个单位所引起的成本总额的变动数额，它是由于多（或少）购进（或销售）一个单位的商品而相应增加（或减少）的成本额。例如，某企业销售某种商品 200 件时，成本总额为 2 500 元，当销售量为 201 件时，成本总额为 2 620 元。因销售量增加 1 件，使成本总额增加 120 元，即为此时销售该种商品的边际成本。边际成本可用来判明增加（或减少）某种商品的购进（或销售）数量在经济上是否合算。

与边际成本相对应的一个概念是边际收入。所谓边际收入，是指业务量变动一个单位，所引起的收入的变动数额，它是由于多（或少）购进（或销售）一个单位的商品，相应增加（或减少）的收入额。

5. 历史成本

历史成本是根据过去已发生的支出而计算的成本，也叫实际成本。在传统的财务会计中，历史成本是一切资产项目入账的基础，但它对于当前的各种决策分析大多无关。例如，某企业 10 年前建造的一幢房屋，其当时的总支出为 100 万元，现在该项资产的账面净值为 12 万元，该项资产的现时重量价值为 150 万元。则该项资产建造时的支出 100 万元为历史成本。

6. 重置成本

重置成本是指某项资产在目前市场价格水平下的购进成本，亦叫“现时成本”。在商品定价决策和评估资产时，都必须以重置成本作为考虑的重点。例如，某企业有批两年前购进的存货，其单位历史成本为 500 元，目前从市场购进，则其单位购进成本为 750 元。制定该商品的售价时，应以哪个购进成本为依据？如果从历史成本角度定价，按 700 元出售就可以赚 200 元。但按单价 700 元出售后，重新购进单价为 750 元，不但没赚钱，反而每单位商品亏损 50 元。由此看来，在进行经营决策时，重置成本也是一个不可忽视的因素。

7. 沉没成本

沉没成本是指过去已经发生，现在和未来的任何决策都无法变更的成本，也叫沉落成本。例如，某商品流通企业 8 年前购置的一台设备，原价 10 000 元，累计折旧 7 800 元。由于技术更新，这台设备已完全过时，因而被淘汰。此时，该设备的账面净值 2 200 元是原始支出中无法收回的部分，即沉没成本。正因为沉落成本是一种一经发生就一去不复返的成本，它对于目前或未来所进行的决策没有什么关系，因而在分析、评价未来经济活动并作出决策时，就无需加以考虑。

8. 付现成本

付现成本是指因选定和实施某项决策方案而必须立即或在最近期动用现金支付的成本，又叫现金支出成本。付现成本是在某项决策方案需要支付现金，但又要全面衡量该项决策在经济上是否真正有利时应予以认真考虑的。尤其是当企业货币资金比较拮据，筹措又有困难的情况下。在实际工作中，决策者有时对付现成本的考虑，比对总成本更为重视。他们往往会舍弃未来收益较多，但目前现金支付数额也较多的方案，而选择未来收益较小，但目前现金支付数额也较少的行动方案。例如，某商店急需一座仓库，有甲、乙两个企业愿意出租合适的仓库，其中甲企业的仓库每月租金 2 000 元，租金每月末偿付；乙企业仓库每月租金 1 500 元，但需在出租仓库时一次预收一年的租金。此时，商店现有货币资金比较少，又无筹措渠道，一下子动用 18 000 元的银行存款，会影响企业的正常经营业务。此种情况下，面临两种选择，显然以选择前者为宜。

9. 专属成本

专属成本是指可以明确归属于某种、某类商品或某个部门的成本，也称特定成本。例如，专门生产或销售某种产品的专用设备的折旧费、保险费、租赁费等。由于变动成本基本上均为专属的成本，没有必要进行特定的分类，因而，管理会计所说的专属成本，主要是指专属的固定成本。

10. 共同成本

共同成本是指那些由几种、几类商品或若干个部门共同承担的成本，它是同专属成本相对应的一个成本概念。同样，由于变动成本基本上均是专属的成本，因而管理会计中的共同成本主要指的是共同的固定成本。如企业管理人员的工资、福利费。管理部门固定资产的折旧费、修理费、租赁费等，均属共同成本。

11. 可避免成本

可避免成本是指与特定备选方案相关联的成本，其发生与否，取决于与其相关联的备选方案是否被选定。即某个备选方案如果被选定，与其相关联的某项成本就会发生，否则，该项成本就不会发生，则该成本为可避免成本。例如，某企业准备增加经营品种，如果该方案实施，需扩大营业面积，为此需投资 20 000 元。此例中的 20 000 元支出是否发生，完全取决于增加经营品种这项决策方案是否被选定，则这 20 000 元为可避免成本。此外，还有一些支出是管理者的决策活动可以改变其数额的，例如广告样品费、职工培训费，均可根据企业财务状态决定其支出，也属于可避免成本。

12. 不可避免成本

不可避免成本是同可避免成本相对应的成本概念。它是指在业务经营过程中必然发生的，其数额与决策活动无关的成本。例如，企业现有固定资产的折旧费、管理人员工资等成本项目，无论企业在现有条件下是否改变经营方向，它们都必然发生，且数额不变。由于不可避免成本不与备选方案相关联，有关备选方案的取舍对其不存在影响，故在分析、评价有关备选方案时可以不予以考虑。

13. 相关成本

相关成本是指与备选方案密切相关，在决策分析时必须加以考虑的成本。如机会成本、假计成本、差量成本、边际成本、重置成本、付现成本、可避免成本等。

14. 无关成本

无关成本是指与备选方案不存在直接联系，在决策分析时可不予考虑的成本。如历史成本、沉落成本、不可避免成本等。

5.3 经营决策分析方法

经营决策分析方法，是应用数学工具对决策过程可供选择的多种方案进行定性定量的描述和分析，提供数量依据，辅助决策者从中选取最佳方案的方法。

鉴于决策过程中可供选择的决策方案，提供信息明确程度不同，管理决策分为确定型决策（决策方案有一个明确的结果）、风险型决策（决策方案可归结为几种结果中的一个，事先仅仅知道每种结果的概率）和未确定型决策（决策方案可归结为几种结果中的一个，甚至事先也不能知道每种结果的概率）。同时考虑到三类决策在决策过程中评价方案的优劣，通常以决策问题的目标来加以描述，有时决策目标为一个，有时决策目标为多个。这样，三类不同的决策其决策分析方法也就大不相同。本节我们就单目标的三类决策常用的分析方法进行介绍。

5.3.1 确定型决策分析方法

确定型决策是在明确决策目标的情况下，依据通过预测确知未来专门状态下多种方案对目标贡献结果作出的决策。这里所说专门状态下多种方案对目标贡献结果，是指制约方案的约束条件决策者能预先知道，或作出规定，且方案中涉及到的对可控制决策变量与决策目标内在因果关系的认识也是明确无疑的，再度量方案执行可能得到的后果。可见，确定型决策要求了解事件间的因果关系，能对可能事件作出情况属实的描述，利用它来明确未来会发生什么。企业管理中涉及原料供应、调度安排、产品组合和设备开发等需要经常作出且有固定结构的决策，大多都是确定型决策。决策方法多种多样，这里我们介绍几种方法。

1. 差量分析法

不同备选方案之间预期收入和预期成本在量上的差别叫差量。管理会计人员在比较不同备选方案的收入、成本的差量的基础上，从中选出最优方案的方法，叫差量分析法，也称差别的分析法。此种方法一般适用于确定型的决策。

差量分析法的基本原理，如表5-1所示。

表5-1

项目	方案1	方案2	差量
收入S	S_1	S_2	S_1-S_2
成本C	C_1	C_2	C_1-C_2
利润P	$P_1=S_1-C_1$	$P_2=S_2-C_2$	$P_1-P_2=(S_1-S_2)-(C_1-C_2)$

从表5-1可知，两个备选方案S_1和S_2的差量收入和差量成本的差额，实际上就是两个方案预期利润的差额。因此，当$S_1-S_2>C_1-C_2$，即$P_1>P_2$时，说明差量收入大于差量成本，应选取方案1；否则，应选取方案2。

[例5-1] 某商店一组柜台既可经营甲商品，又可经营乙商品，其预计销售单价、销售数量和单位变动成本资料见表5-2。

表5-2

商品名称	甲商品	乙商品
预计销售数量	1 000 个	500 个
预计销售单价	11.50 元	26.80 元
单位变动成本	8.20 元	22.60 元

要求作出该商店究竟经营哪种商品较为有利的决策。

解：采用差量分析法具体分析如下：

第一步，计算差量收入：

经营甲商品与经营乙商品的差量收入 $=(11.50\times1\ 000)-(26.80\times500)$

$=-1\ 900$（元）

第二步，计算差量成本：

经营甲商品与经营乙商品的差量成本 $=(8.20\times1\ 000)-(22.60\times500)$

$=-3\ 100$（元）

第三步，计算差量损益：

经营甲商品与经营乙商品的差量损益 $=-1\ 900-(-3\ 100)=1\ 200$（元）

从以上分析结果来看，由于经营甲商品比经营乙商品可多获利1 200元，因此，经营甲商品较为有利。

以上我们从两个备选方案的角度讲述了差量分析法的具体分析过程。如果备选方案为两个以上时，则可分别两个、两个地进行比较，最终亦可选出最优方案。

[例5-2] 胜利厂每年生产A产品20 000件，单位变动成本为8元，单位固定成

本为4元，销售单价为20元，如果将A产品进一步加工成B产品，销售单价可提高到30元，但需追加单位变动成本6元，专属固定成本40 000元，要求作出A产品是否进一步加工的决策。

解：根据题意，A产品：销售收入 = 20 ×20 000 =400 000（元）

变动成本 = 8 ×20 000 =160 000（元）

固定成本 = 4 ×20 000 =80 000（元）

B产品：销售收入 = 30 ×20 000 =600 000（元）

变动成本 = 14 ×20 000 =280 000（元）

固定成本 = 80 000 +40 000 =120 000（元）

因此，差量收入 =600 000 －400 000 =200 000（元）

差量成本 =280 000 +120 000 －160 000 －80 000 =160 000（元）

差量利润 =200 000 －160 000 =40 000（元）

∵ 40 000 >0　　　　∴ 可以将A产品继续加工成B产品。

［例5 -3］某自行车厂每年需用零件5 000件，外购单价20元，现该厂第三车间尚有剩余生产能力可以自制，经测算每件自制成本为22元，其中直接材料10元，直接人工3元，变动制造费用2元，固定制造费用7元。另外，第三车间为自制该项零件，每年还需增加专属成本5 000元，若第三车间生产设备不用于自制零件，可以租给外厂使用，每年可收租金7 000元，要求作出A零件是自制还是外购的决策。

解：据题意可知：

外购成本 = 5 000 ×20 =100 000（元）

自制总成本 = 5 000 ×（10 +3 +2） +5 000 +7 000 =87 000（元）

这样，差量成本 =100 000 －87 000 =13 000

∵ 13 000 >0　　　　∴ 选用自制零件方案。

2. 量本利分析法

量本利分析法是根据各个备选方案的业务量、成本和利润三者之间的依存关系，来选定特定情况下的最优方案的一种方法。

［例5 -4］某企业为保证业务经营需要，需添置一台运输机械。现有两个方案可供选择：一是购买一台，购进总成本80 000元，估计可用10年，每年需支付维修保养费400元，预计净残值为2 000元，该运输机械每天的营运成本为50元。第二个方案是向其他单位租用一台，每天租金200元。现要求作出最优方案的决策分析。

具体分析如下：

上例决策分析的关键因素在于该企业每年需要使用运输卡车的天数——业务量。因此，我们可以根据两个备选方案的成本与业务量之间的关系来确定在一定的营运天数范围内的最优方案。

若采用第一方案（购置），每年发生的成本包括属于固定成本性质的折旧费、维修保养费和属于变动成本性质和按实际使用天数计算的营运费。设每年的使用天数为 x，第一方案每年的使用总成本为 y_1。则：

$$y_1 + a + bx = \left(\frac{80\ 000 - 2\ 000}{10} + 400\right) + 50x$$

$$= 8\ 200 + 50x \quad (1)$$

若采用第二方案（租用），则每年发生的总成本为按使用天数计算的租金和营运费，且均属变动成本，此方案无固定成本。仍设该运输机械每年的使用天数为 x，第二方案的使用总成本为 y_2。则：

$$y_2 = a + bx = O + (200 + 50)\ x = 250x \quad (2)$$

根据（1）（2）两式，在两个使用方案年使用总成本相等的情况下，可求出每年的使用天数。即：

$8\ 200 + 50x = 250x$

解得：$x = 41$（天）

上列计算结果说明，若每年使用天数为 41 天，两个方案的总成本支出相同，均可行。若每年使用天数超过 41 天，则 $y_1 < y_2$，第一方案的总成本支出小于第二方案的总成本支出，因而以购置方案为宜；若每年使用天数少于 41 天，则 $y_1 > y_2$，即第一方案的总成本支出大于第二方案的总成本支出，因而以租用方案为佳。

［例 5－5］向阳工厂所需用某种零件的自制单位成本与外购单价的资料如下：

自制方案		外购方案	
直接材料	4 元	600 件以内单位购价	12 元
直接人工	2 元	600 件以上单位购价	10 元
变动制造费用	2 元		
专属固定成本	1 600 元		

要求：根据资料，确定零件全年需要量在何种情况下采用外购方案？在何种情况下采用自制方案？

解：设向阳工厂零件全年需要量为 x 件，用 y 表示总成本，则：

$y_{自制} = 1\ 600 + (4 + 2 + 2)\ x = 1\ 600 + 8x$

$y_{600件以内} = 12x$

$y_{600件以上} = 10x$

由于，当 $y_{自制} = y_{600件以内}$，即 $1\ 600 + 8x = 12x$ 时，可解得：$x = 400$（件），而当 $y_{自制} = y_{600件以上}$，即 $1\ 600 + 8x = 10x$ 时，可解得：$x = 800$（件）

这样可得如下结论如图 5－3 所示：

当 $x < 400$ 件时，应外购

当 400 件 $< x <$ 600 件时，应采用自制

当 600 件 $< x <$ 800 件时，应外购

当 $x > 800$ 件时，应自制

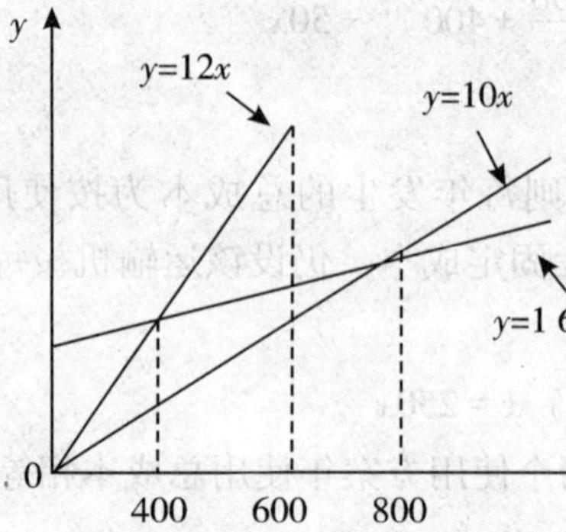

图5-3

3. 边际贡献分析法

边际贡献分析法是指在短期经营决策中，由于固定成本通常比较稳定，因而只需对商品创造的边际贡献进行分析，从而确定最优决策方案的一种方法。

应该指出，尽管单位边际贡献是反映商品盈利能力的重要指标，但在决策分析时，绝不能以商品的单位边际贡献的大小来作为选择的标准，而应以各种商品所能创造的边际贡献总额或单位时间创造的边际贡献的大小作为选择的依据。

［例5-6］某企业使用同一台机器既可生产甲产品，又可生产乙产品，该机的最大使用能力为50 000小时，生产甲产品每吨需10定额工时，生产乙产品每吨需4定额工时。这两种商品的销售单价及成本数据如表5-3所示。

表5-3　　重量单位：吨

产品名称	甲产品	乙产品
销售单价（元）	2 000	1 200
单位变动成本（元）	1 200	800
固定成本总额（元）	30 000	

根据上述资料，要求做出该企业以生产哪种产品较为有利的决策。

具体分析如下：

由于不论生产哪种产品，固定成本总额是稳定不变的，因此，在决策分析中属于无关成本，不需考虑，因而可根据边际贡献分析法编制计算表如表5-4所示。

表5-4

摘要	甲产品	乙产品
最大产量（吨）	50 000 ÷ 10 = 5 000	50 000 ÷ 4 = 12 500
销售单价（元）	2 000	1 200
单位变动成本（元）	1 200	800
单位边际贡献（元）	800	400
边际贡献总额（元）	800 × 5 000 = 4 000 000	400 × 12 500 = 5 000 000

根据以上分析可以看出，尽管甲产品创造的单位边际贡献高于乙产品，但生产乙产品能比生产甲产品提供更多的边际贡献总额，故以生产乙产品为佳。

上项决策我们也可以根据每个定额工时所能创造的边际贡献的大小来进行分析，见表5－5所示。

从表5－5计算结果可以看出，生产乙产品每工时所创造的边际贡献比生产甲产品高出20元，故以生产乙产品在经济上较为合算。此结论与按边际贡献总额分析的结果相同。

表5－5

摘要	甲产品	乙产品
销售单价（元）	2 000	1 200
单位变动成本（元）	1 200	800
单位边际贡献（元）	800	400
单位产品所需定额工时	10	4
单位定额工时所能创造的边际贡献（元/工时）	$\frac{800}{10}=80$	$\frac{400}{4}=100$

5.3.2 风险型决策分析方法

风险型决策是在明确决策目标情况下，依据通过预测得到不同自然状态下多种方案的目标贡献及其出现概率作出的决策。由于未来自然状态不为决策者所肯定，仅能依据以往经验或历史资料了解其出现概率，无论作何选择都可能会不尽如人意，要承担一定风险，所以称风险型决策。

1. 风险型决策的基本结构

风险型决策具有以下五个特征。

①有明确的决策目标，如收益、成本、市场数额、效用等，记作 V。

②实现决策目标有两个或两个以上行动方案，记作 A_i（$i=1, 2, \cdots, m$）。

③行动方案未来面临的可能自然状态在两种或两种以上，记作 S_j（$j=1, 2, \cdots, n$）。

④每个行动方案在不同自然状态下的可能目标贡献结果可以预先计算，记作 W_{ij}（$i=1, 2, \cdots, m$；$j=1, 2, \cdots, n$），称方案条件收益（或损失）值。

⑤未来面临的可能自然状态出现的概率可以经调查研究预先估计得知，记作 P_j（$j=1,2, \cdots, n$），且 $\sum P_j=1$。

根据以上风险型决策后四个特征，我们可以构造出风险型决策的基本结构矩阵表（表5－6）。

表5-6

目标贡献 \ 状态S / 方案	S_1	S_2	…	S_j	…	S_n
A_1	W_{11}	W_{12}	…	W_{1j}	…	W_{1n}
⋮	⋮	⋮	⋮	⋮	⋮	⋮
A_i	W_{i1}	W_{i2}	…	W_{ij}	…	W_{in}
⋮	⋮	⋮	⋮	⋮	⋮	⋮
A_m	W_{m1}	W_{m2}	…	W_{mj}	…	W_{mn}
出现概率	P_1	P_2	…	P_j	…	P_n

在风险型决策中，由于存在着不同自然状态下的不可控制因素，所以同一决策方案在执行中会出现几种可能的结果。例如，商贸企业购进某种商品，如适逢市场畅销，是抢手货，则可以销售迅速，加快资金周转，降低仓储费用和损耗，减少信贷利息，从而增加收益；反之，如果出现市场疲软，商品滞销，则会延缓商品周转速度，增加流通费用，甚至发生商品残损，以致减少收益或发生亏损。然而，这种客观自然状态又是不确定的，只能大致估计各种自然状态的概率及其损益。因此，风险型决策便有一个选择决策方案的准则问题。

2. 期望值准则及其分析方法

所谓期望值准则，就是根据不同方案的损益期望值，选取具有最大收益期望值或最小损失期望值的方案作为决策方案。这里方案损益期望值是指每个方案在各种状态下的损益值以状态概率为权数的加权损益值。若决策结构中 W_{ij} 代表收益，即得收益期望值；若决策结构中 W_{ij} 代表损失，即得损失期望值。

假设风险型决策已知其决策结构表各元素，则每一方案的损益期望值记作 $EMV(A_i)$，为：

$$EMV(A_i) = \sum_{j=1}^{n} P_j W_{ij} \quad (1 \leqslant i \leqslant m)$$

显然，决策目标为最大收益值时，决策方案为选择 $EMV(A_i)$ 大者，即：

$$EMV = \max EMV(A_i) \qquad (1 \leqslant i \leqslant m)$$

决策目标为最小损失值时，决策方案为选择 $EMV(A_i)$ 小者，即：

$$EMV = \min EMV(A_i) \qquad (1 \leqslant i \leqslant m)$$

为了便于分析计算和比较优选方案，按期望值准则进行决策分析过程常借助决策表或决策树方案。

（1）决策表法。决策表是用风险型决策基本结构矩阵表来表述各种可供选择方案，并计算出各方案损益期望值，经比较后择优。它简单、清晰，一目了然，十分方便。

[例5-7] 某鲜鱼商店销售鲜鱼，平均销售价为20元/公斤，平均成本10元/公斤。销售宗旨是当天进货当天销售。如果当天卖不出去，折价处理平均损失3元/公斤。已知商店以往每天鲜鱼销售的市场需求（销售）量状态及其概率资料如表5-7，试问该鱼店领导应如何决策每天进货量？

表 5-7

市场需求（公斤/天）	0	100	200	300	400
概率 P_j	0.1	0.2	0.4	0.2	0.1

解：由题意可知，该商店每天的销售订购计划有五个可供选择方案，记为 A_i（$1\leqslant i\leqslant 5$）。无论选择哪一个方案，都可能遇到市场需要的五种自然状态，记为 S_j（$1\leqslant j\leqslant 5$）。现在根据 S_j 的出现概率可以得表 5-8 决策结构矩阵表。表中 W_{ij}（$1\leqslant i\leqslant 5$，$1\leqslant j\leqslant 5$）为条件收益值。由题意按下式计算：

$$W_{ij}=\begin{cases}10A_i & \text{当 } A_i\leqslant S_j \text{ 时}\\ 10S_j-3\ (A_i-S_j) & i\ \text{当 } A_i>S_j \text{ 时，}\end{cases}$$

表 5-8

单位：元

方案 A_I \ 条件收益 W_{ij} \ 状态 S_j		市场需求（公斤/天） 0	100	200	300	400	收益期望值
进货量（公斤/天）	0	0	0	0	0	0	0
	100	-300	1 000	1 000	1 000	1 000	870
	200	-600	700	2 000	2 000	2 000	1 480
	300	-900	400	1 700	3 000	3 000	1 570
	400	-1 200	100	1 400	2 700	4 000	1 400
概率 P_j		0.1	0.2	0.4	0.2	0.1	

比较五个进货量方案的销售收益期望值，从中选择大者，即：

$\max\ \{EMV\ (A_i)\}\ =EMV\ (A_4)\ =1\ 570$（元）

因此，按最大收益期望值准则应选择每天进货量 300 公斤的方案。

如果本题以追求销售损失最小为决策目标，则应以销售损失期望值最小决策准则选择方案。必须注意，这里的销售损失是不仅指进货量高于市场需求量时所发生的滞销折价处理损失，还要考虑进货量低于市场需求量时因缺货而失去销售机会所蒙受的利润损失（脱销损失）。依题意，此时决策结构表（表 5-8）中的 W_{ij} 则为条件损失值，由下列计算式计算：

$$W_{ij}=\begin{cases}-3\ (A_i-S_j) & \text{当 } A_i>S_j \text{ 时滞销损失}\\ 0 & \text{当 } A_i=S_j \text{ 时}\\ -10\ (S_j-A_i) & \text{当 } A_i<S_j \text{ 时脱销损失}\end{cases}$$

根据表 5-9 五个进货方案的损失期望值，选择最小者 $\min\{EMV(A_i)\}=EMV(A_4)=-430$（元），与按最大收益期望值标准选择的方案相同，进货量 300（公斤/天）。

表 5-9

方案 A_i \ 条件收益 W_{ij} \ 状态 S_j		市场需求（公斤/天）					损益期望值
		0	100	200	300	400	
进货量（公斤/天）	0	0	-1 000	-2 000	-3 000	-4 000	-2 000
	100	-300	0	-1 000	-2 000	-3 000	-1 130
	200	-600	-300	0	-1 000	-2 000	-520
	300	-900	-600	-300	0	-1 000	-430
	400	-1 200	-900	-600	-300	0	-600
概率 P_j		0.1	0.2	0.4	0.2	0.1	

（2）决策树法。人们在作出决断和采取行动之前要慎重考虑到权衡各种可能发生的情况，就像俗话说的“走一步看几步”。决策树是将决策分析过程以图解方式表达整个决策的层次、阶段及其相应决策依据。

决策树所用的图解符号有五个。

□——决策点，由它画出的直线称方案枝表示可能方案；

○——机会点，或称自然状态结点，由它引出的直线称概率枝，每一概率枝代表一自然状态，各状态的可能概率写于概率枝上；

△——结果点，它的上方标出某方案某一状态下的条件损益值；

◇——附加条件点，它与方案枝相连，在菱形框内标出方案的相关资源条件；

+ +——表示剪枝号，它标在淘汰方案的方案枝上。

利用决策树进行决策，其步骤如下：

①根据题意，以初始决策点为树根出发，从左至右分别选择决策点、方案枝、机会点、概率枝、结果点等符号表达清楚思路，画出决策树。

②从右至左逐步计算各个状态点和决策点的期望值（或效用值），并将其数值标在各点上方。

③从右至左在每一层次或阶段的决策点上对各种可行方案进行优选，保留这一层次或阶段上的最佳方案，对其他方案进行“剪枝”，直至最初决策点为止，就形成了最佳决策方案。

5.3.3 未确定型决策分析方法

有一类决策问题，决策者虽然知道未来可能发生哪些自然状态，但却无法预先估计或预测各种可能状态发生的概率，这就是未确定型决策问题。未确定型决策，也叫完全不确定型决策。这类决策问题目前尚无完善的办法来选择最佳方案，因为没一个最好的标准（虽然已经形成了一些公认的准则），而主要取决于决策者的经验和态度。

未确定型决策常用的分析方法主要有五种，即乐观法、悲观法、等可能法、系数法和遗憾值法。

1. 乐观法

乐观法又称“大中取大准则”。乐观法的基本思想是对客观情况的发生总是抱乐观的态度。这种方法的决策原则是从每一个方案中找出最有利的效益值，然后在这些最有利的效益值中，选取一个效益最大的方案作为决策方案。

[例5-8] 某企业在编制年度计划时，根据市场预测提供的数据表明，随着市场经济体制的初步确立和商品经济的发展，居民收入的增加，消费者对商品品种、花色、款式、规格、质量的要求越来越高。企业必须充分利用现有的人力、物力、财力，不断地开发新产品，增加新的花色、品种，扩大网点，增强销售能力，改进服务等，才能满足消费者的需求，在市场经济的海洋中求得生存和发展。因此，企业决策部门根据市场供求关系的变化和自身的人、财、物力等情况，拟定了以下四个备选方案。

方案 A_1：扩大进货，增加新品种和适销品种的比例；

方案 A_2：只增加部分新品种，而主要通过提高服务质量、改进服务方式来扩大销售；

方案 A_3：增加小商品品种，以品种齐全的小商品吸引顾客；

方案 A_4：扩建网点，增强销售能力。

无论采取何种方案，商品推销量都可能出现四种自然状态：

状态 Q_1：销售量较高；

状态 Q_2：销售量一般；

状态 Q_3：销售量较低；

状态 Q_4：销售量很低。

假如经过对每个方案在各种自然状态下可能达到的销售额、资金周转率、利润率、费用率等指标进行核算后，得出各方案在各种不同的自然状态下的收益值（表5-10）。

表5-10　　单位：万元

自然状态 Q_j / 损益值 W_{ij} / 方案 A_I	销售量较高 Q_1	销售量一般 Q_2	销售量较低 Q_3	销售量很低 Q_4	最大收益值
A_1	900	750	450	250	900*
A_2	800	600	400	200	800
A_3	700	550	420	300	700
A_4	600	500	380	280	600

* 900万元为最大值。

表5-10中最右边一列为乐观法决策结果，其过程如下。

①把每个方案在各种自然状态下的最大效益值找出来。A_1 方案的最大效益值为900万元；A_2 方案的最大效益值为800万元；A_3 方案的最大效益为700万元；A_4 方案的最大效益值为600万元。

②找出这些最大效益值中的最大值，最大值所对应的方案就是决策方案。本例中，最大效益值中的最大值为900万元，则900万元所对应的方案 A_1 便是决策方案。

上例我们决策的依据是收益值，如果以损失值为依据的话，则应该采取"小中取小标准"，即找出每个方案在各种自然状态下的最小损失值，然后在这所有的最小损失值中，选取一个损失最小的方案作为决策方案。

2. 悲观法

悲观法又称“小中取大准则”。悲观法的思想基础与乐观法相反，对客观情况总持悲观态度，因此，它的决策准则是从每一种方案中找出其最小的收益值，然后在这些最小的收益值中，再选取一个收益值最大的方案作为决策方案。

仍以上例来说明。

①把每个方案在各种自然状态下的最小收益值找出来，A_1 方案的最小收益值为 250 万元；A_2 的为 200 万元；A_3 为 300 万元；A_4 为 280 万元。

②再找出这些最小收益值中的最大值，本例中为 300 万元，则 300 万元所对应的方案 A_3 就是决策方案。具体体现过程见表 5－11。

悲观法如果以损失值为依据时，则应采取“大中小准则”，即先找出每个方案在各种状态下的最大损失值，然后再从这些最大损失值中找出最小值，它所对应的方案即为决策方案。

表 5－11

单位：万元

自然状态 Q_j / 损益值 W_{ij} / 方案 A_I	销售量较高 Q_1	销售量一般 Q_2	销售量较低 Q_3	销售量很低 Q_4	最小收益值
A_1	900	750	450	250	250
A_2	800	600	400	200	200
A_3	700	550	420	300	300 *
A_4	600	500	380	280	280

* 300 万元为最大值。

3. 等可能法

等可能法又称等概率标准。等可能法的基本思想是假定未来各种自然状态发生的概率相同（因为决策者既然不能确切知道每一自然状态出现的概率，也没有理由认为它们出现的概率一定不等，因此，就假设各种自然状态发生的机会是均等的，即出现的概率相等），因而等可能法的决策准则是，如果未来有 n 种自然状态，那么就认为每种自然状态发生的概率都是 $1/n$，然后按照风险型决策问题的决策准则，求各方案期望值进行决策分析。

仍以上例说明。

①假设未来四种自然状态发生的概率都相等，即为 1/4。

②求出每一方案的效益期望值。

③选择具有最大效益期望值的方案为决策方案。即 587.5 万元所对应的方案 A_1 为决策方案。具体过程见表 5－11。

如果有两个以上方案的期望值相等，则再比较其方差，取其方差较小的方案。

4. 系数法

系数法又称折中分析法。系数法是介于乐观法与悲观法之间的一种决策方法。决策对未来发生的情况，既不乐观也不悲观，而是采取一个折中标准，引入一个乐观系数“α”，来计算方案的效益值。α 的取值在 0 和 1 之间，即 $0 \leqslant \alpha \leqslant 1$；相应地，悲观系数就是 $1-\alpha$。决策中，以方案中最乐观的效益值乘以乐观系数 α，以最不利的效益值乘以悲观系数 $1-\alpha$，两项相加，就是该方案的效益期望值，即：

表 5－12

单位：万元

自然状态 Q_j / 损益值 W_{ij} / 方案 A_I	销售量较高 Q_1	销售量一般 Q_2	销售量较低 Q_3	销售量很低 Q_4	最小收益值 $EMV(A_i)$
A_1	900	750	450	250	587.5 *
A_2	800	600	400	200	500
A_3	700	550	420	300	492.5
A_4	600	500	380	280	440

＊ 587.5 万元为最大值。

方案期望值＝最乐观的效益值 ×α＋最悲观的效益值 ×（$1-\alpha$）

上例中，假定 $\alpha=0.7$，则 $1-\alpha=0.3$，结果见表 5－13，选择 A_1 为决策方案。

表 5－13

单位：万元

自然状态 Q_j / 损益值 W_{ij} / 方案 A_I	销售量较高 Q_1	销售量一般 Q_2	销售量较低 Q_3	销售量很低 Q_4	最大收益值	最小效益值	$\alpha=0.7$ $1-\alpha=0.3$ 效益期望值 $EMV(A_I)$
A_1	900	750	450	250	900	250	705 *
A_2	800	600	400	200	800	200	620
A_3	700	550	420	300	700	300	580
A_4	600	500	380	280	600	280	504

＊ 705 万元为最大效益期望值。

系数法的两个极端分别是乐观法和悲观法。当 $\alpha=1$ 时，即是乐观法，当 $\alpha=0$ 时则为悲观法。

5. 遗憾值法

遗憾值法又称后悔值分析法。它的基本思想是：决策制定后，若未来实现实际状态表明该决策并非最佳决策，若采用其他某个方案会有更好的收益时，决策者必定为没有采用另一种方案而感到后悔或遗憾。为了将来少一些后悔，决策者决定以遗憾值作为决策准则选择方案。

遗憾值是每种自然状态下最高收益值与其他收益值之差。将各种状态下的各方案遗憾值求出列于决策表内，在第一方案中选取最大遗憾值，然后在其中选取最小值对应方案作为决策方案。仍以表 5－13 的数据为例，各方案各种自然状态下的遗憾值见表 5－14，且从各方案最大遗憾值中取最小值 50 万元对应的 A_1 方案为决策方案。

表 5-14　　单位：万元

遗憾值 / 自然状态 Q_j / 方案 A_I	Q_1	Q_2	Q_3	Q_4	最大遗憾值
A_1	0	0	0	50	50*
A_2	100	150	50	100	150
A_3	200	200	30	0	200
A_4	300	250	70	20	250

* 50 万元为最小遗憾值。

同一个问题，运用上面五种方法所得出的决策结果可能会不同，这是因为未确定型决策问题自然状态发生的概率不能确定，没有一个统一的客观评价标准所造成的。乐观法是以取得最大收益（或最小损失值）为决策标准，是一种最冒险的标准；悲观法是以取得最低程度的收益值（或不超过一定程度的损失值）为决策标准，是一种保守的标准；遗憾值法则追求选择出的方案的最大后悔值最小；而系数法是在最大收益值和最小收益值之间进行的折中选择。决策标准的选择一方面与决策者的主观意志有关；另一方面也要考虑决策问题所处的客观条件。

5.4　经营决策方法的应用

在某一特定的期间里，企业的生产能力是具有一定限度的，不可能同时生产多种产品。在这种情况下，为了既使企业评价现有的生产能力得到充分利用，又可在经济上获得尽可能多的收益，决策者就必须在有关产品之间作出正确的取舍，确定在目前的技术、设备、物资和经营管理条件下，选择哪种产品进行生产在经济上更为有利。

5.4.1　选择单一产品的决策分析

[例 5-9] 某厂现有设备的生产能力为 80 000 台时，可用于生产 A 产品和 B 产品。生产 A 产品，每件需消耗 20 台时，生产 B 产品，每件需消耗 32 台时。两种产品的成本、售价资料如表 5-15 所示。该厂的其他条件决定其在同一期间只能生产一种产品，试分析应选择生产哪种产品？

表 5-15　　金额单位：元

项目 / 产品	A 产品	B 产品
单位售价	30	50
单位变动性制造成本	15	20
单位变动性销售费用	1	1.2
固定性制造费用总额	40 000	
固定性销售和管理费用总额	12 000	

根据资料编制分析计算表，如表5－16所示。

表5－16

项目 \ 产品	A产品	B产品	差额
产（销）量（件）	80 000÷20＝4 000	80 000÷32＝2 500	
销售收入	4 000×30＝120 000	2 500×50＝125 000	5 000
变动成本	64 000	53 000	
制造成本	4 000×15＝60 000	2 500×20＝50 000	10 000
销售费用	4 000×1＝4 000	2 500×1.2＝3 000	1 000
边际贡献	120 000－64 000＝56 000	125 000－53 000＝72 000	－16 000

表5－16的分析对比表明：该厂现有的生产设备用于生产B产品比生产A产品可多实现利润16 000元，所以该厂应选择B产品作为单一产品。

5.4.2 选择新产品的决策分析

［例5－10］某企业原来生产两种产品A和B，现有C、D两种新产品可以投产，但由于剩余生产能力有限，只能投产一种产品。企业的固定成本总额为10 000元，新增产品并不增加固定成本。有关资料如表5－17所示。

表5－17

产品名称	销售量	售价	单位变动成本
A	1 000	14	7
B	1 500	12	6.5
C	800	10	5.5
D	1 200	9	5

根据表5－17的资料计算C、D两种产品的边际贡献额，如表5－18所示。

表5－18

方案		销售量	售价	单位变动成本	单位贡献毛益	贡献毛益总额	固定成本	总利润
产品组合方案Ⅰ	A	1 000	14	7	7	7 000		
	B	1 500	12	6.5	5.5	8 250		
	C	800	10	5.5	4.5	3 600		
	合计					18 850	10 000	8 850
产品组合方案Ⅱ	A	1 000	14	7	7	7 000		
	B	1 500	12	6.5	5.5	8 250		
	D	1 200	9	5	4	4 800		
	合计					20 050	10 000	10 050

计算结果表明：新产品 C 的边际贡献总额为 3 600 元，新产品 D 的边际贡献总额为 4 800 元，说明投产 D 比投产 C 效益更好。

利用剩余生产能力或利用淘汰过时的老产品所腾出来的生产能力，投入新产品所遇到的另外一种情况是：需要增加专属性固定成本，但并不影响老产品的生产经营。在这种情况下，投入新产品所提供的剩余边际贡献多的方案为最优方案。

［例 5－11］在［例 5－10］的基础上，投入新产品 C 需增加固定成本 400 元，投入新产品 D 需增加固定成本 1 700 元。

两种方案的剩余边际贡献计算如表 5－19 所示。

计算结果表明：新产品 C 的剩余边际贡献为 3 200 元，新产品 D 的剩余边际贡献为 3 100 元，故应投入新产品 C；从企业总利润看，组合方案Ⅰ为 8 450 元，组合方案Ⅱ为 8 350 元，这也说明应选择投入新产品 C。

表 5－19

方案		销售量	售价	单位变动成本	单位边际贡献	边际贡献总额	剩余边际贡献	原有固定成本	总利润
产品组合方案Ⅰ	A	1 000	14	7	7	7 000	7 000		
	B	1 500	12	6.5	5.5	8 250	8 250		
	C	800	10	5.5	4.5	3 600	3 200		
	合计	—	—	—	—	18 850	18 450	10 000	8 450
产品组合方案Ⅱ	A	1 000	14	7	7	7 000	7 000		
	B	1 500	12	6.5	5.5	8 250	8 250		
	D	1 200	9	5	4	4 800	3 100		
	合计	—	—	—	—	20 050	18 350	10 000	8 350

5.4.3 选择重点品种的决策分析

在产品品种较多的企业，各个品种的规格型号不一，创利能力也有大小，此时，为了实现利润最大化，就必须利用 ABC 分类管理法（重点管理法）对产品品种进行总体规划和决策：

首先，根据会计核算资料，把产品品种、各个品种的成本、利润等列成一览表。

其次，按产品各个品种利润额大小排列顺序，计算出各个品种或各类产品与全部利润的百分比和占全部品种数的百分比，并按下列标准将其划分为 A、B、C 三类：

A 类产品 { 占全部产品品种数的 20%；占全部产品利润额的 70% ~80% }

B 类产品 { 占全部产品品种数的 20% ~30%；占全部产品利润额的 15% ~20% }

C 类产品 { 占全部产品品种数的 50% ~60%；占全部产品利润额的 5% ~10% }

［例5－12］某企业共有10种产品，有关销售收入、成本及利润资料，表7－20所示。

表5－20

产品代号	年成本	年销售收入	年利润额
A_3	100 000	200 000	100 000
A_2	200 000	500 000	300 000
A_1	30 000	40 000	10 000
B_4	20 000	28 000	8 000
B_2	10 000	15 000	5 000
C_3	80 000	95 000	15 000
C_2	60 000	64 000	4 000
D_1	40 000	74 500	34 500
E_2	30 000	60 650	30 650
F_3	10 000	9 000	－1 000
合计	580 000	1 086 150	506 150

将表5－20所列资料编制成ABC分类表，如表5－21所示。

表5－21

产品类别	产品代号	年利润额	各产品年利润占全部年利润%	各类产品年利润占全部年利润%	各类品种占全部品种的%
A	A_2	300 000	59.3	79	20
	A_3	100 000	19.7		
B	D_1	34 500	6.8	15.8	30
	E_2	30 650	6.1		
	C_3	15 000	2.9		
C	A_1	10 000	2	5.2	50
	B_4	8 000	1.6		
	B_2	5 000	1		
	C_2	4 000	0.8		
	F_3	－1 000	－0.2		
合计	10	506 150	100	100	100

可见，大部分的利润额是由少数品种提供的，根据这一情况再结合产品寿命周期和市场供求情况的分析即可作出决策：对于A类产品应该重点生产，在需求相对稳定的情况下，应对A类产品大力发展。对于B类产品应当适当生产，维持现有产量水平即可。对于C类产品应给予一般重视，并对部分产品（特别是亏损产品），应该压缩或停产。

5.4.4 应增产何种产品的决策分析

在多品种生产的情况下，当企业的销售、供应及生产能力等都允许增加产量时，就存在应增产哪种产品的问题。这一类决策要求计算增产哪种产品能获得较多利润。

[例5-13] 某企业生产A、B两种产品，有关资料如表5-22所示。

表5-22

产品	单价	单位变动成本	单位边际贡献	单位利润	销售利润率
A	100	60	40	30	30%
B	100	70	30	25	25%

计划年度企业尚有500工时的剩余生产能力，试分析企业利用这500工时生产哪种产品能获得较多的利润？

表面来看，A产品的单位边际贡献、单位利润销售率都高于B产品，似乎生产A产品能获较多的利润。但这样考虑问题是不全面的，因为它忽视了单位产品需要消耗的设备工时数，即忽略了企业的500剩余工时所能制造的每种产品的产量。为了得出正确的结论，我们可以用以下两种方法进行计算：

方法一：假设剩余工时全部用于制造某一产品，计算、比较生产哪种产品能获得较多利润，如表5-23所示。

表5-23

项目	产品A	产品B
可供使用的设备工时数	500	500
单位产品需用设备工时数	2	1
可制造产品的数量（件）	250	500
产品销售收入（元）	25 000	50 000
可实现利润（元）	7 500	12 500

从表5-23可以看出：生产B产品利润较大，应增产B产品。

方法二：用单位设备工时生产某种产品可以获取的边际贡献大小进行比较，从而决定应生产哪种产品。其比较分析如表5-24所示。

表5-24

项　目	产品A	产品B
单位产品边际贡献	40	30
单位产品需用设备工时	2	1
单位设备工时提供的边际贡献	20	30

通过比较分析，可以得出同样结论：生产 B 产品利润较大，应增产 B 产品。

5.4.5 亏损产品是否停产的决策分析

在多品种生产的条件下，某种产品可能发生亏损。这种亏损的产品是否停产，决策的关键也在于边际贡献。只要这种亏损产品的边际贡献为正数，即只要这种亏损产品的单位售价大于成本，或只要销售收入总额大于变动成本总额，应作出继续生产的决策。

［例 5－14］某公司生产 A、B、C 三种产品，其年度的损益情况为：A 产品利润 10 000 元，B 产品亏损 600 元，C 产品利润 5 500 元，利润合计 14 900 元。

另外，这三种产品的销售数量、销售单价及成本资料如表 5－25 所示。

表 5－25

项目 \ 产品	A	B	C
销售数量（件）	800	600	500
销售单价（元）	25	50	30
单位变动成本（元）	10	46	16
固定成本总额（元）		6 500	

根据上述资料，再编制分析计算表，如表 5－26 所示。

表 5－26

项目 \ 产品名称	A	B	C	合计
销售收入总额	20 000	30 000	15 000	65 000
变动成本总额	8 000	27 600	8 000	43 600
边际贡献总额	12 000	2 400	7 000	21 400
固定成本总额	$\frac{20\ 000}{65\ 000}\times 6\ 500$ $=2\ 000$	$\frac{30\ 000}{65\ 000}\times 6\ 500$ $=3\ 000$	$\frac{15\ 000}{65\ 000}\times 6\ 500$ $=1\ 500$	6 500
利润（或亏损）	10 000	（600）	5 500	14 900

从表 5－26 可以看出，虽然 B 产品的最终计算结果是亏损 600 元，但中间结果——边际贡献却为 2 400 元。其边际贡献为正数，故不应停止 B 产品的生产。这一决策的正确性，还可以通过如下进一步的计算分析得到证明。

假如因 B 产品亏损就停止 B 产品的生产，但固定成本并不会因此而减少，只是增加 A、C 两种产品负担的份额，如表 5－27 所示。

从表 5－27 所示的结果来看，停止 B 产品后的总利润比停产前减少了 2 400 元（12 500－14 900），正好是 B 产品提供的边际贡献总额。这就进一步说明，只要亏损产品有边际贡献，就不应停止生产。

表 5－27

项目 \ 产品名称	A	C	合计
销售收入总额	20 000	15 000	35 000
变动成本总额	8 000	8 000	16 000
边际贡献总额	12 000	7 000	19 000
固定成本总额	$\frac{20\ 000}{35\ 000}\times 6\ 500=3\ 714$	$\frac{15\ 000}{35\ 000}\times 6\ 500=2\ 786$	6 500
利润（或亏损）	8 286	4 214	12 500

5.4.6 亏损产品应否转产的决策分析

在生产亏损产品的条件下，应否停止亏损产品的生产并转产其他产品，决策的关键仍是边际贡献总额。转产后的新产品所能生产的边际贡献若能大于停产的亏损产品的边际贡献，则应转产；反之，则不应转产。

［例 5－15］承［例 5－14］，因 B 产品亏损，现拟转产 D 产品。D 产品的有关资料为：

销售数量　　500 件
销售单位　　30 元
单位变动成本　　24 元
单位边际贡献　　6 元
边际贡献总额　　3 000 元

因 D 产品的边际贡献总额比 B 产品多 600（3 000－2 400）元，转产方案是可行的，应作出转产决策。

这一决策的正确性，可以通过比较转产前后总利润来证实，如表 5－28 所示。

可以看出，停产 B 产品而转产 D 产品之后，公司的总利润为 15 500 元，较转产前多出 600（15 500－14 900）元，正是 D 产品边际贡献大于 B 产品边际贡献的差额。这就再次证明：转产方案是可行的。

表 5－28

项目 \ 产品名称	A	C	D	合计
销售收入总额	20 000	15 000	15 000	50 000
变动成本总额	8 000	8 000	12 000	28 000
贡献毛益总额	12 000	7 000	3 000	22 000

表5-28(续)

项目 \ 产品名称	A	C	D	合计
固定成本总额	$\frac{20\ 000}{50\ 000}\times 6\ 500$ =2 600	$\frac{15\ 000}{50\ 000}\times 6\ 500$ =1 950	$\frac{15\ 000}{50\ 000}\times 6\ 500$ =1 950	6 500
利润（或亏损）	9 400	5 050	1 050	15 500

5.4.7 半成品进一步加工或出售的决策分析

在某些工业企业中，某产品需经过若干生产阶段才能最终完成，在最终完工前某个阶段的产品即以半成品的形态出现。这些半成品可以加工成最终产品出售，也可以不再加工而立即出售。如大型铝加工企业，分矿石开采、氢氧化铝生产、氧化铝生产和电解铝生产。其产品可最终加工为电解铝出售，也可将其半成品——铝土矿石、氢氧化铝或氧化铝分别出售。再如纺织品生产企业，在由棉花加工成印染布匹的过程中，分棉纺、白布、印染布等不同形态，既可出售半成品棉纱或白布，也可出售最终产品印染布。这种情形在许多企业里存在。一般来说，多经一道加工出售的产品售价会高于该道加工期前的售价。但每经一道加工也必然要耗费一定的成本。究竟是出售半成品还是继续加工出售合算？

对于这类问题，关键是分析其差量成本与差量收入，即继续加工所能增加的收入是否大于继续加工所增加的成本。至于继续加工前的成本则是无关成本，不必予以考虑。如果继续加工所增加的收入能大于继续加工所增加的成本，则应作出继续加工的决策；相反，如果继续加工增加的成本大于继续加工增加的收入，则以出售半成品为宜。

[例5-16] 某企业每年生产A产品10 000件，单位变动成本10元，单位固定成本4元，销售单价18元。如果将产品继续加工成B产品，单位售价可提高到24元，但同时也必须追加单位变动成本5元。究竟应否将A产品进一步加工成B产品呢？很显然，不论A产品本身（即继续加工前）的单位售价和单位成本是多少，当继续加工后，差量收入为6元（24-18），而差量成本（追加的单位变动成本）为5元，可获得1元的单位差量利润，按总量计，可获得差量利润10 000元，当然以进一步加工为宜。

如果将A产品继续加工成B产品，不仅需要追加单位变动成本，而且还需追加固定成本12 000元，此时，是否应进一步加工？对此，可编制差量分析表，如表5-29所示。

表 5-29

项目	进一步加工	出售半成品	差量
差量收入 进一步加工成 B 产品 出售 A 产品	10 000×24=240 000	 10 000×18=180 000	60 000
差量成本 进一步加工成 B 产品 追加变动成本 追加固定成本 小计	 10 000×5=50 000 12 000 62 000		
出售 A 产品		0	62 000
是进一步加工而非出售半成品的差量利润			-2 000

计算结果表明：将半成品 A 进一步加工为完工产品 B，反而会减少利润 2 000 元，因而以不再继续加工为宜。

5.4.8 联产品是否进一步加工的决策分析

所谓联产品，就是同一生产过程中同时生产出来的若干经济价值较大的产品。这些产品，在分离开来以后立即出售有利？还是继续加工后再出售更为有利？在作这类决策分析时，会涉及到分离前的成本和分离后进一步加工所追加的成本。分离前的成本一般称为联合成本，它按一定比例分配给各有关的联产品；分离以后进一步加工所形成的变动成本和固定成本，称为可分成本，它只是按分离后继续加工的产品计算。在决策分析中应区别对待这两种成本；联合成本是联合产品分离开来之前产生的，与以后的继续加工与否无关，故无需考虑；可分成本则不同，只有继续加工才有，若不继续加工则无，因而是相关成本，在做是否继续加工的决策时必须予以考虑。怎样考虑可分成本呢？关键是看可分成本是否低于继续加工后所增加的收入。若继续加工所增加的收入大于可分成本，则应继续加工；反之，则不应继续加工。

[例 5-17] 某化工厂同时生产 A、B、C、D 四种产品，其中 A、B、两种产品可在分离后立即出售，也可继续加工再出售。有关资料如表 5-30 所示。

表 5-30

项目 \ 产品		A 产品	B 产品
产量（公斤）		80 000	40 000
销售单价（元）	分离后	4	8
	加工后	10	12

表 5-30（续）

项目 \ 产品		A 产品	B 产品
联合成本（元）		100 000	20 000
可分成本	单位变动成本	4	2
	专属固定成本	200 000	40 000

根据表 5-30 资料，分别编制 A、B 两种产品的差量分析表，如表 5-31 和表 5-32 所示。

表 5-31 A 产品差量分析表

项　目	继续加工后出售	分离后立即出售	差　量
差量收入 继续加工后出售 分离后立即出售	80 000×10=800 000	80 000×4=320 000	480 000
差量成本 继续加工的可分成本 追加变动成本 专属固定成本 小　计	80 000×4=320 000 200 000 520 000		
分离后立即出售追加成本		0	520 000
继续加工后出售的差量利润			-40 000

表 5-31 B 产品差量分析表

项　目	继续加工后出售	分离后立即出售	差　量
差量收入 继续加工后出售 分离后立即出售	40 000×12=480 000	40 000×8=320 000	160 000
差量成本 继续加工的可分成本 追加变动成本 专属固定成本 小　计	40 000×2=80 000 40 000 120 000		
分离后立即出售追加成本		0	120 000
继续加工后出售的差量利润			40 000

以上两表结果显示：A 产品继续加工无利可图，应立即出售；B 产品继续加工则可多获利 40 000 元，应以继续加工为宜。

关于联产品应否继续加工的问题，也可用较为简便的方法进行分析、决策：

当没有专属固定成本时，只要继续加工增加的单位售价大于追加的单位成本，则继续加工在经济上是合算的、可行的。

当需要追加专属固定成本时，只要符合下列条件，则继续加工在经济上也是合算的、可行的。

$$\frac{\text{专属固定成本}}{\text{加工后增加的单位售价}-\text{加工后增加的单位变动成本}}<\text{继续加工的产量}$$

仍用前述资料说明如下：

A 产品：

$$\frac{200\ 000}{6-4}=100\ 000>80\ 000$$

故产品继续加工不合算，应立即出售。

B 产品：

$$\frac{40\ 000}{4-2}=20\ 000<40\ 000$$

故 B 产品应继续加工后出售。

5.4.9 副产品应否继续加工的决策分析

所谓副产品即指在生产主要产品的同时附带生产出来的价值很低甚至没有什么价值的产品。这些产品有的可在加工后再出售，也可以分离出来后立即出售；有的只有加工以后才能出售，否则没有价值不能出售。不管哪种情况，究竟要不要继续加工呢？这类决策与联产品是否继续加工的决策相类似，关键在于继续加工带来的差量收入能否超过继续加工的差量成本。若继续加工可带来差量利润，则应继续加工，否则，不予加工，立即出售。

[例 5－18] 某企业在生产主要产品的同时，需处理一种下脚料，共 100 吨。若当废料处理，每吨需支付处理费用 20 元；若当副产品继续加工后出售，单位变动成本 12 元，专属固定成本 6 000 元，单位售价 100 元。在这种情况下，是继续加工以后出售还是当作废料立即处理呢？现编制差量分析表，如表 5－33 所示。

表 5－33

项　目	继续加工后出售	分离后立即出售	差　量
差量收入			
继续加工后出售	100 × 100 = 10 000		
分离后立即出售		0	10 000
差量成本			
继续加工的可分成本			
追加变动成本	100 × 12 = 120 000		
专属固定成本	6 000		
小　计	7 200		

表5－33（续）

项　目	继续加工后出售	分离后立即出售	差 量
分离后立即出售追加成本		100×20＝2 000	5 200
继续加工后出售的差量利润			4 800

可见，应以继续加工后再出售为宜。

5.4.10　零部件自制或外购的决策分析

企业生产中所需的一些零部件，往往有能力自行制造，从企业外部也可以买到。究竟应当自制还是应外购，对这类决策分析，因所产生的收益相同，只需比较差量成本即可。但在比较差量成本时又会有不同的情形，下面分别举例说明。

1、自制方案中不增加固定成本的决策分析

［例5－19］某企业制造产品需用A零件500个，如从外部购进，连同各种采购费用在内，每个需用20元。再假定该企业机修车间有剩余生产能力可用于这种零件的生产，生产该零件所需的直接材料10元，直接人工4元，变动制造费用5元，单位零件分摊的固定制造费用3元。在这种情况下，A零件应自制还是外购？

从已知条件来看，机修车间生产A零件分摊的固定制造费用，只是主观分摊的问题，实际情况是，固定制造费用，既不会因生产A零件增加，也不会由于外购A零件而减少，因此，应当与外购成本进行比较的是自制A零件的变动成本部分。现编制差量分析表，如表5－34所示。

表5－34

项目	自制	外购	差量
差量成本			
自制：直接材料	500×10＝5 000		
直接人工	500×4＝2 000		
变动制造费用	500×5＝2 500		
小　　计	9 500		
外购：购入成本		500×20＝10 000	500
自制而非外购的差量利润			500

可见，自制A零件比外购可节约成本500元，故以自制为宜。

在不增加固定成本的情况下，自制或外购零部件的决策分析也可以不采用上述分析表的形式，而只需比较单位零部件的自制或外购成本即可。即直接以自制的单位变动成本与外购的单位成本比较，择其低者作为可行方案。本例中的自制A零件的单位变动成本为（10＋4＋5）元，较之外购成本20元为低，故应选择自制。

2. 自制方案中增加固定成本的决策分析

［例 5－20］假如上例机修车间有剩余生产能力，且无其他用途，但要用于 A 零件的生产需增加一台小型设备，因此而增加的专属固定成本为 800 元。此时，应选择自制还是外购？

对于这个问题，可先计算出不同方案的成本，然后再予以比较、选择。差量分析表，如表 5－35 所示。

表 5－35

项目	自制	外购	差量
差量成本			
自制：变动成本	500×19＝9 500		
专属固定成本	800		
小　计	10 300		
外购：购入成本		500×20＝10 000	300
自制而非外购的差量损失			300

显然，由于自制而非外购的差量损失为 300 元，故应作出外购的决策。

对于增加专属固定成本的自制或外购决策分析，当已知需用量的条件下，可以采用上述分析方法。如果尚未确定需用量，可以首先计算损益临界点，然后再根据需要量作分析、判断，计算损益临界点的公式是：

$$\text{自制或外购零部件的损益临界点} = \frac{\text{年专属固定成本总额}}{\text{外购零件单价} - \text{自制零件单位变动成本}}$$

仍利用上例数据：

$$\text{自制或外购零部件的损益临界点} = \frac{800}{20-19} = 800\ (\text{个})$$

由此可以作出判断：当零部件的需用量大于 800 个时，以自制为宜；如果零部件的需用量少于 800 个，则应外购。

上述计算公式，也可以采取解方程的方式：

设 A 零件的全年需用量为 Y 件，因为总成本为 $Y = a + bx$，则

自制成本 $= a + bx = 800 + 19x$

外购成本 $= a + bx = 0 + 20x$

自制成本与外购成本相等时的年需用量，即为损益临界点，因此，

设 $800 + 19x = 20x$

解之得：$(20-19)\ x = 800$

$$X = \frac{800}{20-19}$$

$$X = 800\ (\text{个})$$

此计算结果与上述利用文字计算公式结果相同。

3. 考虑机会成本的自制或外购的决策分析

以上均假定企业有剩余生产能力，且不用于其他方面。也就是说，除了自制与外购成本的直接比较外，自制所需的生产能力无机会成本可言。而事实上，企业剩余的生产能力，除自制某种零部件外，还可能用于其他产品的生产或出租。此时，应考虑机会成本，才能作出更为有利的决策。

［例 5－21］仍用上例，假定该企业机修车间的剩余生产能力，若不用于 *A* 零件的生产，每月可得租金收入 120 元，即如果所需的 *A* 零件通过外购而不自制，剩余的生产能力全年可得租金收入 120×12＝1 440 元。此时，作为机会成本，究竟自制还是外购 *A* 零件，则需要重新予以考虑。可编制差量分析表，如表 5－36 所示。

计算表明，如果自制 *A* 零件，则会形成 940 元的差量损失，因而外购为宜。

需要指出，因企业机修车间生产能力剩余，才有自制的机会成本出现。所以，当考虑自制时，应将其列作自制成本；相反，如果立足点是外购，也可将自制的机会成本看作外购的机会收益，在编制差量分析表时将其用负数列在外购成本栏内，计算结果自会与上表相同，如表 5－37 所示。

表 5－36

项目	自制	外购	差量
差量成本			
自制：变动成本	500×19＝9 500		
机会成本	120×12＝1 440		
小　计	10 940		
外购：购入成本		500×20＝10 000	940
自制而非外购的差量损失			940

表 5－37

项目	自制	外购	差量
差量成本			
自制：变动成本	500×19＝9 500		
外购：购入成本		500×200＝10 000	
减：机会收益		120×12＝1 440	
小　计		8 560	
自制而非购的机会损失			940

5.4.11 是否接受追加订货的决策分析

所谓追加订货，就生产企业而言，是已有大量的产品产销，在有剩余生产能力的情况下，考虑要不要接受追加的订货。

追加订货的定价若与正常生产的产品相同甚至更高，而又有剩余能力的情况下，自然无须过多考虑，当然应接受订货。之所以考虑能否接受追加订货的问题，主要是追加订货的定价都较低。这样就必须在计算分析以后才能确定。具体来说，可能有以下几种情况的决策分析：

1. 若不增加专属固定成本，只要单位售价大于单位变动成本（即单位边际贡献或边际贡献为正数）即可接受订货。

［例5－20］某企业生产M产品的单位成本资料如下：

直接材料	30元
直接人工	18元
变动制造费用	10元
固定制造费用	10元
单位成本合计	68元

该企业M产品年生产能力为10 000件，目前产量仅7 000件。现有一厂家要求订购M产品2 000件，每件出价60元，应否接受这笔订货呢？

该企业生产能力有富余3 000件，现只订货2 000件，即使接受订货也不会增加固定成本，而且上列单位成本中10元的固定制造费用也不是相关成本，剔除这一项，单位产品的变动成本不是68元，而是58元，而现在追加订货的出价是60元，高出变动成本（相关成本）2元（60－58），接受这笔订货，企业可增加边际贡献总额2 000×2＝4 000元。不论单位边际贡献还是边际贡献总额，都表明应当接受这笔追加的订货。

2. 若有专属固定成本，只要满足下列公式即可接受订货：

订货量×（单位售价－单位变动成本）－专属固定成本＞0

这一公式中，有两个因素可以是变量：订货量和单位售价。因此，这一公式可进一步分解为：

（1）当单位售价（即订货方出价）不变时，只有满足下列公式才能接受订货：

$$订货量>\frac{专属固定成本}{单位售价-单位变动成本}$$

（2）当订货量不变时，只有满足下列公式才能接受订货：

$$\begin{matrix}单位售价\\（订货方出价）\end{matrix}>\begin{matrix}单位变\\动成本\end{matrix}+\frac{专属固定成本}{订货量}$$

假定上例中的单位变动成本和订货方出价都不变，只是需要增加专属固定成本2 000元，应否接受订货呢？

订货量×（单位售价－单位变动成本）－专属固定成本

＝2 000×（60－58）－2 000＝2 000（元）

可见，边际贡献总额仍大于零，故可以接受追加订货。

再假定，仍利用上例资料，对方出价60元，订货量不低于多少，或订货量为2 000件，对方出价不低于多少才能接受？

（1）计算订货量

$$订货量>\frac{2\ 000}{60-58}=1\ 000（件）$$

可见，当对方出价60元而又有2 000元专属固定成本时，对方至少必须订货1 000件才能接受。

（2）计算订购价

单位售价 $>58+\frac{2\ 000}{2\ 000}=59$（元）

也就是说，当对方订购2 000件而又有2 000件专属固定成本时，对方至少要出价59元，才能接受。

3. 当有各种追加订货时，应优先安排边际贡献总额（或单位定额工时的边际贡献）大的产品生产，以使边际贡献进而利润最大化。

仍用上述资料，假定现有两家厂商前来洽谈追加订货，一家出价59元，订购3 000件，不增加专属固定成本；另一家出价62元，订购2 500件，需增加专属固定成本4 000元。究竟怎样接受订货呢？现分别计算如下：

前一家厂商订货可带来的边际贡献总额 =（59 − 58）×3 000 = 3 000（元）

后一家厂商订货可带来的边际贡献总额 =（62 − 58）×2 500 − 4 000 = 6 000（元）

可见，应首先接受后一家厂商的订货，因为接受后一家订货比接受前一家订货要多获3 000元（6 000 − 3 000）的边际贡献，而且，首先接受这一订货后，还有500件的剩余生产能力，若前一家还愿意利用这点剩余能力订购500件，那么企业还可获得500×（59 − 58）元的边际贡献，共计可获得边际贡献6 500元（6 000 + 500）。这样比首先接受前一家订货可多获边际贡献3 500元（6 500 − 3 000）。

本章小结

决策就是指人们为了实现某一特定系统的目标，在占有信息和经验的基础上，根据客观条件，提出各种备选行动方案，借助于科学的理论和方法，进行必要的计算、分析和判断，从中选择出一个最优方案以及对最优方案的执行和检查，作为目前和今后行动的指南。

决策可从不同的角度分为不同的类型，在管理会计中，尤其要明确决策从所处条件与决策期限的长短两个角度的分类。

在短期经营决策中，需要了解的成本概念较多，有些与决策本身有关，有些则与决策本身无关，必须认真甄别，才能提高决策的科学性。

在企业决策实践中，会遇到各种各样的实际情况，因此，在掌握最基本的决策方法的同时，深刻理解每种决策方法的运用场合与运用条件也是很关键的。

思考与练习

1. 经济决策与决策分析有何区别？

2. 有人说“机器设备的折旧有时是决策分析的相关成本，有时又不是相关成本”，你是否同意这种说法，请说明理由。

3. 有人说“变动成本与差量成本的意义相同”，你同意这种看法吗？请说明你的看法。

4. 什么是“机会成本”？在决策分析中为什么要考虑“机会成本”？

5. 短期决策分析最常用的有哪几种方法？

6. 华盛公司原来生产甲产品，现拟利用现有的生产能力开发新产品乙或新产品丙。如开发乙产品则老产品甲需减产1/3，如开发丙产品则老产品甲需减产1/2。这三种产品的有关数据如下：

产品名称	老产品甲（实际数）	新产品乙（预测数）	新产品丙（预测数）
生产量	3 000 件	1 000 件	1 400 件
销售单价	50 元	90 元	70 元
单位变动成本	30 元	65 元	48 元
固定成本总额	18 000 元		

要求：根据上述资料作出以开发哪种新产品较为有利的决策分析。

7. 华生公司产销甲、乙、丙三种产品，其中甲、乙两种产品是赢利产品，丙产品是亏损产品。它们的销售及成本资料如下表所示：

产品名称	甲产品	乙产品	丙产品	合计
销售收入	6 000 元	8 000 元	4 000 元	18 000 元
生产成本：				
直接材料	800 元	1 400 元	900 元	3 100 元
直接人工	700 元	800 元	800 元	2 300 元
变动制造费用	600 元	600 元	700 元	1 900 元
固定制造费用	1 000 元	1 600 元	1 100 元	3 700 元
非生产成本：				
变动推销管理费	900 元	1 200 元	600 元	2 700 元
固定推销管理费	600 元	800 元	400 元	1 800 元
销售成本合计	4 600 元	6 400 元	4 500 元	15 500 元
利润	1 400 元	1 600 元	(500) 元	2 500 元

要求：

① 作出丙产品是否应停产的决策分析，假定丙产品停产后，其生产设备不能移作他用。

② 假定丙产品停产后，其生产设备可以出租给别的工厂，预计每年可获得租金净收入1 800元，那么丙产品是否应停产？

8. 利得公司专门制造汽车发动机，其中某项零件过去都是自制，全年需要量8 000个。现有某外商愿意提供该项零件，开价每个18元。公司财务科此项零件最近一年的实际成本单数据如下表所示：

成本项目	单位零件的实际成本
直接材料	6元
直接人工	5元
变动制造费用	3元
固定制造费用（专属）	2元
固定制造费用（共同）	6元
单位成本合计	22元

要求：

①假定该公司停止生产该项零件，其有关生产设备别无其他用途。那么，利得公司应否向外商购入该项零件？请用数据加以证明。

②假定该公司停止生产该项零件后，其有关生产设备可用来生产另一新产品，每年可提供50 000元的净利，那么，利得公司应否向外商购入该项零件？请用数据加以证明。

9. 大庆炼油厂从原油中提炼出来的煤油，既可以作为煤油出售，也可以进一步通过裂化加工形成汽油和柴油后再行出售。煤油经过裂化加工的收得率是：汽油85%，柴油5%，另外损失10%。裂化加工的加工费是每加仑0.80元。三种油每加仑的售价为：煤油2.20元，汽油3.80元，柴油1.90元。假定该厂现有煤油20 000加仑。

要求：对煤油裂化加工的方案进行决策分析，视其是否可行。

10. 长征机器厂现有生产能力100 000工时，共生产甲、乙两种产品，其有关资料如下：

摘要	甲产品	乙产品
每件定额工时	10工时	2工时
销售单价	9元	10元
单位变动成本	4元	8元

又假定甲产品在市场上销售无限制，乙产品在市场上最多只能销售40 000件。

要求：确定如何安排甲、乙两种产品的生产，才能为长征机器厂提供最多的贡献毛益。

11. 华茂工厂过去一年一直用半自动化设备生产甲产品，其最大生产能力为40 000件，单位变动成本为16元，固定成本总额为200 000元，产品的销售单价为36元。现在为了提高产品的产量与质量，准备购置全自动化设备。这样将使固定成本总额增加50%，生产能力可提高25%，但单位变动成本则可降低到11元。

要求：作出在什么产量条件下，采用自动化设备才是有利的决策分析。

6 长期投资决策

学习目的与要求

通过本章的学习，应了解长期投资决策的内容；熟练掌握货币时间价值、投资风险价值、现金流量、资本成本等基本概念；准确掌握并熟练运用各种长期投资决策方法进行决策分析。

6.1 长期投资决策概述

6.1.1 长期投资决策的定义

长期投资决策是财务决策的重要组成部分。其核心是在多个备选取投资方案中选择一种最满意的方案。由于长期投资方案涉及到资本支出，所以也有人称为资本支出决策。

长期投资决策与短期经营决策相比，有一个非常明显的特点就是投资数额大，占用资金时间长，企业所承担的风险也大，一项投资往往会影响到企业若干个会计期间。显然，长期投资决策一旦失误，不但会增加建设时期的投资费用，延长建设周期，还会影响到企业的前途和命运。因此，长期投资应比短期投资更谨慎、更小心，在投资之前，决策者应认真做好投资活动及方案的分析评价和论证工作。

企业投资的动机，从某种角度来说是受社会经济环境影响的。就目前情况，这种动机应包括：规模化投资、为更新技术和开发新产品的投资、资源配置控制型投资、企业组织完善性投资以及为树立企业形象而做的投资。随着经济的发展，企业为使生产规模达到规模经济所要求的适度，必须进行外延型扩大再生产，增加企业固定资产和流动资产的存量，进行规模化投资。同时，还要通过对设备进行更新改造和提高人员素质进行内涵型扩大再生产。通过对那些与本企业生产有关的其他企业进行投资，以达到对资源配置进行有效控制的目的。还有诸如对企业内部机构设置改革的投资以及广告宣传、职工培训等公关方面都促使企业进行投资。

企业的投资方式从大的方面来讲主要有对内投资和对外投资两种，对内投资是指用现金或实物在本企业内进行的投资，而对外投资则是指以现金、实物、无形资产或者购买股票、债券等有价证券方式向本企业以外的其他单位进行的投资。对内投资包括固定资产投资、流动资产投资和项目投资，主要通过强化或创造企业某方面的实际生产经营能力来直接服务于企业的生产经营活动。而对外投资则包括长期投资、短期投资、跨国投资，它主要是通过如改善原材料和零部件供应，稳定和拓展销售渠道，减轻竞争压力等为生产经营活动提供有利条件，或者用投资收益为企业生产经营活动提供财务支持，从而间接服务于企业的生产经营活动。

6.1.2 长期投资的特点

要增加生产经营能力，就要增加固定资产，而且往往还要相应地增加流动资产（如存货和应收账款等）。因此，长期投资，尤其是其中的固定资产投资，具有下列几项特点：

（1）决定性。整个企业的投资报酬率，归根到底是该企业先后各个投资项目投资报酬率的加权平均数。因此，长期投资对于保持和提高整个企业长期的获利能力，具有决定性的影响。

（2）长期性。固定资产寿命长，投资回收期长，因此，影响企业盈亏的时间也长。

（3）耗资大。长期投资耗资大，对企业财务成果和资本构成的影响也大，需要进行专门的筹资工作。

（4）不可逆转性。长期投资一旦完成，再想改变往往为时已晚，不是无法实现，就是代价太大。这主要是由于机器设备不易改变用途，又难以出售；改建房屋、建筑物破费甚多，拆迁易地更是犹如新建。

（5）风险大。投资项目交付使用后的收益情况和项目寿命，是受内部、外部各种因素制约的，而这些因素之间的相互关系又是错综复杂的，因此在投资决策中无法对未来各因素的发展变化作出完全准确的预测。短期决策只管一年，预测较准，风险较小，往往可以忽略风险因素；长期决策事关几年或几十年，预测准确性有限，风险自然较大，有必要采用专门方法进行风险决策。

可见，长期投资事关重大，影响深远，决不能在缺乏调查研究的情况下，不算细账，轻率拍板。恰恰相反，由于存在这些特点，所以必须按照一定的程序，认真细致地收集信息，考虑各种计量和非计量的因素，运用科学的方法，谨慎地进行长期投资决策，并严格控制资本预算的执行过程，以求节省投资，保质、保量、如期完成投资项目，提高投资效果。

6.1.3 长期投资决策的分类

由于长期投资可以按不同标志进行分类，故长期投资决策也可从不同角度分成若干类。

（1）按投资决策的动机分类可分为诱导式投资决策和主动式投资决策。诱导式投资是由于投资环境条件的改变，科技的进步，政治经济形势的变革，而由生产本身激发出来的投资类型。而主动式投资是由于受到投资者个人的偏好、对风险的态度及其灵活性的影响所进行的投资。

（2）按投资决策影响的范围分类可分为战术型投资决策与战略型投资决策。所谓战术型投资是指一般不改变企业经营方向，只限于部门筹划，影响范围较小的投资，该类决策大多由中低层或职能管理部门筹划，由高层管理部门参与制定。战略型投资指一般会改变企业经营方向，对企业全局产生重大影响的投资。由于这类决策成败与否直接关系到企业的未来命运，故多由企业最高管理当局筹划，报经董事会或上级主管部门批准。

（3）按投资决策与再生产类型的联系分类可分为合理型投资决策和发展型投资决策。合理型投资是指为了维持原有产品的生产经营而必须进行的投资，如设备的日常维修，原料的购买和分配工人工资等。发展型投资是指为扩大再生产所需进行的投资，如设备的更新改造，扩建厂房增置设备，培训人员，发展新品种，开发新市场等。

（4）按投资决策涉及的大致内容分类可分为固定资产投资决策与流动资产投资决策。

除此之外，长期投资决策还有其分类，这里暂不赘述。

6.1.4 投资决策的一般程序

科学的投资决策应该遵循必要的程序。这一程序包括下列几个步骤：

1. 投资项目的提出

投资项目既可由班组长提出，也可由总经理提出。基层提出的主要是战术性项目，所需资本不多，其方案由主管人员写出。高层提出的主要是战略性项目，其方案一般由生产技术、市场、财务等方面专家组成的专门小组写出。

管理当局应鼓励各级各部门广泛提出各种的投资项目，以便找到足够的有利可图的投资机会。为了使有限的资本用得其所，有必要加以筛选、分类、排队，经过系统的研究分析，确定一个符合企业长期目标的投资项目系列，然后根据主客观条件，有选择地编入资本支出预算。

2. 投资项目的评价

每项投资均应从技术、经济和社会效益等方面进行可行性分析和评价。财务管理人员主要负责其中的盈利分析，即检查项目投产后的收入是否可靠，成本是否合理，能提供多少利润，有多大风险等并提出是否采纳和采纳先后次序的建议。有些投资项目的方案是在财务人员参与下写出的，这一检查和评价自然就简单得多。盈利分析虽然为衡量项目的可取性提出了最重要的依据，但在决定取舍时，尚应考虑对本企业其他产品销售的影响、对同行业竞争的影响、对本企业商誉的影响、对职工生活和情绪的影响、消费者组织的反映、有关法律规定等非计量因素。

3. 决策

投资项目经过评价后，应送有权批准者审批。投资额较小的项目，有时中层经理就有权批准；投资额较大的项目由总经理审批；投资额最大的项目往往由董事会拍板定案。各级有权审批的项目投资额，一般由董事会事前规定。工程技术人员、市场研究人员和财务人员等容易就项目中各自的专业方面进行单方面的分析评价，因此审批项目时就必须高瞻远瞩，对技术上的先进性、经济上的合理性和社会影响等方面进行全面分析，综合地权衡利弊。对战略性投资项目，应该集思广益，集体决策，以免失误。

决策一般可分三种：①采纳建议，批准项目；②拒绝建议，否定项目；③责令重新调查研究；④实施。

4. 实施

投资项目批准后，即进行筹款，付诸实施。大项目一般交由提出部门或由原设计人员等组成的专门小组，负责拟订具体的实施计划，并按计划执行。在执行过程中，要对施工进度、工程质量和成本开支严加控制，以便保质保量地如期完成投资，而又使支出不超过预算。

5. 再评价

在投资项目实施过程中，要继续严密注视作为决策依据的信息是否可靠，情况是否有变化，预测是否准确，投资是否仍然有利。一旦发现原方案有不妥之处，或情况有重大变化，就应对原方案重新审议。必要时应修改原方案，甚至终止投资。这样固然损失很大，但及时改正可以避免更大损失。

6.2 与投资决策相关的几个重要因素

由于长期投资建设和受益的周期长，占用的资金数量大，影响企业未来的生存和发展，所以长期投资决策比经营决策涉及的问题复杂，考虑的因素较多，如货币时间价值、资金成本、现金流量、投资风险等。

6.2.1 货币时间价值

时间价值是客观存在的经济范畴，任何企业都在时空中经营、活动。排斥时间因素，企业的收支和盈亏就无从计量和评价。短期决策所涉及的时间较短，决策时对时间价值常常因为影响不大而忽略不计，而长期决策必须考虑时间价值因素。

1. 货币时间价值的概念

所谓货币的时间价值是指货币随时间推移而形成的增值。具体可从三方面理解：①货币时间价值的形式是价值增值，是同一笔货币资金在不同时点上表现出来的价值差量或变动率；②货币的自行增值是在其被当作投资资本的运用过程中实现的，不能被当作资本利用的货币是不具备自行增值属性的；③货币时间价值量的规定性与时间的长短成同方向变动关系。

由于有关时间价值的计算方法同有关利息的计算方法相同，所以时间价值与利率容易被混为一谈。同时，各种形式的投资几乎都带有或多或少的风险，通货膨胀又不可避免地存在于经济社会中，因而，投资报酬率或利率，不仅包含时间价值，而且还包含风险价值和通货膨胀的因素。只有购买政府债券几乎没有风险，如果通货膨胀率很低的话，政府债券利率可以视同时间价值。

时间价值既然是客观的经济范畴，在企业财务管理中就不能无视它的存在。企业长期决策所形成的收支是在不同的时点实现的。要正确地进行长期投资决策，必须弄清不同时点收到或付出的货币价值之间的数量关系，掌握各种终值和现值的换算方法。

为了便于说清问题，需要用抽象的方法，假设没有风险和通货膨胀，那么时间价值与利率就相等了。本因素的叙述都是以此假设为基础的。

2. 一次付款的终值和现值

现值，就是现在付款（或收款）的价值。终值，就是若干期（一般指年）后包括本金（或投资）和利息（或利润）在内的未来价值，也可称为本利和。

（1）一次付款的终值。时间价值是按复利方法计算的。所谓复利，就是利生利。前一期的利息如果不提取的话就要加入本金，一并计算后一期的利息。为了加深对复利的理解，同时介绍一下单利，以作比较。

设 P——表示现值，即第一年初的价值：

F_1——表示第 1 年末的终值；

F_2——表示第 2 年末的终值；

F_n——表示第 n 年末的终值；

i——表示时间价值（年利率）。

按单利和复利两种方法计算终值公式及其推导过程，如表 6 - 1 所示。

表 6 - 1

计息期数	单　利	复　利
1	$F_1=P+P_i=P(1+i)$	$F_1=P+P_i=P(1+i)$
2	$F_2=P+P_i+P_i=P(1+2i)$	$F_2=P(1+i)(1+i)+P_i=P(1+i)^2$
n	$F_n=P(1+ni)$	$F_n=P(1+i)^n$

［例 6 - 1］设 $P=100$ 元，$i=5\%$，则两种方法的计算如表 6 - 2。

表 6 - 2

计息期数	单　利	复　利
1	$F_1=100(1+5\%)=105$ 元	$F_1=100(1+5\%)=105$ 元
2	$F_2=100(1+2\times5\%)$ $=100\times1.1=110$ 元	$F_2=100(1+5\%)^2$ $=100\times1.1025=110.25$ 元
5	$F_5=100(1+5\times5\%)$ $=100\times1.25=125$ 元	$F_5=100(1+5\%)^5$ $=100\times1.2763=127.63$ 元

可见，在计算第一年末的终值时，单利和复利两种方法的计算结果是一样的。计息期为两年以上时，复利的利息和终值大于单利，而且时间越长，相差越大。这是因为按单利计息时，终值是随时间的延长而按等差级数增长的；而按复利计息时，终值是按等比级数增长的，利滚利，利更大。

（2）复利系数表。上述复利终值公式中的 $(1+i)^n$，叫做复利终值系数。$(1+i)^n$ 也可写作 $(F,\ i,\ n)$，因此复利终值公式也可以写成

$$Fn=P\times(F,\ i,\ n)$$

在公式的运用中，计算 $(1+i)^n$ 比较费时费事。为了简化和加速计算，可以事先

编列复利终值系数表，供以后长期使用。表中之和 n 的范围和 i 的详细程度，可视需要而定。数学用表中的系数，一般只取三位或四位小数；实际工作用表中的系数，则可取五、六位甚至八位小数。

[例6-2] 现在存款200元，利率为12%，问15年后的本利和为多少？也就是 $P=200$ 元，$i=12\%$，$n=15$，则15年后的本利和 F_{15} 可以计算如下：

$$F_{15}=200\times(1+12\%)^{15}=200\times(F, 12\%, 15)$$

$$=200\times5.474=1\,094.80\text{（元）}$$

(3) 一次付款的现值，将终值换算为现值就是贴现，在贴现时所用的利率可以称为贴现率，所以在计算现值时，时间价值就表现为贴现率。计算现值的公式为：

$$P=\frac{F_n}{(1+i)^n}=F_n(1+i)^{-n}$$

[例6-3] 某公司希望在5年后得到本利和127.63元，利率为5%，问现在应向银行存款多少？

解：$P=127.63\times(1+5\%)^{-5}=100$（元）

与计算复利的终值例子恰好相反，那个例子是根据现值100元计算出终值127.63元，而这个例子是根据终值127.63元计算出现值100元。可见，只要 $i=5\%$，$n=5$，现在的100元同第5年末的127.63元是等值的（即相当的），既可以在时间上往后换算，也可以往前换算。

(4) 贴现系数表。复利现值公式中的 $(1+i)^{-n}$，叫做复利现值系数，也可以写成 (P, i, n)。因此，贴现公式也可以写成：

$$P=F_n\times(P, i, n)$$

为了简化计算工作，可以事先编列现值系数表以供使用。

[例6-4] 某公司准备现在向银行存一笔款子，以便在7年后得到600元。利率为8%，问现在应存款多少？

解：$P=600\times(1+8\%)^{-7}=600\times0.583=349.80$（元）

3. 系列付款的终值和现值

(1) 系列付款终值。不同时间的各次付款（或收款，下同）按一定的时间价值换算的终值之和，称为系列付款终值。

设 A_0——表示0年（第一年初）的付款；

A_1——表示第一年末的付款；

A_2——表示第二年末的付款；

⋮

A_n——表示第 n 年末的付款；

F_n——表示第 n 年末的系列付款终值。

每次付款终值的计算方法与一次付款相同，因此，系列付款换算为终值的情况，可用下列时间刻度换算图表示，如图6-1所示。

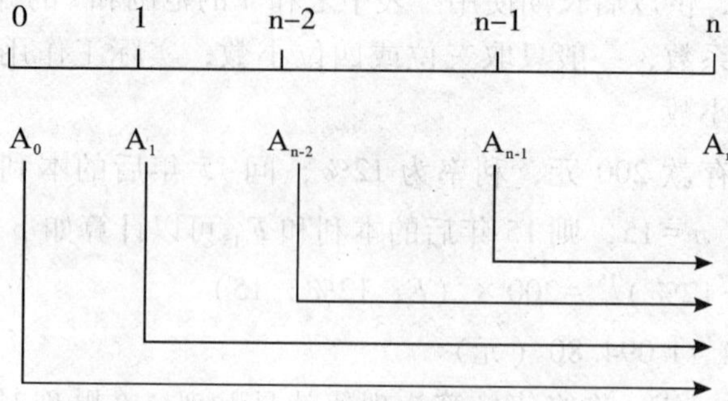

图 6－1

由图 6－1 得系列付款终值公式如下：

$$F_n = A_0(1+i)^n + A_1(1+i)^{n-1} + \cdots A_{n-2}(1+i)^2 + A_{n-1}(1+i)^1 + A_n(1+i)^0$$

$$= \sum_{t=0}^{n} A_t(1+i)^{n-t} \quad (t\text{ 代表付款时间点})$$

第 n 年末的付款本身是终值，不必再加以换算，所以其复利终值系数为 $(1+i)^0$，即1。

［例 6－5］银行存款利率为 6%，0 年存款 100 元，第 1 年末存款 110 元，第 3 年末存款 150 元，问第 3 年末的本利和为多少？

解：$F_3 = 100 \times (1+6\%)^3 + 110 \times (1+6\%)^{3-1} + 150 \times (1+6\%)^{3-3}$

$= 100 \times 1.191 + 110 \times 1.124 + 150 = 392.74$(元)

如果付款次数很多，列表计算较为清晰。

（2）系列付款现值。不同时间的各次付款（或收款，下同）按一定的时间价值换算的现值之和，称为系列付款现值。每次付款现值的计算方法与一次付款时相同，因此系列付款换算为现值的情况。

$$P_n(\text{系列付款现值}) = A_0(1+i)^0 + A_1(1+i)^{n-1} + A_1(1+i)^{n-2} + \cdots + A_n(1+i)^{-n}$$

$$= \sum_{t=0}^{n} A_t(1+i)^{-t}$$

其中 A_0 本身已是现值，不必换算。如果按公式要求换算为 $A_0(1+i)^0$，计算结果还是 A。在此公式中，t 代表计息期数（一般即年数），但由于在计算现值时，A 的下标（即付款时间点）与计息期数量一致的，所以 t 也同时代表 A 的下标。

［例 6－6］利率为 10%，第 2 年末需用 100 元，第 4 年末需用 200 元，第 5 年末需用 300 元，问现在应该向银行存入多少钱，才能恰好保证这几次用款之需。这时，A_0 可列表计算，如表 6－3 所示。

表 6-3

t	A_t	(P, i, n)	P_0
2	100	0.826	82.6
4	200	0.683	136.6
5	300	0.621	186.3
合 计	600	-	405.5

4. 年金的终值和现值

（1）年金的概念和种类。年金是系列收付款项的特殊形式，它是指在一定时期内每隔相同时间就发生相同数额的系列收付款项，也称等额系列款项。

年金有两个特点：一是连续性。在一定时期内每隔一段时间必须发生一次收（付）款业务，形成系列，不得中断。二是等额性。各期发生的款项必须在数额上相等。因此若某系列收付款项 A_t（$t=1, 2, \cdots, n$）满足：

$A_{t+1}=A_t=A$ （$t=1, 2, \cdots, n-1$, A 为一常数）则该系列收付款项便取得了年金形式，记作 A。

在经济生活中有各种形式的年金，如偿债基金、折旧基金、保险费、租金、等额的分期付款、分期等额还款、某些社会保险金、零存整取或整存零取储蓄存款、科研奖基金和每年等额回收的投资方案等，都存在年金问题。

按付款情况的不同，年金又分为几种。每期期末付款的年金称为后付年金、普通年金或期末付款年金。每期期初付款的年金，称为先付年金、即付年金或期初付款年金。第 1 期或前几期没有付款的年金，称为延期年金或递延年金。无限期支付年金，称为永续年金或无限期年金。

（2）后付年金终值。一定期间内每期期末等额的系列付款的终值之和就是后付年金终值。后付年金没有第一期期初的付款，而有第 n 期期末的付款，每次付款相等，$A_1=A_2=\cdots\cdots=A_n=A$ 可用 A 代表每次付款。后付年金换算为终值的情况，后付年金终值公式如下：

F_A(后付年金终值) $= A(1+i)^0 + A(1+i)^1 + A_1(1+i)^2 + \cdots + A_n(1+i)^{n-2} + A_n(1+i)^{n-1} = A(1+i)^0 + (1+i)^1 + (1+i)^2 + \cdots\cdots + (1+i)^{n-2} + (1+i)^{n-1} = A\sum_{t=1}^{n}(1+i)^{n-t}$

公式中的 $\sum_{t=1}^{n}(1+i)^{n-t}$ 叫做年金复利终值系数。年金复利终值系数也可写作 (F_A, i, n)，因此年金终值公式也可写成：$F_A=A(F_A, i, n)$。

（3）年金复利终值表。为了简化年金复利终值表的计算编制工作，表中各个年金复利系数可根据下列公式计算：

$$(F_A,i,n) = \frac{(1+n)^n - 1}{i}$$

这个公式的推导如下：

$$(F_A,i,n) = (1+i)^0 + (1+i)^1 + (1+i)^2 + \cdots\cdots + (1+i)^{n-1} \quad (1)$$

上式等式两边同乘$(1+i)$得：

$$(F_A,i,n)(1+i) = (1+i)^1 + (1+i)^2 + \cdots\cdots + (1+i)^n \quad (2)$$

(2) - (1) 得：

$$(F_A,i,n)(1+i) - (F_A,i,n) = -1 + (1+i)^n$$

$$(F_A,i,n) \cdot i = (1+i)^n - 1$$

$$(F_A,i,n) = \frac{(1+n)^n - 1}{i}$$

[例6-7] 10年内每年年末存入银行80元，存款利率为6%，问第10年末的年金终值为多少？这时，$n = 10$，$I = 0.06$，$A = 80$元，年金终值可计算如下：$F_A = 80 \times (F_A, 0.06, 10) = 80 \times 13.181 = 1\,054.48$（元）

[例6-8] 某公司有一台铣床需在第5年末更新。估计那时的残值为200元，清理费用为328.5元，新铣床的买价、运杂费和安装费为20 000元，银行存款利率为7%。问在这五年内，每年年末存入银行的折旧基金存款应为多少，才能恰好保证第5年末更新铣床之需？

解：$i = 0.07$，$n = 5$，

第5年末需要的年金终值 $F_A = 20\,000 + 328.5 - 200 = 20\,128.5$（元）

$$A = \frac{FA}{(FA, 0.07, 5)} = \frac{20\,128.5}{5.751} = 3\,500\text{（元）}$$

(4) 后付年金现值。一定期间内每期期末等额的系列付款的现值之和，叫做后付年金现值。后付年金换算为现值公式如下：

$$\begin{aligned} FA &= A(1+i)^{-1} + A(1+i)^{-2} + \cdots\cdots + A(1+i)^{-n} \\ &= A[(1+I)^{-1} + (1+i)^{-2} + \cdots\cdots + (1+i)^n] \\ &= A\sum_{t=1}^{n}(1+i)^{-t} \end{aligned}$$

公式中的$\sum_{t=1}^{n}(1+i)^{-t}$，叫做年金复利现值系数。年金复利现值系数也可写作(F_A,i,n)，因此年金现值公式也可以写作：

$$F_A = A \times (F_A,i,n)$$

(5) 年金复利现值表。为了简化年金现值的计算，可以事先编列年金复利现值系数表，以供长期使用。年金复利现值系数表也是按照后付年金的要求计算编列的。

为了简化年金复利现值表的计算编制工作，表中各个年金复利现值系数可根据下列公式计算：

$$(F_A,i,n) = \frac{(1+n)^n - 1}{i(1+n)^n} \text{或} \frac{1-(1+n)^{-n}}{i}$$

[例6-9] 某人60岁了，他想一次付款购买人寿保险单，以便在以后的20年中每年年末得到保险金3 000。他自己设想的时间价值为10%，问他最多愿意付多少保险费购买

这张保险单？

这时，$i=0.1$，$n=20$，$A=3\ 000$ 元，解某人最多愿意支付的保险费 P_A 计算如下：

$P_A=A\cdot(P_A,i,n)=3\ 000\times 8.514=25\ 542$（元）

［例6－10］5年前发行的一种第20年末一次还本100元的债券，券面利率为6%，每年年末付一次利息，第5次利息刚刚付过。目前刚发行的一些新债券，券面利率为8%，问这些旧债券目前的市价应为多少（不考虑风险因素）。

这时，$i=0.08$，$n=20-5=15$ 年，$A=100\times 6\%=6$ 元，则这种旧债券目前的市价 P_A 可以计算如下：

$P_A=6\times(P_A,0.08,15)+100\times(P_{15},0.08,15)$

$=6\times 8.559+100\times 0.315=82.85$（元）

（6）先付年金终值。先付年金终值就是一定期间内每期期初等额的系列付款的终值之和。由于年金复利终值系数表是按照后付年金终值编制的，所以应该先算出后付年金终值，然后再调整为先付年金终值。先付年金与后付年金可以对比。n 期的先付年金终值比 $n+1$ 期的后付年金终值少一个不需要用时间价值换算的 A，即方框中的 A，而这个 A 的终值系数应该是1。因此，先付年金终值 $F_A=A[(F_A,i,n+1)-1]$。

如果将 n 期的后付年金终值当作现值，再乘上 $(1+i)$，求得其1期后的终值，就是 n 期的先付年金终值。因此，计算先付年金终值 F_A，也可以用下式表示：

$F_A=A\times(F_A,i,n)\cdot(1+i)$

［例6－11］从本年1月开始，每月月初向银行存入20元，月利率为1%，问到第二年6月底时本利和应为多少？

这时，$i=0.01$，$n=12+6=18$ 年，$A=20$ 元，则第二年6月底的本利和 $F_{18}=20\times[(F_A,0.01,18)-1]=20\times(20.811-1)=396.22$（元）

或者：$F_{18}=20\times(F_A,0.01,18)\cdot(1+0.01)$

$=20\times 10.615\times 1.01=396.22$（元）

可见用这两个公式计算的结果是一样的。

（7）先付年金现值。先付年金现值是一定期间内每期期初等额的系列付款的现值之和。因为年金复利现值系数表是按照后付年金编制的，所以应该先算出后付年金现值，然后再调整为先付年金现值。先付年金和后付年金的贴现可以对比，n 期的先付年金现值比 $n-1$ 期的后付年金现值多一个不需用时间价值贴现的 $\boxed{A}$，而这个 A 的贴现系数应该是1，因此，先付年金现值的计算公式应该是：

$P_A=A[(P_A,i,n-1)+1]$

这两种年金的贴现也可对比，如果将 n 期后付年金现值作为现值，再乘上 $(1+i)$，求得其1期后的终值，就是 n 期先付年金现值。因此，也可以用下列公式来计算先付年金现值 P_A：

$P_A=A\times(P_A,i,n)\times(1+i)$

［例6－12］某公司需用一台复印机，买价为800元，可用10年。如果租用，则每年年

初需付租金100元(不包括修理费)。如果时间价值为6%,问购买与租用孰优?

解:首先需要算出10年的租金现值,以便与买价相比。

$i=0.06, n=10, A=100$ 元,则10年的租金现值 P_A 可以计算如下:

用第一个公式计算:

$$P_A = 100 \times [(P_A, 0.06, 9) + 1] = 100 \times (6.802 + 1) = 780.2(\text{元})$$

第二个公式计算:

$$\begin{aligned} P_A &= 100 \times (P_A, 0.06, 10)(1 + 0.06) \\ &= 100 \times 7.360 \times 1.06 = 780.16(\text{元}) \end{aligned}$$

结论:10年租金的现值低于买价,可以考虑采用租用方案。

(8)延期年金现值。延期年金现值是指在前 m 期没有付款的情况下,后 n 期后付年金贴现至 m 期的第1期期初的现值。如果将 $m+n$ 期的后付年金现值减去没有付款的 m 期后付年金现值,其差额就是延期 m 期的 n 期后付年金现值。因此,延期年金的计算公式应该是:

$$\begin{aligned} P_A &= A \times (P_A, i, m+n) - A \times (P_A, i, m) \\ &= A \times [(P_A, i, m+n) - (P_A, i, m)] \end{aligned}$$

也可以先算出延期年金在 n 期的第一期期初的现值,再将它作为终值乘以 $(1+i)^{-m}$,贴现至 m 期的第一期期初,就是延期年金现值。这样分两步计算的情况,便可得到延期年金现值公式如下:

$$P_A = A \times (P_A, i, n) \times (P, i, m)$$

[例6-13] 有一种保险单要求现在一次支付保险费,第11年至第20年每年年初可领取保险金400元,某人心目中的时间价值为7%,问他最多愿意支付多少保险费去购买这张保险单?

解:由题已知 $i=0.07, A=400$。付款时间相当于第10年末至第19年年末,所以 $m=9, n=10$。某人最多愿意支付的保险费 P_A 可计算如下:

用第一个公式计算:

$$\begin{aligned} P_A &= 400 \times [(P_A, 0.07, 19) - (P_A, 0.07, 9)] \\ &= 400 \times (10.336 - 6.515) = 1\,528.4(\text{元}) \end{aligned}$$

用第二次公式计算:

$$\begin{aligned} P_A &= 400 \times (P_A, 0.07, 10) \times (P, 0.07, 9) \\ &= 400 \times 7.024 \times 0.544 = 1\,528.42(\text{元}) \end{aligned}$$

可见,用这两个公式计算的结果是一样的。

延期年金终值的计算方法,与后付年金相同,这里不再重复。

(9)永续年金现值。实际中,无限期支付的永续年金是不存在的。但是期限长,利率高的年金现值,可以按永续年金现值公式计算其近似值。

永续年金贴现系数为1/2,它是由年金复利现值系数推导而得的:

$$(P_A, i, n) = \frac{1 - (1+i)^{-n}}{i}$$

当 $n \to \infty$ 时，$(1+i)^{-n}$ 为0，所以

$$(P_A, i, n) \xlongequal{n\to\infty} = \frac{1}{i}$$

因此，永续年金的现值公式为：$P_A = A \cdot i^{-1}$

永续年金的年金公式为：$A = P_A \times i$

永续年金的利率公式为 $I = \dfrac{A}{P_A}$

［例6－14］某物理学会准备存入银行一笔基金，以便以后无限期地于每年年末取出利息9 000元，作为年度物理科学奖金，发给研究成果优异的物理科学家。存款利率为6%，问该物理学会应于年初存入银行多少钱？

$$P_A = \frac{9\ 000}{0.06} = 150\ 000(\text{元})$$

如果每隔 n 年于年末支付一次年金，则每次年金 A 等于每年取出利息另外存入银行的 n 年的后付年金终值。每年利息为 $P_A \times i$，其 n 年的后付年金终值为 $P_A \times i \times (P_A, i, n)$。于是得到下列公式：

$$A = P_A \times i \times (P_A, i, n)$$

$$P_A = \frac{A}{i \times (P_A, i, n)}$$

［例6－15］如果［例6－14］中的奖金每三年发一次，每次发27 000元，问存入银行的基金应为多少？

$$\text{解：}P_A = \frac{27\ 000}{0.06 \times 3.184} = \frac{27\ 000}{0.06 \times (P_A, 0.06, 3)} = 141\ 331.65(\text{元})$$

6.2.2 资金成本

企业搞投资离不开资金，无资金巧妇难为无米之炊。而企业从各种来源筹集资金不能无偿使用，要付出代价。所谓资金成本就是企业取得和使用资金而支付的各种费用，包括资金占用费和资金筹集费用。不同条件下企业筹集资金的总预算不相同，通常资金成本以相对数表示称为资金成本率，即资金所负担的费用占筹集资金净额的比率。其公式为：

$$\text{资金成本率} = \frac{\text{资金占用费用}}{\text{筹集资金总额} - \text{资金筹集费用}}$$

资金成本是在商品经济条件下，由于资金所有权和资金使用权分离而形成的一种财务概念。从本质上看，它是资金使用者向资金所有者和中介人支付的占用费和筹资费。资金成本既可以作为选择资金来源，拟订筹资方案，评价企业经营成果的依据，又可以作为评价投资项目可行性的主要经济标准。作为投资者要求投资应获取一定的报酬，至少应等于或高于资金成本，资金成本的高低取决于资金筹集的渠道，以负债筹集资金，企业要支付利息。资金来自于股东投资，则要支付股息，若系企业内部形成，也要考虑资金的机会成本，如用于投资而损失的存入银行利息。如果投资所用资

金通过几种方式取得，那么资金成本就是各种筹资方式资金成本的加权平均数。

1. 债务成本

企业发行长期债券一般都支付债券利息。债券利息最终均要计入成本费用。这样，企业实际少缴一部分所得税。因此，长期债券成本率的计算公式为：

$$债券成本=\frac{利息率\times（1-所得税率）}{1-筹资费率}$$

［例6－16］某企业发行长期债券400万元，筹资费率为2%，债券利息率为6%，所得税税率为33%。则长期债券成本率为：

$$\frac{400\times6\%\times（1-33\%）}{400\times（1-2\%）}=4.1\%$$

2. 优先股成本

同发行债券一样，企业发行优先股股票，也需要支付筹资费，注册费、代销费等。虽然股息也是要定期支付，但它是在税后利润中支付的，不会减少企业应上缴的所得税。因而，优先股成本率的计算公式为：

$$优先股成本率=\frac{优先股总额的每年股息支出}{优先股股金总额\times（1-筹资费率）}$$

［例6－17］企业发行优先股股票总额按正常市价计算200万元，筹资费率为40%，股息年率为8%。

解：$优先股成本率=\frac{200\times8\%}{200\times（1-4\%）}=8.3\%$

3. 普通股成本率

与优先股不同的是，普通股的股利是不固定的，通常是逐年增长的。

$$普通股成本率=\frac{下一年发放的普通股总额的股利}{普通股股金总额\times（1-筹资费率）}+普通股利预计每年增长率$$

［例6－18］某企业发行普通股正常市场为300万元，筹资费率为4%，下一年的股利率为10%，以后每年增长5%。则：

$$普通股成本率=\frac{300\times10\%}{300\times（1-4\%）}+5\%=15.4\%$$

4. 平均资金成本

筹集资金渠道不同，所付出的代价也不同，长期投资往往是从多方渠道取得资金，这样就需用一个综合资金成本来反映所筹资金成本的一般水平。此时，资金成本的计算公式为：

$$资金成本=\sum 某种渠道筹资的资金成本\times从该渠道所筹资金占资金总额的比重$$

［例6－19］某公司要进行一项投资，筹集资金1 000 000元，其中借入长期贷款500 000元，贷款利率为10%，发行股票筹集资金300 000元，股本成本为14%，企业内部形成资金200 000元，银行存款利率为8%。（不考虑所得税影响），则该项投资所用资金的成本为：

$$10\% \times \frac{500\ 000}{1\ 000\ 000} + 14\% \times \frac{300\ 000}{1\ 000\ 000} + 8\% \times \frac{200\ 000}{1\ 000\ 000} = 5\% + 4.2\% + 1.6\%$$

$$=10.8\%$$

资金成本是长期投资决策和投资方案经济评价中必须考虑的主要因素，在投资方案的经济评价中，往往把资金成本作为制定要求的最低报酬率的基础，资金成本估计的不准确，就可能导致政策失误。

6.2.3 现金流量

广义地说，投资是指以收回更多的现金为目的而发生的现金支出。在投资决策中，投资主要是指生产性资产投资，其内容包括以下五个方面：

第一，与维持企业现有经营有关的重置型投资；

第二，与降低成本有关的重置型投资；

第三，与现有产品和市场有关的扩充型投资；

第四，与新产品和新市场有关的扩充型投资；

第五，与工艺安全和环境保护有关的强制性或非盈利性投资。

从投资决策的程序不难看出，估计投资项目的预期现金流量是投资决策的首要环节，实际上也是分析投资方案时最重要、最困难的步骤。

1. 现金流量的概念

现金流量又称现金流动，在长期投资决策中，指投资项目在其计算期内因资本循环而可能或应该发生的各项现金流入与现金流出的统称。它以收付实现制为基础，以反映广义现金运动为内容。

2. 投资决策中采用现金流量的原因

在长期投资决策中衡量投资项目优劣时，应该采用现金流量，而不是利润。其原因为：

第一，采用现金流量才能在投资决策中考虑货币的时间价值。科学的投资决策要求考虑货币的时间价值。这就需要判定每笔款项收入和付出的时间，因为不同时间收付的等额现金用时间价值换算后，具有不同的价值。因此，应该根据项目寿命周期内各年实际付出和实际收入的现金数量，并考虑时间价值因素，来衡量投资项目的优劣。

而利润的计算要遵守权责发生制，因而不考虑实际收到现金和实际付出现金的时间。两者的差别主要表现在：①购置固定资产付出大量现金时不计成本；②将固定资产的价值以折旧和折耗的形式逐期计入成本时，却又并不需要付出现金；③计算利润时不考虑垫支流动资本的数量和时间；④只要销售行为已经确定，就计算为当期的销售收入，尽管其中有一部分并未于当期收到现金，只是形成了应收账款；⑤项目寿命终了时，以现金的形式回收的固定资产残值和垫支的流动资本，在利润计算中也得不到反映。可见，要在投资决策中考虑时间价值因素，就不应该用利润来衡量项目的优劣。这是投资决策中采用现金流量的主要原因。

第二，利润计算具有一定的主观随意性。各期利润的多寡，在一定程度上受到所采用的存货估价、费用摊配和折旧等方法的左右。而在这些方面，均各有几种不同的方法可供选用，究竟采用哪种方法，往往因人而异。这就使利润成为含糊不清，不太可靠的决策依据。

3. 现金流量的具体内容

（1）现金流入的内容

①营业收入。指项目投产后每年实现的全部销售收入或业务收入。在按总价法核算现金折扣和销售折让的情况下，营业收入应当指不包括折扣和折让的净额。一般纳税人企业在确定营业收入时，应当按不含增值税的净价计算。此外，作为经营期现金流入项目，本应当按当期现销收入额与回收以前期应收账款的合计数确认。但为简化核算，可假定正常经营年度内每期发生的赊销额与回收的应收账款大体相等。营业收入是经营期主要的现金流入项目。

②回收固定资产余值。指投资项目的固定资产在终结点报废清理或中途变价转让处理所回收的价值，即处理固定资产净收益。

③回收流动资金。主要指项目计算期完全终止时因不再发生新的替代投资而回收的原垫付的全部流动资金额。回收流动资金和回收固定资产余值统称为回收额。

④其他现金流入。指以上三项指标以外的现金流入项目。

（2）现金流出的内容

①建设投资（含更改投资）。指在建设期内按一定生产经营规模和建设内容进行的固定资产、无形资产和开办费等项目投资的总和，含基建投资和更改投资。其中固定资产投资可能与计算折旧的固定资产原值之间存在差异，原因在于固定资产原值可能包括建设期内资本化了的借款利息。两者的关系是：

$$\text{固定资产原值}=\text{固定资产投资}+\text{建设期资本化借款利息}$$

②垫支流动资金。指项目投产前后分次或一次投放于净流动资产项目的投资增加额。可按下式计算：

$$\text{某年流动资金增加额（垫支数）}=\text{本年流动资金需用额}-\text{上年流动资金}$$

$$\text{本年流动资金需用额}=\text{该年流动资金需用额}-\text{该年流动负债需用额}$$

③经营成本。又被称为付现的营运成本或简称付现成本。它是生产经营阶段上最主要的现金流出项目。某年经营成本等于当年的总成本费用（含期间费用）扣除该年折旧额、无形资产摊销额等项目后的差额。这是因为总成本费用中包含了一部分非现金流出的内容，这些项目大多与固定资产、无形资产和开办费等长期资产的价值转移有关，不需要动用现实货币资金支出。

此外，在全投资假设下，经营成本中还应扣除财务费用中的利息支出。

虽然在经营期发生的经营成本节约额相当于本期现金流入的增加，但为统一现金流量的口径，在实务中仍按其性质将节约的经营成本以负值计入现金流出项目，而并非列入现金流入项目。

④各项税款。指项目投产后依法缴纳的，单独列示的各项税款，包括营业税、消费税、所得税等。但一般纳税人企业在价外核算的增值税不包含在此项目中。此外，

从国家投资主体出发，企业所得税不作为现金流出项目看待。只有从企业或法人投资主体的的角度才将所得税列作现金流出。也有人主张将所得税同营业税、消费税等流转税分别列示。

⑤其他现金流出。指不包括在以上内容中的现金流出项目（如营业外净支出等）。

（3）现金净流量。现金净流量是指在项目计算期内由每年现金流入量与同年现金流出量之间的差额所形成的序列指标，它是长期投资决策评价指标计算的重要依据。公式为：

$$\text{某年现金净流量}=\text{该年现金流入量}-\text{该年现金流出量}$$

由于项目计算期不仅包括经营期，还应首先包括建设期，因此，无论在经营期还是在建设期都应该存在净现金流量这个范畴。

由于现金流入流出在项目计算期内的不同阶段上的内容不同，使得各阶段上的净现金流量表现出不同的特点：如在建设期内，净现金流量一般小于或等于零；在经营期内，净现金流量则多为正值。

①建设期现金净流量的简化计算公式

若原始投资均在建设期内投入，则建设期现金净流量可按以下简化公式计算：

建设期某年现金净流量 = －该年发生的投资额

②经营期现金净流量的简化计算公式

公式为：$\text{经营期某年现金净流量}=\text{该年利润}+\text{该年折旧}+\text{该年摊销额}+\text{该年回收额}+\text{该年利息费用}$

（4）现金净流量的计算

［例6－20］某企业拟购建一项固定资产，需投资100万元，按直线法折旧，使用寿命10年。预计投产后每年可获营业净利润10万元。（假定不考虑所得税因素）

要求：就以下各种不相关情况用简化公式分别计算项目的现金净流量。

①在建设起点投入自有资金100万元，当年完工并投产，期末无残值；

②建设期为一年，其余条件同①；

③期满有净残值10万元，其余条件同①；

④建设期为一年，年初年末分别投入50万元自有资金，期末无残值；

⑤在建设起点一次投入借入资金100万元，建设期为一年，发生建设期资本化利息10万元，期末无残值；

⑥期末有10万元净残值，其余条件同⑤。

解：依题意计算有关指标：

∵ 固定资产原值固定资产投资 + 建设期资本化利息

∴ 在第①、②、③、④种情况下，固定资产原值 = 100（万元），在第⑤、⑥种情况下，固定资产原值 = 100 + 10 = 110（万元）

$$\because \text{固定资产产折旧额}=\frac{\text{固定资产原值}-\text{净残值}}{\text{使用年限}}$$

∴在第①、②、④种情况下，年折旧 $=\frac{100-0}{10}=10$（万元）

在第③种情况下，年折旧 $=\frac{100-10}{10}=9$（万元）

在第⑤种情况下，年折旧 $=\frac{100+10-0}{10}=11$（万元）

在第⑥种情况下，年折旧 $=\frac{100+10-10}{10}=10$（万元）

∵项目计算期 = 建设期 + 经营期

∴在第②、③、④、⑤、⑥种情况下，$n=1+10=11$（年）。在第①、③种情况下，$n=0+10=10$（年）、$n=0+10=10$（年）

∵第 n 年回收额 = 该年回收固定资产余值 + 回收流动资金

∴在第①、②、④、⑤种情况下，回收额为零。在第③、⑥种情况下，回收额 = 10（万元）。按简化公式计算的各年现金净流量应分别为：

①建设期现金净流量 = −100 万元，第 1 至第 10 年每年现金净流量 = 10 + 10 = 20（万元）；

②建设期现金净流量 = −100（万元），第 1 年现金净流量 = 0，第 2 至第 10 年每年现金净流量 = 10 + 10 = 20（万元）；

③建设期现金净流量 = −100 万元，第 1 至 9 年每年现金净流量 = 10 + 9 = 19（万元），第 10 年现金净流量 = 10 + 9 + 10 = 29（万元）；

④第 0 至第 1 年每年现金净流量 = −50 万元，第 2 年至第 11 年每年现金净流量 = 10 + 10 = 20（万元）；

⑤建设期现金净流量 = −100 万元，第 1 年现金净流量 = 0，第 2 年至第 11 年每年现金净流量 = 10 + 11 = 21（万元）；

⑥建设期现金净流量 = −100 万元，第 1 年现金净流量 = 0，第 2 年至第 10 年每年现金净流量 = 10 + 10 = 20（万元），第 11 年现金净流量 = 10 + 10 + 10 = 30（万元）

[例 6−21] 某工业项目需原始投资 125 万元，其中固定资产投资 100 万元，开办费投资 5 万元，流动资金投资 20 万元。建设期为一年，建设期与购建固定资产有关的资本化利息 10 万元。固定资产投资和开办费投资于建设起点投入，流动资金于完工时（第 1 年末）投入。该项目寿命期 10 年，固定资产按直线法折旧，期满有 10 万元净残值；开办费自投产年份起分 5 年摊销完毕。预计投产后第 1 年获 5 万元利润，以后每年递增 5 万元；流动资金于终结点一次回收。

要求：按简化公式计算项目各年现金净流量。

解：依题意得：

项目计算期 $n=1+10=11$（年）

固定资产原值 = 100 + 10 = 110（万元）

固定资产年折旧 $=\frac{110-10}{10}=10$（万元）（共5年）

投产后每年利润分别为5，10，15…，50万元（共10年）

建设期现金净流量：

建设期现金净流量 = -（100+5） = -105（万元）

第1年经营现金净流量 = -20（万元）

以后各经营期现金净流量如下：

第2年现金净流量 = 5+10+1 = 16（万元）

第3年为：10+10+1 = 21（万元）

第4年为：15+10+1 = 26（万元）

第5年为：20+10+1 = 31（万元）

第6年为：25+10+1 = 36（万元）

第7年为：30+10+0 = 40（万元）

第8年为：35+10+0 = 45（万元）

第9年为：40+10+0 = 50（万元）

第10年为：45+10+0 = 55（万元）

第11年为：50+10+0+（10+20） = 90（万元）

6.2.4 所得税与折旧对投资的影响

由于所得税是企业的一种现金流出，它的大小取决于利润大小和税率高低，而利润大小受折旧方法的影响，因此，讨论所得税问题必然会涉及到折旧问题。

1. 税后成本和税后收入

凡是可以减免税负的项目，实际支付额并不是真实的成本，而应将因此而减少的所得税考虑进去扣除了所得税影响以后的费用净额，称为税后成本。

[例6-22] 某公司目前的损益状况如表6-4所示。该公司正在考虑一项广告计划，每月支付2 000元，所得税率为40%，该项广告的税后成本是多少？

表6-4

项目	目前（不作广告）	作广告方案
销售收入	15 000	15 000
成本和费用	5 000	5 000
新增广告费用		2 000
税前净利、	10 000	8 000
所得税（40%）	4 000	3 200
税后净利	6 000	4 800
新增广告税后成本	1 200	

由表6-4可以看出，该项广告的税后成本为每月1 200。这个结论是正确无误的，两个方案的唯一差别是广告费2 000元，对净利的影响为1 200元。

税后成本的一般公式为：

税后成本=实际支付额×（1-税率）

据此公式计算广告的税后成本为：

税后成本=2 000×（1-40%）=1 200（元）

和税后成本相对应的概念 税后收入。由于所得税的作用，企业营业收入的金额有一部分会流出企业，企业实际得到的现金流入是税后收益：

税后收益=应税收入×（1-税率）

这里所说的“应税收入”是指根据税法需要纳税的收入，不包括项目结束时收回垫支资金现金流入。

2. 折旧的抵税作用

我们知道，加大成本就会减少利润，从而使所得税减少。如果不计提折旧，企业的所得税将会增加许多。折旧可以起到减少税负的作用，这种作用称之为“折旧税抵”或“税收挡板”。

折旧使税负减少的计算公式为：

税负减少=折旧额×税率

3. 税后现金流量

在考虑所得税因素以后，现金流量的计算有三种方法：

①根据现金流量的定义计算

根据现金流量的定义，所得税是一种现金支付，应当作为每年营业现金流量的一个减项。

营业现金流量=营业收入-付现成本-所得税

②根据年末营业结果来计算

企业每年现金增加来自两个主要方面：一是当年增加的净利；另一是当年计提折旧额，以现金形式从销售收入中扣回，留在企业里。

营业现金流量=税后净利+折旧

③根据所得税对收入和折旧的影响计算

由于所得税影响的现金流量并不等于项目实际的收支金额。

税后成本=支出金额×（1-税率）

税后收入=收入金额×（1-税率）

税负减少=折旧×税率

因此，现金流量应当按下式计算；

营业现金流量=税后收入-税后成本+税负减少=收入×（1-税率）-付现成本×（1-税率）+折旧×税率

［例6-23］某公司有一台设备，购于三年前，现在考虑是否需要更新。该公司所得税率为40%，其他有关资料如表6-5所示。

表 6－5

项　　目	旧设备	新设备
原　　价	60 000	50 000
税法规定残值（10%）	6 000	5 000
税法规定使用年限（年）	6	4
已用年限	3	0
尚可使用年限	4	4
每年操作成本	8 600	5 000
两年后大修成本	28 000	
最终报废残值	7 000	10 000
目前变现价值	10 000	
每年折旧额：	（直线法）	
第一年	9 000	18 000
第二年	9 000	13 500
第三年	9 000	9 000
第四年	0	4 500

假设新旧设备的生产能力相同，试决策是否应更换成新设备。

解：决策计算表如下表 6－6 所示。

表 6－6

项　　目	现金流量	时间（年次）	系数（10%）	现 值
继续用旧设备：		3	4	
每年付现操作成本	8 600×（1－0.4）＝（5 160）	1～4	3.170	（16 357.2）
每年折旧抵税	9 000×0.4＝3 600	1～3	2.487	8 953.2
两年后大修成本	28 000×（1－0.4）＝（16 800）	2	0.826	（13 876.8）
残值变现收入	7 000	4	0.683	4 781
残值变现净收入纳税	（7 000－6 000）×0.4＝（400）		0.683	（273.2）
合计				（16 773）
更换新设备：				
设备投资	（50 000）	0	1	（50 000）
每年付现操作成本	5 000×（1－0.4）＝（3 000）	1～4	3.170	（9 510）
每年折旧抵税				
第一年	18 000×0.4＝7 200	1	0.909	6 544.8
第二年	13 500×0.4＝5 400	2	0.826	4 460.4
第三年	9 000×0.4＝3 600	3	0.751	2 703.6
第四年	4 500×0.4＝1 800	4	0.683	1 229.4
残值收入	10 000	4	0.683	6 830
残值净收入纳税	（10 000－5 000）×0.4＝（2 000）			
旧设备变现收入	10 000	0	1	10 000
旧设备变现损失减税	（33 000－10 000）×0.4＝9 200	0	1	9 200
合 计				（19 907.8）

由表6－6可知，更换新设备的现金流出总现值为19 907.8元，比继续使用旧设备的现金流出总现值16 773元要多出3 134.80元。因此，继续使用旧设备较好。

6.2.5 投资风险

现实生活中，每一项投资都有一定的风险，如果决策面临的不确实性和风险较小，可以不考虑它们的影响。如果决策面临的不确定性和风险比较大，则应对它们进行计量并在决策中加以考虑。

1. 风险和风险报酬

如果把决策按照决策所处的条件分，可分为确定性决策、不确定性决策和风险性决策。

确定性决策是指事先可以确知决策后果的各种决策，不确定性决策是指人们事先不知道决策的所有可能后果，或者虽然知道所有可能后果但不知道它们出现的概率，而风险决策是指事先可以知道决策所有可能的后果，以及知道每一种后果出现的概率。三种类型的决策问题中确定性决策操作比较容易；而其余两种则比较困难。

不确定性决策和风险决策从投资的实务看很难严格区分。当我们面临不确定性情况时，仍然需要做出决策，不得不依靠直觉判断和预感设想几种可能性并给出主观概率，使不确定性问题转化为风险问题。当我们进行风险决策时，需要根据历史资料确定每一后果的概率，它们并不是未来的准确描述，只是近似的估计，或多或少地带有主观性质，未来事件的概率总是不确定的。这就是说，从投资面临的环境来看，未来发展总有或多或少的不确定性，从决策方法来看，我们必须先设定各种可能后果及其概率才能展开分析，从而使所有问题都变为风险问题。正因如此，在讲述投资分析方法时往往不区分风险和不确定性，统称为风险决策，并把风险定义为投资中遇到的各种不确定性。

决策风险产生的原因有两个：一是缺乏信息。在决策时，有许多情况决策人并不掌握。有时是因为取得这些信息的成本过高，有时是因为根本无法取得这些情报。另一个是决策者不能控制事物的未来进程，如政府政策的改变，顾客需求的变化，供应单位和购买单位违约等。

每个决策方案的风险大小不一样，如果两个方案的预期报酬率相同，一个肯定（无风险），另一个是不肯定（有风险），投资者、当然会愿意选择前者。这种现象称之为“风险反感”。由于存在风险反感，促使投资人选择高风险项目的基本条件是它必须有足够高的预期报酬率。风险程度越大，要求的报酬率越高。风险投资所要求的超过货币时间价值的那部分额外报酬，称为风险报酬或风险价值。通常使用百分数来表示风险报酬的高低。如果假设没有通货膨胀，投资报酬率应当是货币时间价值与风险价值之和。货币时间价值是无风险的最低报酬率。

如果假设风险程度与风险调整最低报酬率之间存在直线关系：

风险调整最低报酬率＝无风险最低报酬率＋风险报酬

＝无风险最低报酬率＋风险报酬斜率×风险程度

2. 风险调整贴现率法

这是风险决策中最常用的一种方法。它的基本原理是对于高风险的项目，采用较高的贴现率去计算净现值，然后根据净现值法的规则来选择方案。问题的关键是根据风险的大小确定包括了风险因素的贴现率即风险调整贴现率。

如果用 K 表示风险调整贴现率；i 表示无风险贴现率，b 代表风险报酬斜率，Q 代表风险程度，则

$K = i + b \times Q$

假设 i 为已知，为了确定 K，需要先确定 Q 和 b。

[例 6－24] 某公司的最低报酬率为 6%，现有三个投资机会，有关资料如表 6－7。

表 6－7

T（年）	A 方案		B 方案		C 方案	
	现金流入	概率	现金流入	概率	现金流入	概率
0	（5 000）	1	（2 000）	1	（2 000）	1
1	3 000 2 000 1 000	0.25 0.50 0.25				
2	4 000 3 000 2 000	0.20 0.60 0.20				
3	2 500 2 000 1 500	0.30 0.40 0.30	2 000 4 000 6 000	0.2 0.6 0.2	3 000 4 000 5 000	0.1 0.8 0.1

①风险程度的计算

现金流入的集中趋势可以用期望值来描述：

$E_1 = 3\,000 \times 0.25 + 2\,000 \times 0.5 + 1\,000 \times 0.25 = 2\,000$（元）

$E_2 = 4\,000 \times 0.2 + 3\,000 \times 0.6 + 2\,000 \times 0.2 = 3\,000$（元）

$E_3 = 2\,500 \times 0.3 + 2\,000 \times 0.4 + 1\,500 \times 0.3 = 2\,000$（元）

现金流入的离散趋势可以用标准差来描述：

$$d_1 = \sqrt{(3\,000 - 2\,000)^2 \times 0.25 + (2\,000 - 2\,000)^2 \times 0.5 + (1\,000 - 2\,000)^2 \times 0.25}$$
$$= 707.10\text{（元）}$$

$$d_2 = \sqrt{(4\,000 - 3\,000)^2 \times 0.2 + (3\,000 - 3\,000)^2 \times 0.6 + (2\,000 - 3\,000)^2 \times 0.2}$$
$$= 632.50\text{（元）}$$

$$d_3 = \sqrt{(2\,500 - 2\,000)^2 \times 0.3 + (2\,000 - 2\,000)^2 \times 0.4 + (1\,500 - 2\,000)^2 \times 0.3}$$
$$= 387.30\text{（元）}$$

3 年现金流入总的离散程度即综合标准差：

$$D = \sqrt{\sum_{t=1}^{n} \frac{dt^2}{(1+i)^{2t}}} = \sqrt{\frac{(707.10)^2}{(1.06)^2} + \frac{(632.50)^2}{(1.06)^4} + \frac{(387.3)^2}{(1.06)^6}} = 931.40(\text{元})$$

现金流入的离散程度，可以反映其不确定性的大小。但是，标准差是一个绝对数，受现金流入量金额的影响。如果概率分布相同，后果值越大，标准差也就越大，因此，标准差不便于比较不同规模项目的风险大小。为了解决这个困难，引入了变化系数概念。

$$q = \frac{d}{E}$$

变化系数（标准差系数）是标准差与期望值的比值，是用相对数表示的离散程度即风险大小。为了综合各年的风险，对具有一系列现金流入的方案用综合变化系数描述：

$$Q = \frac{\text{综合标准差}}{\text{现金流入预期现值}} = \frac{D}{EPV}$$

$$EPV\text{（}A\text{）} = \frac{2\ 000}{1.06} + \frac{3\ 000}{1.06^2} + \frac{2\ 000}{1.06^3} = 6\ 236\text{（元）}$$

$$D\text{（}A\text{）} = 931.40\text{（元）}$$

$$Q\text{（}A\text{）} = \frac{931.40}{6\ 236} = 0.15$$

②确定风险报酬斜率

风险报酬斜率的高低反映风险程度变化对风险调整最低报酬率影响的大小。其数值的大小一般根据历史资料用高低点法或直线回归法求出。

假设中等风险程度的项目变化系数为0.5，通常要求的含有风险报酬的最低报酬率为11%，无风险为最低报酬率 i 为6%，则：

$$b = \frac{11\% - 6\%}{0.5} = 0.1$$

前边计算出 A 方案的综合变化系数 $Q_A = 0.15$，适用于 A 方案的风险调整贴现率为：

$K\text{（}A\text{）} = 6\% + 0.1 \times 0.15 = 7.5\%$

根据同样方法可知

$E\text{（}B\text{）} = 4\ 000$

$E\text{（}C\text{）} = 4\ 000$

$$d_{(B)} = \sqrt{(2\ 000 - 4\ 000)^2 \times 0.2 + (4\ 000 - 4\ 000)^2 \times 0.6 + (6\ 000 - 4\ 000)^2 \times 0.2}$$
$$= 1\ 265\text{（元）}$$

$$d_{(C)} = \sqrt{(3\ 000 - 4\ 000)^2 \times 0.1 + (4\ 000 - 4\ 000)^2 \times 0.8 + (5\ 000 - 4\ 000)^2 \times 0.1}$$
$$= 447\text{（元）}$$

$Q\text{（}B\text{）} = 1\ 265 \div 4\ 000 = 0.32$

$Q\text{（}C\text{）} = 447 \div 4\ 000 = 0.11$

$K(B) = 6\% + 0.1 \times 0.32 = 9.2\%$

$K(C) = 6\% + 0.1 \times 0.11 = 7.1\%$

根据不同的风险调整贴现率计算净现值：

$$A\text{方案的净现值} = \frac{2\ 000}{1.075} + \frac{3\ 000}{1.075^2} + \frac{2\ 000}{1.075^3} - 5\ 000$$

$$= 1\ 860 + 2\ 596 + 1\ 610 - 5\ 000 = 1\ 066\text{（元）}$$

$$B\text{方案的净现值} = \frac{4\ 000}{1.092^3} - 2\ 000 = 3\ 071.79 - 2\ 000 = 1\ 071.79\text{（元）}$$

$$C\text{方案净现值} = \frac{4\ 000}{1.071^3} - 2\ 000 = 3\ 256.05 - 2\ 000 = 1\ 256.05\text{（元）}$$

三个方案的优先顺序为 $C > B > A$. 如果不考虑风险因素，以最大可能的现金流量作为肯定的现金流量，其顺序为 $B = C > A$：

$$A\text{方案的净现值} = \frac{2\ 000}{1.06} + \frac{3\ 000}{1.06^2} + \frac{2\ 000}{1.06^3} - 5\ 000$$

$$= 6\ 236 - 5\ 000 = 1\ 236\text{（元）}$$

$$B\text{方案的净现值} = \frac{4\ 000}{1.06^3} - 2\ 000 = 3\ 358 - 2\ 000 = 1\ 358\text{（元）}$$

$$C\text{方案净现值} = \frac{4\ 000}{1.06^3} - 2\ 000 = 3\ 358 - 2\ 000 = 1\ 358\text{（元）}$$

不考虑风险价值时，无法区分 B 和 C 的优劣，加入风险因素后，B 方案风险大（变化系数为0.38），相形见绌。

风险调整贴现率法比较符合逻辑，被广泛使用。但是，把时间价值和风险价值混在一起，并据此对现金流量进行贴现，意味着风险随时间的推延而加大，有时与事实不符。

6.3 投资决策方法

通常情况下，如果投资方案的投资报酬率高于其资金成本，则此方案为可行方案，但在若干个备选方案中选择一个最优方案，尚需运用一定的专门方法加以分析比较，然后择优确定。投资决策方法一般按是否考虑货币时间价值可分为两大类，即贴现的现金流量分析法和非贴现的现金流量分析法。

1. 贴现的现金流量分析法

这种分析方法在评价投资方案优劣时考虑了货币的时间价值，通常有净现值法、现值指数法、内含报酬率法以及等年值法等。

（1）净现值法

净现值是指在长期投资项目计算期内，按行业基准收益率或其他设定折现率计算的各年净现金流量现值的代数和。或将净现值表述为将项目投产后，各年报酬与原投资按行业基准收益率或其他设定折现率折合的现值合计之间的差额。

净现值法一般按以下步骤进行：

第一步：对每年的现金净流量进行预测：

未来报酬总现值 = 每年现金流入量 - 每年现金流出量

第二步：根据资金成本计算未来报酬的总现值将每年现金净流量折算成现值

①若每年现金净流量相等，则按年金复利现值系数将现金净流量折合成现值；

②若每年现金净流量不等，则按一般复利现值系数分别将各年的现金净流量折合成现值，然后加以合计；

③将固定资产的期末残值或中途变现的价值，以及可收回的流动资产按一般复利现值系数将其分别折合成现值；

④计算未来报酬总现值：

$$未来报酬总现值 = \frac{B\ 每年现金净流量}{现值总和} + \begin{matrix}固定资产残值收入中途变价收\\入以及收回的流动资产收入现值\end{matrix}$$

第三步，计算净现值

净现值 = 未来报酬总现值 - 投资额现值

判断：①若净现值为正数，即贴现后现金流入大于贴现后现金流出，该投资项目的报酬率大于预定的贴现率，则该方案可行；

②若净现值为负数，即贴现后现金流入小于贴现后现金流出，该投资项目的报酬率小于预定的贴现率，则方案不可行；

［例 6 - 25］若有以下两个项目

项　目　一		项　目　二	
年　限	现金流量	年　限	现金流量
0	-500	0	-400
1	+200	1	-600
2	+200	2	+400
3	+200	3	+250
净值	+100	4	+200
		净值	-150

由上面的判别原则可知，项目一是可接受的，项目二是应舍弃的。但以上的判别没有考虑到资金流量的时间价值。如果将货币的时间价值考虑在内，即将各年的现金流量按折现系数折合成现值再行比较，假设贴现率为 8%，则有：

项目一：

年限	现金流量 ×折现系数 =	现金流量现值
0	$-500\ 1/(1+0.08)^0 = -500 \times 1$	= -500
1	$+200\ 1/(1+0.08)^1 = +200 \times 0.9259$	= +185.18

续表

年限	现金流量 ×折现系数 =	现金流量现值
2	+200 1/ $(1+0.08)^2$ = +200×0.857 3	= +171.46
3	+200 1/ $(1+0.08)^3$ = +200×0.793 8	= +158.76
净值	+100 净现值	= +15.40

项目二：

年限	现金流量 ×折现系数 =	现金流量现值
0	-400 1/ $(1+0.08)^0$ = -400×1	= -400
1	-600 1/ $(1+0.08)^1$ = -600×0.925 9	= -555.54
2	+400 1/ $(1+0.08)^2$ = +400×0.857 3	= +342.92
3	+250 1/ $(1+0.08)^3$ = +250×0.793 8	= +198.45
4	+200 1/ $(1+0.08)^4$ = +200×0.735	= +147.00
净值	-150 净现值	= -267.17

可以看出在考虑货币时间价值以后，项目一是可以接受的，而项目二是应抛弃的。

[例6-26] 万通公司计划购买一台新型机器，以代替原来的旧机器，新机器购价为30 000元，购入时支付60%，余款下年付清，按20%计息。机器使用年限6年，报废后估计有残值收入3 000元。使用新机器后，公司每年新增利润5 000元。当时的银行存款年利率为12%。要求：用净现值法分析万通公司能否购买新机器。

解：机器购入使用后：

$$每年折旧费 = \frac{30\ 000-3\ 000}{6} = 4\ 500（元）$$

每年净流量 = 利润 + 折旧 = 5 000 + 4 500 = 9 500（元）

①未来现金净流量现值：

每年现金净流量现值 = 9 500×4.111（P_A，12%，6）= 39 054.50

第一年利息费 = 30 000×40%×20% = 2 400（元）

现值 = 2 400×0.893（P，12%，1）=（2 143.20）

残值收入现值 = 3 000×0.507（P，12%，6）= 1 521.00（元）

现金净流量现值合计：39 054.50 - 2 143.2 + 1 521 = 38 432.30

②原始投资额现值：

目前支付额：30 000×60% = 18 000（元）

下年支付额：30 000×40% = 12 000（元）

折现：12 000×0.893（P，12%，1）= 10 716.00

原始投资额现值合计：18 000 + 10 716 = 28 716（元）

③净现值：

净现值 = 38 432.30 - 28 716.00 = 9 716.30（元）

结论：该方案净现值为9 716.30元，说明方案的报酬率大于资金成本率12%，方案可行。

净现值法依据的原理是：假设预计的现金流入在年末肯定已实现，并把原始投资看成是按预定贴现率借入的，当净现值为正数时偿还本息后该项目仍有剩余收益，当净现值为零时偿还本息后一无所获，当净现值为负数时该项目收益不足以偿还本息。

应该指出的是，净现值法虽然具有广泛的适用性，理论上也比其他方法更加完善，但在实际决策中会碰到如何确定贴现率的问题，倘若贴现率确定得不合理，将会影响决策的正确性。

（2）现值指数法。所谓现值指数，是未来现金流入现值与现金流出的比率，它也称现值比率、获利指数、贴现后收益——成本比率等。

现值指数的决策步骤：

第一步：（同净现值法）

第二步：（同净现值法）

第三步：计算现值指数：

公式：$现值指数=\dfrac{未来报酬总现值}{投资额现值}$

如果某投资方案是期初一次投资的，那么公式中的分母就是原投资额，若系分期投资，必须先把各期投资分别按资金成本折算成现值，然后再予以总计。

判断：①若现值指数大于1，则方案可行；

②若现值指数小于1，则方案不可行；

［例6－27］某企业准备购置一台设备，有两个方案可供选择，资料如下：

表6－8

项目	购置国产设备	购置进口设备
购入成本（元）	100 000	150 000
有效使用年限（元）	6	6
使用期满残值（元）	2 000	4 000
每年销售数量（件）	10 000	18 000
单位售价（元）	20	20
单位变动成本（元）	12	15

若该企业的资金成本为8%，那么哪个投资方案在经济上比较合算？

解：第一步：分别计算出两个方案的每年现金净流量：

购置国产设备：$20\times10\,000-12\times10\,000=80\,000$（元）

购置进口设备：$20\times18\,000-15\times18\,000=90\,000$（元）

第二步：根据资金成本，计算出两个方案的每年现金净流量的现值及其他投资的现值：

$$购入国产设备现金净流量现值=80\,000\times\frac{1-(1+8\%)^{-6}}{8\%}=80\,000\times4.623=369\,840$$

未来残值现值 $=2\ 000\times\frac{1}{(1+8\%)^{6}}=2\ 000\times0.630=1\ 260$

购置进口设备：

现金净流量现值 $=90\ 000\times\frac{1-(1+8\%)^{-6}}{8\%}=90\ 000\times4.263=416\ 070$

未来残值现值 $=4\ 000\times\frac{1}{(1+8\%)^{6}}=4\ 000\times0.630=2\ 520$

第三步：计算比较两方案的净现值

购置国产设备净现值 $=369\ 840+1\ 260-100\ 000=271\ 100$

购进口设备净现值 $=416\ 070+2\ 520-150\ 000=268\ 590$

因为：$271\ 100>268\ 590$，所以选择购置国产设备。

[例6-28] 有两个独立投资方案，有关资料如表6-9所示。

表6-9　　净现值计算表

项　目	方案 A	方案 B
所需投资额现值	30 000	3 000
现金流入量现值	31 500	4 200
净现值	1 500	1 200

分析：从净现值的绝对数来看，方案 A 大于方案 B，似乎应采用方案 A，但从投资额来看，方案 A 大大超过方案 B。所以，在这种情况下，如果仅有净现值来判断方案的优劣，就难以作出正确的比较和评价。

若按现值指数计算：

A 方案现值指数 $=\frac{31\ 500}{30\ 000}=1.05$

B 方案现值指数 $=\frac{4\ 200}{3\ 000}=1.40$

因为 $1.40>1.05$

所以，B 方案优于 A 方案，应选择 B 方案。

净现值与现值指数法的比较：

现实决策中，有的决策问题可以采用多种决策方法分析，而有的决策问题却只能用特定的方法决策。上述现值指数法的主要优点是可以进行独立投资机会获利能力的比较，如果几个投资方案是独立的，则哪个应优先给予考虑，可以根据现值指数法来选择。如果几个投资方案之是互斥的，也就是说一旦选定某一方案，其他方案就不能被选中，此时可用净现值法来选择。净现值是一个绝对数指标，反映投资效益，而现值指数法则是一个相对数指标，反映投资的效率，两指标截然不同，使用时应特别注意。

（3）内含报酬率法。内含报酬率指项目投资实际可望达到的报酬率，亦可将其定义为能使投资项目的净现值等于零时的折现率。内含报酬率的理论依据是在计算方案的净现值时，用预期的投资报酬率作为贴现率计算，净现值的结果往往是大于零或小于零，此时可说明方案实际达到的投资报酬率大于或小于预期投资报酬率；若净现值为零，则说明两种报酬率相一致。所以，内含报酬率就是要计算出使净现值等零时的贴现率，这个贴现率就是投资方案的实际可能达到的投资报酬率。实际决策中，可能会遇到以下两种情形：

第一，每年现金净流量相等。因为这是一种年金情况，只需查年金复利现值表，就可计算出未来现金净流量的现值，并使净现值为零，此时：

每年现金净流量×年金现值系数－投资额现值＝0

形式变换为：

$$年金现值系数=\frac{投资额现值}{每年现金净流量}$$

［例6－29］大安化工厂拟购入一台新型设备，购价为158 500元，一次付清，使用年限4年，无残值收入，该方案的最低投资报酬率为12%（以此作为贴现率）。使用新设备后，估计每年净现金流量50 000元。要求：试用内含报酬率法评价该方案是否可行？

解：令50 000×年金现值系数－158 500＝0

$$年金现值系数=\frac{158\ 500}{50\ 000}=3.170$$

查表年金现值系数：$n=4$，系数为3.170，得$i=10\%$，因为$10\%<12\%$，所以，此方案不可行。

大多数情况下，计算出来的年金现值系数往往不能正好等于年金现值表中的数字，这样就无法确定利率是多少，此时可有插值法解决。

［例6－30］某企业拟实施A方案，投资60 000元，可使用10年，每年现金净流量为15 000元。要求：计算A方案的内含报酬率。

$$解：年金现值系数=\frac{60\ 000}{15\ 000}=4.000$$

查年金现值系数表：$n=10$（P_A，i，10）＝4，得：

当$i=20\%$时，系数为4.193

当$i=24\%$时，系数为3.682

而系数4正好介于是3.682与4.193之间，故列出下式：

$$\left.\begin{matrix}\left.\begin{matrix}20\%\\?\end{matrix}\right\}X\%\\24\%\end{matrix}\right\}4\% \qquad \begin{matrix}4.193\\4.000\\3.682\end{matrix}$$

$$\frac{x\%}{24\%-20\%}=\frac{4.193-4}{4.193-3.682}$$

$$X=\frac{4\times(4.193-4)}{4.193-3.682}=\frac{0.772}{0.511}=1.51$$

则内含报酬率 = 20% + 1.51% = 21.51%

即：*A* 方案的内含报酬率为 21.51%。

第二，每年现金净流量不相等。这时不能用年金形式解决，可按以下步骤进行：

①先估计一个折现率，按此折现率计算未来各期的现金净流量，并据以计算净现值。

②若计算出的净现值为正数，则表示估计的折现率小于该投资方案的实际投资报酬率，应适当提高估计的折现率；若计算出的净现值为负数，则表示估计的折现率大于该投资方案的实际投资报酬率，应适当降低估计的折现率。如此经过多次测算，最终找出由正到负的两个相邻的折现率。

③根据上述两个相邻的折现率，采用插值法，计算出投资方案的内含报酬率。

④若计算出的内含报酬率大于资金成本，则该投资方案可行；反之，若内含报酬率小于资金成本，则该投资方案不可行。在多个可行方案中，以内含报酬率最大的方案为最优投资方案。

[例 6-31] 现有下列投资方案，试计算方案的内含报酬率。

解：因为方案每年的现金流量不相等，所以，可用逐次测试法寻找内含报酬率。先用 18% 测试如下：

表 6-10　　单位：万元

项目年限	项目现金流量
0	-100
1	+60
2	+70

表 6-11　　单位：万元

年限	现金流量	现值系数	现值现金流量
0	-100	$1/(1+0.18)^0$	-100.00
1	+60	$1/(1+0.18)^1$	+50.85
2	+70	$1/(1+0.18)^2$	+50.27
		净现值 =	+1.12

再用贴现率 20% 测试：

表 6-12

年限	现金流量	现值系数	现值现金流量
0	-100	$1/(1+0.20)^0$	-100.00
1	+60	$1/(1+0.20)^1$	+50.00
2	+70	$1/(1+0.20)^2$	+48.61
		净现值 =	-1.39

然后计算该项目的内含报酬率：

$$\frac{20\% - x}{20\% - 18\%} = \frac{-1.39 - 0}{-1.39 - 1.12}$$

$x = 18.89\%$

因此，方案的内含报酬率为 18.89%。

内含报酬率反映了投资项目可能达到的报酬率，易于决策人员所理解。内含报酬率对于独立投资方案的决策，如果各方案原始投资额不同，可以通过计算各方案的内含报酬率，并与现值指数法结合，反映各独立投资方案的获利水平。虽然内含报酬率考虑了每项现金流量发生的时间先后，而且概念也易于理解，但应该看到，它的计算比较繁琐，不易直接考虑投资风险大小，并且假定投资项目各期所形成的现金流量，都是以该内含报酬率作为平均报酬率取得的，不太客观。在互斥投资方案决策中，如果各方案的原始投资额不相等，无法作出正确的决策。

（4）等年值法。等年值是指按照预定的投资报酬率，将有关投资项目在其有效年限内的现金流量统一换算成每年平均的等价金额。如果用 A 表示等年值，C_1 表示原始投资，C_2 表示每年的营运成本，R 表示每年现金流入量，S 表示固定资产残值，n 表示期数；i 表示利率，则公式为：

$$A = -\left(\frac{C_1}{\frac{1-(1+i)^{-n}}{i}} + C_2\right) + R + \frac{S}{\frac{(1+i)^n - 1}{i}}$$

等年值法下，判断方案优劣的方法是：在计算等年收入和每年均等的现金净流量时，若等年值为正数，表明投资方案可行。在可行的投资方案中，以等年值最大的为最佳方案。在计算等年成本时，数值的绝对数越大，支出越大，方案的经济效益越差；数值的绝对数越小，支出也越小，方案越好。

［例 6－32］某企业拟进行一项投资，其原始投资为 10 万元，使用期限为 8 年，预计净残值为 5 000 元，该项目投入使用后，每年可节约费用 18 000 元，预定投资报酬率为 14%。试问该企业是否进行该行项投资？

解：将有关数值代入公式中得：

$$A = -\left(\frac{C_1}{\frac{1-(1+i)^{-n}}{i}} + C_2\right) + R + \frac{S}{\frac{(1+i)^n - 1}{i}}$$

$$= -\left(\frac{100\ 000}{\frac{1-(1+14\%)^{-8}}{14\%}}\right) + 18\ 000 + \frac{5\ 000}{\frac{(1+14\%)^8 - 1}{14\%}}$$

$$= -\frac{100\ 000}{4.639} + 18\ 000 + \frac{5\ 000}{13.233} = -3.178\ （元）$$

因为 $-3.178 < 0$，故不应进行该项投资。

2. 非贴现的现金流量分析法

(1) 回收期法

回收期是指回收项目初始投资所需的年数。投资者希望投入的资本能以某种方式尽快地收回来，如果收回的时间长，所担风险就越大。因而，投资方案回收期的长短是投资者十分关心的问题，也是评价方案优劣的标准之一。

$$公式：回收期=\frac{原始投资额}{每年现金净流量}$$

应用回收期指标进行采纳与否决策时，企业应先确定一个要求达到的回收期，并将它作为标准，同项目的期望回收期比较，按以下规则决定取舍：

期望回收期 < 要求的回收期　　采纳

期望回收期 > 要求的回收期　　拒绝

西方有些人认为，经济寿命不到回收期两倍的投资项目不是良好的项目，因此有些企业将项目经济寿命的一半或一半左右作为要求达到的回收期。

由于企业总希望尽快收回投资，所以应用回收期指标进行互斥选择决策的规则是：在期望回收期短于要求的回收期的投资项目中，选择期望回收期最短者。

回收期法在实际决策中，一是在是否接受一项决策方案时，能提供一个初始投资应该被收回的最大期限；二是用于多个投资方案间的相互比较，能寻求其中收回投资最快的方案。

［例6－33］假设标准回收期是3年，项目的初始投资为4 000万元，其现金流量如下：

表6－13

年限	0	1	2	3	4	5
现金流量	－4 000	＋1 000	＋1 000	＋2 000	＋3 000	＋1 000

由该项目的现金流量可以看出，此项目可以接受，因为它正好3年收回了原始投资，符合标准投资回收期的要求。

回收期的优点是概念易懂，计算简便。其缺点是既不考虑回收期内现金流入量发生的时间先后，又不考虑回收期满后的现金流量情况。现举例分别说明这两种缺陷。

［例6－14］设 A、B 两个项目的预计现金流量如表6－14，试计算二者的回收期，并比较它们的优劣：

表6－14

年　限	0	1	2	3
项目 A 现金流量	－12 000	8 000	4 000	4 000
项目 B 现金流量	－12 000	4 000	8 000	4 000

由上可见项目 A 的回收期为 2 年，项目 B 的回收期也为 2 年。二者的期望回收期相同，均为 2 年，如仅按回收期指标比较优劣，似乎不相上下。其实项目 A 明显地优于项目 B，因为在回收期内，项目 A 的大额现金流入（指 8 000 元）将实现在第一年，而项目 B 则将实现在第 2 年。

［例 6－35］设 C、D 两个项目的预计现金流量如表 6－15，试计算二者的回收期，并比较优劣：

表 6－15

年 限	0	1	2	3	4	5
项目 C 现金流量	－12 000	6 000	6 000			
项目 D 现金流量	－12 000	4 000	4 000	4 000	4 000	4 000

由上表可知：项目 C 回收期＝2 年

项目 D 回收期＝3 年

如仅按期望回收期评价优劣，似乎项目 C 优于项目 D，因为项目 C 的期望回收期（2 年）短于项目 D（3 年）。其实不然，项目 C 用较短的两年时间回收全部投资后毫无赚头，而项目 D 用较长的三年时间回收投资后尚有大额回收。可见，项目显然不如项目 D，而且毫不可取。

综上所述，回收期这一指标的要害是没有考虑货币时间价值这一长期投资决策必须考虑的因素。

（2）平均投资报酬率

是项目寿命期内平均的年投资报酬率，它的计算方法有以下两种：

$$平均报酬率=\frac{年平均现金流入量}{初始投资}\times 100\%$$

$$平均报酬率=\frac{年均营业现金流量}{平均投资额}\times 100\%$$

决策中，主要将待定项目的期望平均报酬率同企业要求达到的平均报酬率相比较。如果期望平均报酬率大于要求的平均报酬率，则可采纳方案，如果期望平均报酬率小于要求的平均报酬率，则可拒绝方案。在互斥方案决策中，应该计算和比较各待选项目的期望平均报酬率，在期望平均报酬率超过要求的项目中选择最高者。

平均报酬率容易理解，计算简便，所以已往广泛地运用于西方企业。但是在计算每年现金流入量时不考虑现金流入的时间先后，不能准确地反映项目的优劣。

［例 6－36］设 A、B 两个项目的预计现金流量如下，试按以上两种公式计算，并比较优劣。

表 6－6

T	0	1	2	3	4	5
A 项目预计税后现金流量	－12 000	12 000	2 000	2 000	1 000	1 000
B 项目预计税后现金流量	－12 000	1 000	1 000	2 000	2 000	12 000

$$A\text{项目平均报酬率}=\frac{(12\ 000+2\ 000+2\ 000+1\ 000+1\ 000)\ \div 5}{12\ 000}=30\%$$

$$B\text{项目平均报酬率}=\frac{(1\ 000+1\ 000+2\ 000+2\ 000+12\ 000)\ \div 5}{12\ 000}=30\%$$

用期望平均报酬率来评价，似乎 A、B 两个项目的可取程度不分上下，但只要从时间价值观念角度分析就不难发现，项目 A 优于项目 B。因为项目 A 的初始投资在第一年末就已全部收回，又可马上进行同样规模的投资；而在项目 B 中，主要的现金流入量却发生在最后一年。

可见，回收期法和平均报酬率法因未考虑时间价值这一重要因素，都不是良好的投资决策方法，其运用范围必然受到一定限制。

6.4 投资决策方法运用

投资决策方法可运用于多种多样的投资决策。如投资规模的确定、企业联合或兼并的投资决策、固定资产更新改造的投资决策、引进技术或设备的投资决策、新产品开发的投资决策等等。

1. 工厂规模决策

创办新工厂时都会遇到工厂规模多大为好的问题。如果工厂规模小，效率往往会低，而且产量超过一定程度时只能加班加点或增加作业班次，从而提高单位人工成本；但另一方面，因固定成本低，专用设备少，所以小工厂往往经受得起销售市场不景气的打击。如果工厂规模适中，那么效率就会高，单位成本就会低；但是销路下降时，生产能力将部分闲置，固定成本不能相应减少，单位成本势必上升，改变生产方向也比较困难。如果工厂规模过大，则往往机构庞大，层次繁多，指挥不灵，影响效率和成本，更不能适应市场的波动。因此，选择工厂规模是投资决策的一个重要问题。

工厂规模决策的方法，因未来的销售量是否能够肯定而有所不同。

（1）未来销售情况可以肯定

当销售量肯定，或者不论工厂规模大小，销路均不成问题时，可以把不同规模的工厂作为不同投资项目，用净现值指标进行互斥选择决策。这时，不应以内含报酬率作为抉择的依据，因为内含报酬率较低的项目可能带来较大的净现值。另一个较好的办法，就是用差额分析法，根据规模相近的两个项目之间追加投资和投产后的追加现金流量，计算追加的净现值。如果追加的投资能够增加净现值，说明建设规模较大的工厂比较有利；否则，建设规模较小的工厂比较有利。

［例 6－37］ABC 公司准备建立一个工厂，生产产品 K，销路没有问题。工厂规模有年生产能力为 2 000 吨和 4 500 吨两种（以下简称为小厂和大厂），其现金流量见表 6－17（资金成本为 10%）。

表 6－17

t	0	1－3
小厂	－50 000	23 000
大厂	－99 000	44 800
追加现金部分	－49 000	21 800

表中最后一行的追加现金流量，就是大厂与小厂相比的追加现金流量。所谓追加净现值，就是大厂与小厂相比的追加净现值。现根据追加现金流量计算追加净现值如下：

追加净现值得 = －49 000 +21 800 ×（P_A，0.1，3） = +5 217（元）

结论：追加49 000 元投资能增加净现值5 217 元，说明追加投资是值得的，所以应该建立大厂。

小厂的内部报酬率为18%，大厂是17%。如果按内部报酬率进行此项互斥选择决策，将会选择小厂；但这样选择将使公司失去5 217 元本来可以得到的净现值。

（2）未来的销售量不能完全确定

此时只能用概率估计，具体应该用每种可能的销售量，分别计算建设大厂相对于建设小厂的可能追加净现值，然后以概率为权数用加权平均法计算期望的追加净现值。如果期望的追加净现值为正，应选择大厂；如果为负，则应选择小厂。

[例 6－38] 设某公司准备开设一家啤酒厂，正在研究大厂、小厂孰优的问题。大厂、小厂的经济寿命均为10 年。资金成本为12%，所得税率为40%。估计年销售量的概率分布及价格和成本资料如表 6－18、表 6－19 所示。

表 6－18

年销售量（吨）	4 000	5 000	6 000
	0.4	0.5	0.1

表 6－19

项　目	大厂	小厂
设备投资	2 000 000	1 500 000
流动资本垫支	700 000	700 000
残值	—	—
每吨售价	700	700
单位变动成本：		
单位直接材料：	300	300
单位直接人工：		
年产 4 000 吨以下部分	130	160
年产超过 4 000 吨部分	130	180
单位间接制造费用	70	70
年固定成本（不包括折旧）	400 000	340 000

在分析时，对于大厂、小厂相同因素，如本例中的流动资金垫支、残值、销售收入、直接材料、间接制造费用等，均可不必考虑；只需考虑开设大厂与开设小厂相比的追加投资、投产后的追加营业现金流量以及据以计算的追加净现值即可。

现按下列步骤进行分析：

第一，计算年销售量为 4 000 吨时建设大厂的追加净现值

大厂的年折旧 = 2 000 000 ÷ 10 = 200 000（元）

小厂的年折旧 = 1 500 000 ÷ 10 = 150 000（元）

大厂的年相关成本 = 4 000 × 130 + 400 000 + 200 000
= 1 120 000（元）

小厂的年相关成本 = 4 000 × 160 + 340 000 + 150 000
= 1 130 000（元）

大厂的追加年营业现金流量 = ［（－1 120 000）－（－1 130 000）］×（1－40%）+（200 000－150 000）= 56 000（元）

大厂的追加净现值 = ［（－2 000 000）－（1 500 000）］+ 56 000 ×（P_A，0.12，10）= －183 600（元）

第二，计算年销量为 5 000 吨时建设大厂的追加净现值

大厂的年相关成本 = 5 000 × 130 + 400 000 + 200 000 = 1 250 000（元）

小厂的年相关成本 = ［4 000 × 160 +（5 000－4 000）× 180］+ 340 000 + 150 000
= 1 310 000（元）

大厂的追加年营业现金流量 = ［（－1 250 000）－（－1 310 000）］×（1－40%）+（200 000－150 000）= 86 000（元）

大厂的追加净现值 = ［（－200 000）－（－1 500 000）］+ 86 000 ×（P_A，0.12，10）
= －14 100（元）

第三，计算年销售量为 6 000 吨时建设大厂的追加净现值。

大厂年相关成本 = 6 000 × 130 + 400 000 + 200 000 = 1 380 000（元）

小厂的年相关成本 = ［4 000 × 160 +（6 000－4 000）× 180］+ 340 000 + 150 000
= 1 490 000（元）

大厂的追加年营业现金流量 = ［（－1 380 000）－（－1 490 000）］×（1－40%）+（200 000－150 000）= 116 000（元）

大厂的追加净现值 = ［（－2 000 000）－（－1 500 000）］+ 116 000 ×（P_A，0.12，10）= +155 400（元）

第四，计算大厂的期望追加净现值

大厂的期望追加净现值 =（－183 600）× 0.4 +（－14 100）× 0.5 + 155 400 × 0.1
= －64 950（元）

结论：建设大厂的期望追加净现值为负，说明追加投资开设大厂得不偿失，反而会减少期望净现值 64 950 元，还不如建设小厂为好。

2. 经济联合最优规模决策

经济联合是生产社会化和商品经济的必然产物，也是科学技术发展的客观要求。企业搞经济联合可以集中许多企业的技术、资金、人力、销售等力量，迅速形成或扩大生产能力，满足市场需要。

搞经济联合，必然伴随专业化协作，专业化协作是经济联合的组织基础。然而专业化水平并非越高越好，而是要有一定量的限度，经济规模就是要确定最佳的专业化协作规模。

［例6－39］某公司准备通过经济联合迅速扩大产品产量，有关资料如表6－20所示，试决策此产品最优规模和经济合理规模。

由表6－20可知，该公司进行经济联合时，产品最优规模16 000件；经济合理规模在10 000至20 000件之间；盈亏临界规模在4 000和30 000件两个产量上，产量低于4 000件或超过30 000件，搞经济联合将发生亏损。

3. 固定资产更新改造的投资决策

科学技术的迅速发展使新技术的更新周期大大缩短，因而在当今的企业，技术的更新改造是企业所经常面临的投资决策问题，而在技术改造中，经常遇到的又是固定资产的更新改造问题。

表6－20

产销量（件）①	总成本			单位成本			单价（元/件）⑧	销售收入 ⑨＝⑧×⑦	利润⑩ ＝⑨－①
	固定费用②	变动费用③	合计① ＝②＋③	固定费用 ⑤＝②÷①	⑥＝③÷①	⑦＝⑤＋⑥			
0	12 000	—	12 000		7		10	0	－12 000
1 000	12 000	7 000	19 000	12	7	19	10	10 000	－9 000
2 000	12 000	14 000	26 000	6	7	13	10	20 000	－6 000
3 000	12 000	21 000	33 000	4	7	11	10	30 000	－3 000
4 000	12 000	28 000	40 000	3	7	10	10	40 000	0
5 000	12 000	35 000	47 000	2.4	7	9.4	10	50 000	3 000
6 000	12 000	42 000	54 000	2	7	9	10	60 000	6 000
8 000	12 000	56 000	68 000	1.5	7	8.5	10	80 000	12 000
10 000	12 000	70 000	82 000	1.2	7	8.2	10	100 000	18 000
16 000	12 000	112 000	124 000	0.75	7	7.75	10	160 000	36 000
20 000	20 000	160 000	180 000	1	8	9	10	200 000	20 000
25 000	20 000	212 500	232 500	0.8	8.5	9.3	10	250 000	17 500
30 000	30 000	270 000	300 000	1	9	10	10	300 000	0
35 000	35 000	350 000	385 000	1	10	11	10	350 000	－35 000
40 000	35 000	400 000	435 000	0.875	10	10.875	9	360 000	－75 000

［例6－40］某企业要进行技术改造，现面临两个设备更新方案，其现金流量资料分别为：

市场利率为10%，试比较两方案的优劣。

解：采用净现值方法，贴现率采用当时的市场利率10%，计算如下：

表6-21

方案一		方案二	
年限	现金流量	年限	现金流量
0	-1 500	0	-1 900
1	+550	1	+400
2	+1 400	2	+800
3			+800
4			+700

方案一的净现值 = -1 500×1+550×0.909 1+1 400×0.826 4

= +156.97

方案二的净现值 = -1 900×1+400×0.909 1+800×0.826 4+800×0.751 3

+700×0.683 0

= +203.90

以上计算可知，方案二的净现值大于方案一，如果它们是两个相互排斥的一次性项目的实施方案，它们可直接比较，净现值大者为优先选择方案。但是如果两方案面对的是连续性的或称相互依赖项目的决策，两者就不能直接进行比较，因为两方案有不同的生命周期。

为了作后种情况下的比较，应首先设想使两种设备更新方案能满足同样时间区段的服务要求。例如把方案一作如下变更再与方案二进行比较：

表6-22

年限	0	1	2	3	4
现金流量	-1 500	+550	(+1 400-1 500)	+550	+1 400

这时因方案一和方案二有同样的生命周期，即可进行直接比较。修改后方案一的现金流量的净现值应为：

-1 500× +550×0.909 1+（1 400-1 500）×0.826 4+550×0.751 3+1 400×0.683 0 = +286.78

由于修改后的方案一的净现值等于286.78，大于原方案二的现金流量的净现值，所以，应选用方案一。其结论刚好与一次性项目完全孤立相互排斥的情况完全相反。但应注意的是，这是在假设技术不发生变化的情况下进行的。

4. 租赁或购置设备决策

有时候企业因业务需要使用某些设备或仓库等建筑物，这些固定资产项目既可由企业自行购置，又可向有关单位租用，此类问题在决策时需根据业务需要和有关备选方案的经济效益而定。

［例6-41］某企业因业务发展，需使用一台计算机，每年可节约成本开支12 000元。若自行购置，其购入成本为60 000元，可使用10年，使用期满后净残值为2 000元；若向外单位租用，则租期10年间，每年年末需支付租金10 000元。购置或租赁计算机每年增加的收入及耗费的成本均相同，该企业的资金成本为16%，试对此项投资是否可取作出决策？

解：购置计算机时：

$$净现值 = 2\,000 \times \frac{1}{(1+16\%)^{10}} + 12\,000 \times \frac{1-(1+16\%)^{-10}}{16\%} - 60\,000$$

$$= 2\,000 \times 0.227 + 12\,000 \times 4.833 - 60\,000 = -1\,550(元)$$

租赁计算机时：

$$净现值 = 12\,000 \times \frac{1-(1+16\%)^{-10}}{16\%} - 10\,000 \times \frac{1-(1+16\%)^{-10}}{16\%}$$

$$= 12\,000 \times 4.833 = 9\,666(元)$$

因为：9 666 > -1 550

因此，采用租赁可取。

本章小结

长期投资决策与短期经营决策相比，有一个非常明显的特点就是投资数额大，占用资金时间长，企业所承担的风险也大，一项投资往往会影响到企业若干个会计期间。企业的投资方式从大的方面来讲主要有对内投资和对外投资两种，对内投资是指用现金或实物在本企业内进行的投资，而对外投资则是指以现金、实物、无形资产或者购买股票、债券等有价证券方式向本企业以外的其他单位进行的投资。由于长期投资建设和受益的周期长，占用的资金数量大，影响企业未来的生存和发展，所以长期投资决策比经营决策涉及的问题复杂，考虑的因素较多，如货币时间价值、资金成本、现金流量、投资风险等。通常情况下，如果投资方案的投资报酬率高于其资金成本，则此方案为可行方案，但在若干个备选方案中选择一个最优方案，尚需运用一定的专门方法加以分析比较，然后择优确定。投资决策方法一般按是否考虑货币时间价值可分为两大类，即贴现的现金流量分析法和非贴现的现金流量分析法。

思考与练习

1. 什么是长期投资？长期投资有何特点？
2. 什么是现金流量？如何评价投资项目的现金流量？
3. 长期投资决策的方法有哪些？各有何优缺点？
4. 长期投资决策中有哪些基本的假设？这些假设有何意义？
5. 风险型项目投资决策时可使用的方法有哪些？有何特点？
6. 单项选择题：

①下列属于短期投资的是（　　）。

A. 机器设备　　B. 应收账款　　C. 无形资产　　D. 长期待摊费用

②下列属于维持性投资的有（　　）。

A. 固定资产大修理投资　　B. 购买外单位股票

C. 扩建厂房　　D. 购买无形资产

③外部投资的主要目的是（　　）。

A. 扩大企业的生产能力　　B. 维持企业简单再生产

C. 为企业的闲置资金寻找出路　　D. 增加企业的信誉

④下列表述不正确的是（　　）。

A. 净现值是未来报酬的总现值与初始投资额现值之差

B. 当净现值等于零时，说明此时的贴现率为内部报酬率

C. 当净现值大于零时，获利指数小于1

D. 当净现值大于零时，说明该投资方案可行

⑤下列（　　）不是平均报酬率的优点。

A. 简明　　B. 易算

C. 易懂　　D. 考虑了资金的时间价值

⑥在没有资本限量的投资决策中，最常用的指标是（　　）。

A. 净现值　　B. 投资回收期　　C. 内部报酬率　　D. 获利指数

⑦投资决策评价方法中，对于互斥方案来说，最好的评价方案是（　　）。

A. 净现值法　　B. 获利指数法　　C. 内部报酬率　　D. 平均报酬率法

⑧某企业欲购入一套新设备，要支付400万元，该设备使用寿命为4年，无残值，采用直线法提取折旧。预计每年可产生税前净利140万元，如果所得税率为40%，则回收期为（　　）。

A. 4.5年　　B. 2.9年　　C. 2.2年　　D. 3.2年

⑨某投资项目原始投资为12万元，当年完工并投产，有效期3年，每年可获得现金净流量4.6万元，则该项目内部报酬率为（　　）。

A. 6.68%　　B. 7.33%　　C. 8.68%　　D. 8.32%

⑩当一项长期投资方案的净现值大于零时，下列说法不正确的是（　　）。

A. 该方案不可投资

B. 该方案获利指数大于1

C. 该方案未来报酬总现值大于初始投资的现值

D. 该方案的内部报酬率大于其资本成本。

7. 多项选择题：

①下列有关投资的论述，正确的是（　　）。

A. 企业投资是取得利润的基本条件

B. 企业投资是降低风险的重要方法

C. 企业投资是扩大再生产的必要条件

D. 企业投资仅指闲置资金用于购买股票、债券等有价证券。

E. 企业投资是为了在将来取得收益

②对外投资包括（　　）。

A. 股票投资　　B. 债券投资　　C. 其他投资　　D. 维持性投资

③下列构成内部投资额的项目有（　　）。

A. 投资前费用　　B. 设备购置费用　　C. 建设工程费

D. 营运资金垫支　　E. 其他可能发生的不可预见费用

④在下列指标中，属于贴现现金流量的指标有（　　）。

A. 净现值　　B. 内部报酬率　　C. 获利指数　　D. 平均报酬率

⑤当一项长期投资方案的净现值大于零，则说明（　　）。

A. 该方案可以投资

B. 该方案不能投资

C. 该方案未来报酬率大于其资本成本

D. 该方案未来报酬总现值大于初始投资的现值

E. 该方案的获利指数大于1

⑥计算营业现金流量时，每年净现金流量可按下列（　　）公式计算。

A. NCF = 每年营业收入 - 付现成本

B. NCF = 净利润 + 折旧

C. NCF = 每年营业收入 - 付现成本 - 所得税

D. NCF = 净利润 + 折旧 - 所得税

⑦确定一个投资方案可行的必要条件是（　　）。

A. 净现值大于零　　B. 现值指数大于1　　C. 回收期小于1年

D. 内部报酬率较高　　E. 内部报酬率大于1

⑧对于同一投资方案，下列说法正确的是（　　）。

A. 资本成本越高，净现值越低

B. 资金成本越高，净现值越高

C. 资金成本相当于内部收益率时，净现值为零

D. 资金成本相当于内部收益率时，净现值小于零

E. 资金成本相当于内部收益率时，净现值大于零

⑨对于项目寿命不等的投资决策，可采纳的决策方法是（　　）。

A. 最小公倍数法　　B. 内部报酬率法　　C. 年均净现值法

D. 获利指数法　　E. 回收期法

8. 计算分析题：

①某公司准备购入一设备以扩充生产能力。现有甲、乙两个方案可供选择，甲方案需投资20万元，使用寿命为5年，采用直线法计提折旧，5年后无残值。5年中每年的销售收入为10万元，付现成本为4万元；乙方案需固定资产投资24万元，流动资产投资2万元。固定资产采用直线法计提折旧，使用寿命也为5年，5年后有残值收入0.4万元，5年中每年的销售收入为12万元，付现成本第一年为5万元，以后随着设备

陈旧，逐年将增加修理费2 000元，假设所得税率为30%，资本成本率为8%。

要求：(1) 计算甲、乙两个方案的现金流量；

(2) 计算甲、乙两个方案的净现值并比较两个方案的优劣。

②某公司拟购置一台新设备，价款580万元，可使用10年，使用期满有残值20万元，新增设备在寿命周期内每年可为企业增加净利55万元，该公司采用直线法计提折旧，该公司的资本成本为10%。

要求，用内含报酬率评价该投资方案是否可行。

③某厂两年前购入一台机床，原价42万元，期末残值为2万元，估计还可以使用8年。最近企业考虑是否用一种新型的数控机床取代原设备，新机床售价52万元，使用期限8年，期末残值3万元，若购置新车床，可使该厂每年的营业现金净流量由目前的38万元增加到49万元。目前该厂原有机床的账面价值为34万元，如果现在立即出售，可获价款14万元，该厂资本成本为12%。

要求，根据资料，采用净现值法对该项售旧购新方案的可行性作出评价。

④某企业两个投资项目的现金流量如下表所示，该企业的资本成本为10%。

要求：(1) 分别计算两个方案的投资回收期；

(2) 分别计算两个方案的平均报酬率；

(3) 分别计算两个方案的净现值；

(4) 分别计算两个方案的获利指数；

(5) 分别计算两个方案的内部报酬率。

投资项目现金流量计算表　　单位：万元

项目 \ 年限	0	1	2	3	4	5
甲方案						
固定资产投资	-60					
营业现金流量		20	20	20	20	20
现金流量合计	-60	20	20	20	20	20
乙方案						
固定资产投资	-80					
垫支营运资金	-20					
营业现金流量		28	25	22	19	16
固定资产残值						10
营运资金回收						20
现金流量合计	-100	28	25	22	19	46

⑤假设某公司有五个可供选择的项目A、B_1、B_2、C_1、C_2，其中B_1、B_2，C_1、C_2是互斥选择项目，该公司资本的最大限量为400万元，详细情况如下表所示：

投资项目	初始投资（万元）	现值指数	净现值
A	200	1.375	75
B_1	100	1.45	45
B_2	150	1.25	37.5
C_1	180	1.30	54
C_2	150	1.1	15

试确定该公司应选择什么样的投资组合？假设组合后未用完的资金投资于有价证券，获利指数为1。

⑥假定某公司准备进行一项投资，其各年的净现金流量和分析人员确定的肯定当量系数如下表所示，无风险贴现率为8%，试判断此项目应否进行投资。

单位：万元

年限	0	1	2	3	4	5
NCF	-50	10	20	20	30	30
肯定当量系数	1	0.7	0.75	0.65	0.6	0.5

7　全面预算

学习目的：

全面预算是企业为了保证预定期间内战略规划和目标的最终实现，按照一定程序和方法制定的企业在预定期间内经营活动的总体安排。全面预算是企业在对历史经营成果和未来经营环境进行充分分析、论证的基础上，对未来经营活动作出的用实物量和价值量表现的管理计划；企业利用全面预算对内部各部门、各单位的各种财务和非财务资源进行分配、控制和考核，以便有效地组织和协调各种经营活动，完成既定的战略规划和目标。

本章介绍全面预算的原理和方法，重点阐述全面预算的概念和功能、全面预算体系的内容、全面预算编制的程序和方法等问题。通过对本章的学习，应掌握全面预算的概念、内容和形式，学会编制业务预算和财务预算，并理解全面预算编制及发挥作用过程中各方参与人的行为特征和管理意义。

7.1　全面预算概述

7.1.1　全面预算的概念

通过决策程序选择的最优方案，为企业经营活动明确了目标；为了实现经营目标，必须要有“行动方案”，即必须进行周密且合理的计划工作。而在企业的计划工作中，预算是使用最为广泛且有效的工具，它既是决策的具体化，又是控制的依据。

需要指出的是，预算和计划既有联系又有区别。联系在于：二者都是企业事前的管理工作，目标一致。区别在于：计划是企业为了实现经营目标作出的任务安排，侧重于用文字说明实现经营目标必须完成的任务；预算要付诸实施必须以数量化的形式表现，以便执行和控制，预算就是计划的数量化表现，侧重于用数字和表格说明对任务的具体要求，并主要是用价值量即以货币计量单位来表现。

全面预算是针对企业整体而言的，强调为了实现经营目标，企业销售、生产、采购、财务等部门必须相互配合、相互协调。销售部门必须努力拓展销售，保证实现目标利润；生产部门必须根据销售部门的要求适时组织适销对路的产品生产，既不能生产过多造成产品积压而增加仓储费用和利息支出，也不能生产过少造成脱销而失去占领或扩大市场的机会；采购部门必须保质保量地备足生产所需原材料，并努力降低采购成本；财务部门必须努力筹措资金，经常保证足够的现金，以应付各种开支。企业利用全面预算，可以协调各部门的经营活动，步调一致，实现经营目标。

可见，全面预算尽管在形式上主要表现为价值量指标和财务表格，但它不仅仅是财务方面的预算，不只是财务部门一家的预算。全面预算不是会计人员为会计目的进行的会计工作，而是企业整体为保证战略规划和目标的实现进行的管理工作，需要得到全体员工的重视和参与。

7.1.2 全面预算的作用

预算在实际工作中包括预算编制和预算控制两项职能。其中预算控制是指以预算为基础的一系列控制活动，企业依据预算对各部门进行指导和调整，通过对实绩和预算的差异分析考核经营活动的绩效，促使各部门不断改善经营活动。基于这两项职能，预算可以发挥以下重要作用：

1. 预算有助于落实战略

预算编制，实质上就是根据企业长期战略规划制定短期（预算期）经营策略，将任务和目标具体化，从而明确企业整体及其内部各部门、各单位的努力方向和责任，实现战略规划和实施细节的有效结合。

2. 预算有助于整合资源

预算在传统上被看成是控制开支的工具，但新的观点将其看成“使企业资源获得最佳生产率和获利率的一种方法”。任何企业，不论规模大小，它所拥有的人力、物力、财力等资源都是相对有限的，企业在预算编制过程中，对所拥有的各种资源进行必要的综合平衡，使其在各部门之间相互协调，实现以较少的资源投入获得较大的效益产出。

3. 预算有助于提高效率

预算执行，是企业内部各层次、各部门相互沟通信息的过程，预算指标的层层分解和考核，有助于企业的上下互动、左右协调，提高运作效率。预算还有助于将过去的绩效信息提供给企业决策者，优化决策；有助于发现经营和管理的薄弱环节，改进工作。

4. 预算有助于评价业绩

预算是评价企业各部门业绩的重要准绳，企业在预算执行过程中，将各部门实绩和预算对比，确定实绩偏离预算的程度，分析偏差出现的原因，明确责任，奖优惩劣。同时，企业也可以根据预算执行结果不断修正、优化业绩评价体系，确保业绩评价更加符合实际，真正发挥其评价和激励的作用。

7.1.3 全面预算组织管理体系

全面预算管理因涉及企业管理的各个方面，是一个复杂的过程，因此很多企业专门建立全面预算组织管理体系，专门进行全面预算管理。设置预算管理委员会是一种企业典型的预算组织管理体系。预算管理委员会一般由企业首席执行官（CEO）为担任主席，由财务总监（CFO）担任常务副主席，各业务单位主要负责人、职能部门组成的专门机构。预算管理委员会对各业务单位预算编制及执行监控等工作进行领导，和战略委员会、投资委员会、薪酬委员会和审计委员会一样直接对董事会负责。图7－1列示了此种架构。

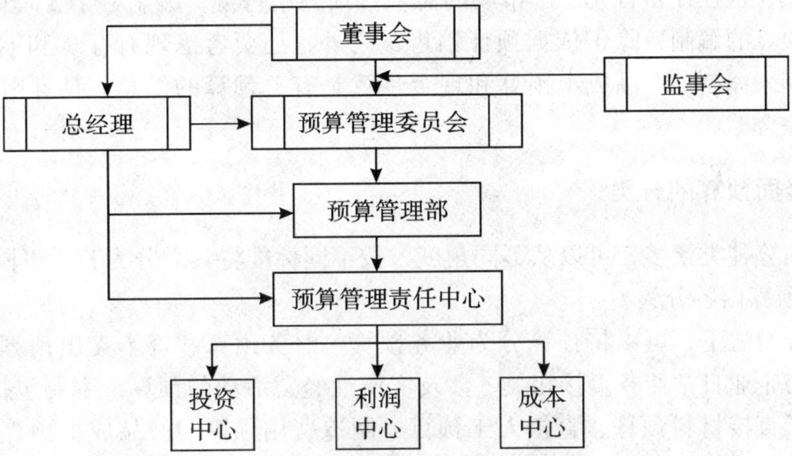

图7－1　全面预算组织管理体系

7.2　全面预算体系

7.2.1　全面预算的内容

全面预算是由一系列预算按照其经济内容和相互关系衔接而成的有机整体，称为全面预算体系，图7－2是一个简化了的例子。

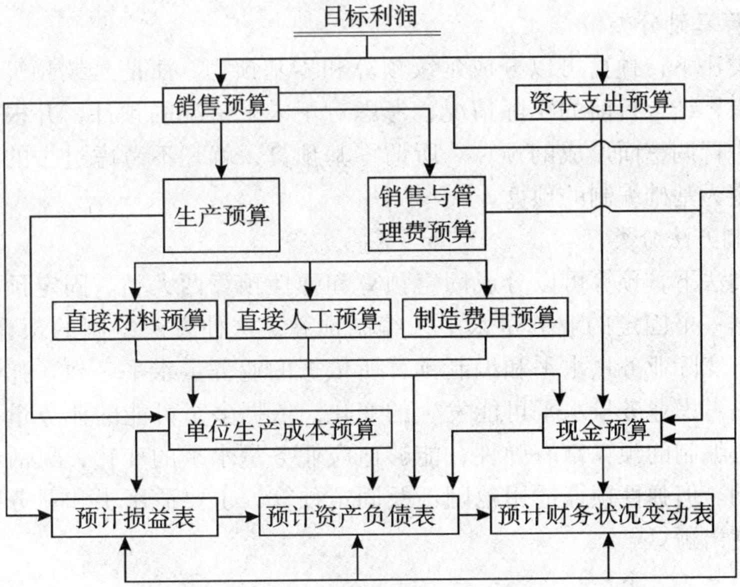

图7－2　全面预算的内容示意图

从图 7－2 可以看出，销售预算是全面预算的起点，这是因为为了在激烈的市场竞争中求得生存和发展，企业往往是根据市场的需求，实行以销定产。在企业在编制预算的过程中，也往往是首先了解市场的需求，预测销售量，编制科学合理的销售预算；然后生产预算的编制，除了依据预计销售量之外，还要考虑现有存货和期末存货，根据生产预算来编制。产品成本预算和现金预算是有关预算的汇总。预计财务报表是全部预算的综合。

7.2.2 全面预算的分类

全面预算种类繁多，可以从不同角度、按不同标准将其划分为若干不同类型。

1. 按预算内容分类

这种分类法下，可以将预算分为业务预算、财务预算和资本支出预算三大类。业务预算是与企业日常业务直接相关、涉及实质性经营活动的预算，主要包括销售预算、生产预算、直接材料预算、直接人工预算、制造费用预算、产品成本预算、销售及管理费用预算等。财务预算是反映企业预算期内现金收支、经营成果和财务状况的预算，主要包括现金预算和预计财务报表（利润表、资产负债表和财务状况变动表等）。资本支出预算是对企业不经常发生的资本支出的预算。

2. 按预算期分类

这种分类法下，预算可以分成短期预算和长期预算两大类。短期预算是指预算期在一年或一年以内的预算，主要针对企业日常经营活动和财务活动，业务预算和财务预算通常是短期预算。长期预算是指预算期在一年以上的预算，是一种规划性质的预算，如资本支出预算，还包括长期销售预算、长期筹资预算和研究与开发预算等。短期预算和长期预算的划分以一年为界限，有时也把预算其在 2～3 年的预算称为中期预算。

3. 按预算基础分类

这种分类法下，预算可以分成延续预算和零基预算。所谓延续预算，就是在过去预算的基础上，结合目前的实际情况，考虑对于未来情况的预计，并根据新定的经营目标和要求进行调整而形成的预算。所谓零基预算，就是不考虑过去的预算项目和收支水平，以零为基础编制的预算。

4. 按编制方法分类

这种分类法下，预算可以分成固定预算和弹性预算两大类。固定预算也称为静态预算，是依据一个固定的业务量水平来编制预算，这种方法编制的预算要发挥作用，其前提必须是实际业务量水平和编制预算所依据的业务量水平一致。弹性预算也称为动态预算，是考虑业务量水平可能发生的变化，依据多个可能的业务量水平来编制预算，这种方法编制的预算富有弹性，能够适应业务量水平的变化，灵活地反映和评价企业经营活动。但弹性预算适用范围不及固定预算，主要适用于和业务量水平关系密切的收入、支出预算。

7.3 全面预算编制示例

7.3.1 销售预算

销售预算是对企业预算期内销售产品或提供劳务等销售活动的总体安排，主要内容是销售量、销售单价和销售收入。销售量是根据市场预测或销售合同并结合企业生产能力确定的；销售单价是通过价格决策确定的；销售收入是二者的乘积，在销售预算表中计算得出。由于赊销方式的存在，预算期实际取得的现金收入可能和销售收入不一致，因此一般还要附加编制预计现金收入计算表，来反映预算期内因销售而发生现金收入，并作为今后编制现金预算的依据之一。

［例7－1］柳林公司在预算年度内只生产和销售一种产品，第一、二、三、四季度的销售量分别为10 000件、15 000件、20 000件、18 000件，销售单价为200元，每季度销售收入的60%于当季以现金收讫，40%于下一季收回。此外，年初应收账款为620 000元。根据以上资料，编制销售预算见表7－1。

表7－1 柳林公司销售预算表

摘要		第一季度	第二季度	第三季度	第四季度	全年
预计销售量（件）		10 000	15 000	20 000	18 000	63 000
预计销售单价（元）		200	200	200	200	200
预计销售收入（元）		2 000 000	3 000 000	4 000 000	3 600 000	12 600 000
预计现金收入计算表	期初应收账款（元）	620 000				620 000
	第一季度销售收现（元）	1 200 000	800 000			2 000 000
	第二季度销售收现（元）		1 800 000	1 200 000		3 000 000
	第三季度销售收现（元）			2 400 000	1 600 000	4 000 000
	第四季度销售收现（元）				2 160 000	2 160 000
	现金收入合计（元）	1 820 000	2 600 000	3 600 000	3 760 000	11 780 000

7.3.2 生产预算

生产预算是对企业预算期内生产活动的总体安排，主要内容是销售量、期初和期末存货量、生产量。生产预算中的预计生产量可以用下列公式来确定：

预计生产量＝预计销售量＋预计期末存货量－预期期初存货量

通常，企业的生产和销售不能做到“同步同量”，需要保持一定数量的存货，以避免储备不足或超储积压的情况出现，并可以保证能在发生意外需求时按时供货，节省赶工的额外支出。这一存货量通常按下期销售量的一定百分比确定。生产预算在实际编制时是比较复杂的，存货量受到仓库容量的限制，生产量受到企业生产能力的限制，只能在此范围内来安排存货量和生产量。

［例7－2］承前例，柳林公司每季度期末存货量为下一季销售量的10%，年初存货量为1 000件，预计年末存货量为2 000件，则生产预算见表7－2。

表7－2　　柳林公司生产预算表　　单位：件

项目	第一季度	第二季度	第三季度	第四季度	全年
预计销售量	10 000	15 000	20 000	18 000	63 000
加：预计期末存货量	1 500	2 000	1 800	2 000	2 000
减：预计期初存货量	1 000	1 500	2 000	1 800	1 000
预计生产量	10 500	15 500	19 800	18 200	64 000

7.3.3 直接材料预算

直接材料预算的主要内容是企业预算期内直接材料的单位产品用量、生产需用量、期初和期末存货量，以及采购量和金额。直接材料预算是以生产预算为基础编制的，同时要考虑原材料存货水平：预计生产量的数据来自生产预算，单位产品用量的数据来自标准成本资料或消耗定额资料，生产需用量是二者的乘积，预计采购量可以用下列公式来确定：

预计采购量＝生产需用量＋预计期末存货量－预计期初存货量

期末存货量通常按下期生产需用量的一定百分比确定。由于赊购方式的存在，一般还要附加编制预计现金支出计算表，具体包括前期应付购料款的偿还以及本期购料款的支付。直接材料预算是今后编制产品成本预算和现金预算的依据之一。

［例7－3］承前例，柳林公司单位产品消耗定额为10千克，计划单价为5元/千克，每季度购料款的50%于当季以现金付讫，其余于下一季支付。每季度材料期末存货量为下期生产需要量的20%，年初材料存货量为30 000千克，预计年末材料存货量为40 000千克。此外，年初应付购料款为235 000元。根据以上资料，编制直接材料预算见表7－3。

表7－3　　柳林公司直接材料预算表

摘要		第一季度	第二季度	第三季度	第四季度	全年
直接材料采购预算	预计生产量（件）	10 500	15 500	19 800	18 200	64 000
	单位产品用量（千克）	10	10	10	10	10
	生产需用量（千克）	105 000	155 000	198 000	182 000	640 000
	加：预计期末存货量	31 000	39 600	36 400	40 000	40 000
	减：预计期初存货量	30 000	31 000	39 600	36 400	30 000
	预计材料采购量（千克）	106 000	163 600	194 800	185 600	650 000
	单位采购成本（元）	5	5	5	5	5
	预计材料采购金额（元）	530 000	818 000	974 000	928 000	3 250 000

表7-3（续）

摘要		第一季度	第二季度	第三季度	第四季度	全年
预计现金支出计算表	期初应付账款（元）	235 000				235 000
	第一季度采购付现（元）	265 000	265 000			530 000
	第二季度采购付现（元）		409 000	409 000		818 000
	第三季度采购付现（元）			487 000	487 000	974 000
	第四季度采购付现（元）				464 000	464 000
	现金支出合计	500 000	674 000	896 000	951 000	3 021 000

7.3.4 直接人工预算

直接人工预算的主要内容是企业预算期是直接人工的单位产品工时、人工总工时、每小时人工成本和人工总成本。直接人工预算也是在生产预算的基础上编制的：单位产品人工工时和每小时人工成本的数据来自标准成本资料，其余是在直接人工预算表中计算出来的。由于工资都需要现金支付，因此不需要附加编制预计现金支出计算表。

［例7-4］承前例，柳林公司单位产品人工工时为10小时，每小时人工成本为2元，则直接人工预算见表7-4。

表7-4 **柳林公司直接人工预算表**

项目 \ 时间	第一季度	第二季度	第三季度	第四季度	全年
预计生产量（件）	10 500	15 500	19 800	18 200	64 000
单位产品人工工时（小时）	10	10	10	10	10
人工总工时（小时）	105 000	155 000	198 000	182 000	640 000
每小时人工成本（元）	2	2	2	2	2
人工总成本（元）	210 000	310 000	396 000	364 000	1 280 000

7.3.5 制造费用预算

制造费用是企业生产部门（分厂、车间）为组织和管理生产所发生的各项费用。在企业生产机械化、自动化程度越来越高的情况下，生产设备的价值越来越高，其折旧费、保险费等相应增加；车间管理人员、技术人员的数量越来越多，其工资及福利费也相应增加。总之，制造费用在产品成本中所占的比重越来越高，对制造费用的预算和控制就日益成为企业管理的重点。

编制制造费用预算要比编制直接材料预算和直接人工预算复杂，因为在制造费用中既有变动制造费用，也有固定制造费用。变动制造费用在生产预算的基础上编制：如果有完善的标准成本资料，单位产品变动制造费用和产量的乘积，即为相应的预算金额；如果没有标准成本资料，就需要逐项预计计划产量需要的各项制造费用。固定资产费用通常和产量无关，需要逐项预计实际需要的支付额。

[例7-5] 承前例，柳林公司制造费用预算表见表7-5。

表7-5 柳林公司制造费用预算表 单位：元

性质	费用项目	时间				
		第一季度	第二季度	第三季度	第四季度	全年
变动制造费用	间接人工	10 500	15 500	20 000	18 000	64 000
	间接材料	10 500	15 500	20 000	18 000	64 000
	维修费	21 000	31 000	39 600	36 400	128 000
	水电费	10 500	15 500	20 000	18 000	64 000
	变动制造费用小计	52 500	77 500	99 600	90 400	320 000
固定制造费用	管理人员工资	20 000	20 000	20 000	20 000	80 000
	折 旧	100 000	100 000	100 000	100 000	400 000
	维修费	100 000	114 000	90 000	90 000	394 000
	保险费	7 500	8 500	11 000	19 000	46 000
	办公费	10 000	10 000	10 000	10 000	40 000
	固定制造费用小计	237 500	252 500	231 000	239 000	960 000
制造费用合计		290 000	330 000	330 600	329 400	1 280 000
减：折 旧		100 000	100 000	100 000	100 000	400 000
预计现金支出的制造费用		190 000	230 000	230 600	229 400	880 000

为了便于今后编制产品成本预算，需要计算小时费用率。

变动制造费用分配率 = 320 000 ÷ 640 000 = 0.5（元/小时）

固定制造费用分配率 = 960 000 ÷ 640 000 = 1.5（元/小时）

为了便于今后编制现金预算，还需要预计现金支出的制造费用。固定资产折旧费不需要现金支付，因此，在预计现金支出的制造费用时，应予扣除。

7.3.6 产品成本预算

产品成本预算是销售预算、生产预算、直接材料预算、直接人工预算和制造费用预算的汇总，主要内容是单位产品成本和总成本。单位产品成本的有关数据来自前述三个成本项目预算，生产量和期末存货量来自生产预算，销售量来自销售预算。

[例7-6] 承前例，柳林公司产品成本预算见表7-6。

表7-6 柳林公司产品成本预算表

项 目	单位成本			生产成本（元）（64 000件）	期末存货（元）（2 000件）	销售成本（元）（63 000件）
	数量	单价（元）	金额（元）			
直接材料	10千克	5	50	3 200 000	100 000	3 150 000
直接人工	10小时	2	20	1 280 000	40 000	1 260 000
变动制造费用	10小时	0.5	5	320 000	10 000	315 000
固定制造费用	10小时	1.5	15	960 000	30 000	945 000
合 计			90	5 760 000	180 000	5 670 000

7.3.7 销售及管理费用预算

销售费用是企业在销售过程中所发生的各项费用，如销售人员工资、广告费、运杂费、包装费等。管理费用是企业为组织和管理生产经营活动而发生的各项费用，如管理人员工资及福利费、保险费、办公费等。随着企业市场的拓展、规模的扩大，销售及管理费用也相应增加。

销售费用预算在销售预算的基础上编制，应分析销售量、销售利润和销售费用的关系，可利用本量利分析方法，合理预计销售费用。管理费用多属于固定成本，一般以过去的实际开支为基础，按预算期可预见的变化来调整。销售及管理费用大部分需要现金支付，如果有不需要现金支付的项目，如管理用资产的折旧和无形资产的摊销等，就还需要预计现金支出的销售及管理费用，以便于今后编制现金预算。

[例7-7] 承前例，柳林公司销售及管理费用预算见表7-7。

表7-7　　柳林公司销售及管理费用预算表　　单位：元

销售费用：	
销售人员工资	200 000
广告费	1 000 000
运杂费	150 000
包装费	150 000
管理费用：	
管理人员工资及福利	200 000
保险费	80 000
办公费	220 000
折 旧	40 000
销售及管理费用合计	2 040 000
减：折旧	40 000
预计现金支出的销售及费用	2 000 000
每季度现金支出（2 000 000 ÷ 4）	500 000

7.3.8 现金预算

现金预算反映企业预算期内现金流转状况，主要内容是期初现金余额、现金收入、现金支出、现金多余或不足以及现金的筹措和运用。现金预算实际上是前述预算有关现金收支部分的汇总，它的编制要以前述预算为基础，或者说前述预算在编制时要为现金预算做好数据准备。企业预算期现金收入的主要来源是销货收现，相关数据来自销售预算；现金支出主要是采购付现、工资支付和需要现金支付的制造费用、销售及管理费用，相关数据来自前述相关预算，此外，还包括所得税费用、设备购置、股利分配等现金支出，相关数据来自另行编制的专门预算；现金多余或不足列示现金收入合计和现金支出合计的差额；差额为正，说明收大于支，现金多余，财务部门应积极运用多余资金；差额为负，说明支大于收，现金不足，财务部门应设法筹措资金。

现金预算表的基本格式如下：

期初现金余额＋现金收入合计

可供使用现金－现金支出合计

现金多余（或不足）±现金的运用（或筹措）

期末现金余额

［例7－8］承前例，柳林公司每季度末需要保留现金余额600 000，不足此数需要向银行借款，向银行借款需是100 000的整数倍，并且一般在期初借入、期末归还。此外，柳林公司有长期借款900 000元。根据以上资料，编制柳林公司现金预算见表7－8。

表7－8　　柳林公司现金预算表　　单位：元

项目＼时间	第一季度	第二季度	第三季度	第四季度	全年
期初现金余额	800 000	820 000	606 000	628 400	800 000
加：现金收入合计(见表7－1)	1 820 000	2 600 000	3 600 000	3 760 000	11 780 000
本期可动用现金合计	2 620 000	3 420 000	4 206 000	4 388 400	12 580 000
减：现金支出：					
直接材料（见表7－3）	500 000	674 000	896 000	951 000	3 021 000
直接人工（见表7－4）	210 000	310 000	396 000	364 000	1 280 000
制造费用（见表7－5）	190 000	230 000	230 600	229 400	880 000
销售及管理费用（见表7－7）	500 000	500 000	500 000	500 000	2 000 000
所得税费用	400 000	400 000	400 000	400 000	1 600 000
设备购置		1 000 000			1 000 000
股利支付		800 000		800 000	1 600 000
现金支出合计	1 800 000	3 914 000	2 422 600	3 244 400	11 381 000
现金多余或不足	820 000	（494 000）	1 783 400	1 144 000	1 199 000
现金的筹措和运用：					
向银行借款	1 100 000			1 100 000	
还银行借款		1 100 000		1 100 000	
短期借款利息（年利率10%）			55 000		55 000
长期借款利息（年利率12%）				108 000	108 000
期末现金余额	820 000	606 000	628 400	1 036 000	1 036 000

注：

1. 第二季度借款额＝494 000＋600 000＝1 094 000≈1 100 000（元）
2. 第三季度利息＝1 100 000×10%×6/12＝55 000（元）
3. 第四季度利息＝900 000×12%＝108 000（元）

7.3.9 预计利润表

预计利润表和实际利润表的内容、格式相同，只不过数据是面向预算期的。所以，预计利润表实际上就是对企业预算期内收入、成本、费用及利润的预算，是在前述预算的基础上编制的。通过编制预计利润表，可以了解企业预算期可能达到的利润水平，如果这一利润水平和企业目标利润有较大的不一致，就需要调整部门预算，设法达到目标利润，或者经企业领导同意后修改目标利润。

[例7-9] 承前例，柳林公司预计利润表见表7-11。

表7-9　　柳林公司预计利润表　　单位：元

项　目	预算数
销售收入（表7-1）	12 600 000
减：销货成本（表7-6）	5 670 000
毛利	6 930 000
减：销售及管理费用（表7-7）	2 040 000
减：利息（表7-8）	163 000
利润总额	4 727 000
减：所得税费用（表7-8）	1 600 000
净利润	3 127 000

7.3.10 预计资产负债表

预计资产负债表和实际资产负债表的内容、格式相同，只不过数据是面向预算期的。预计资产负债表是在企业上期期末资产负债表的基础上，按前述预算的相关数据加以调整编制的，反映了企业预算期期末的财务状况。其中期末未分配利润可以用下列公式来确定：

期末未分配利润 = 期初未分配利润 + 本期净利润 - 本期股利

通过编制预计资产负债表，可以了解企业财务状况的稳定性和流动性，如果发现某些财务比率不佳，必要时可以修改相关预算，以改善财务状况。

[例7-10] 承前例，柳林公司预算期期初数据已经给出，则预计资产负债表见表7-13。

表 7-10　　柳林公司预计资产负债表　　单位：元

资产	期初数	期末数	负债和所有者权益	期初数	期末数
现金（表 7-8）	800 000	1 036 000	应付账款（表 7-3）	235 000	464 000
应收账款（表 7-1）	620 000	1 440 000	长期借款	900 000	900 000
原材料（表 7-3）	150 000	200 000	普通股	2 000 000	2 000 000
库存商品（表 7-6）	90 000	180 000	未分配利润	1 625 000	3 152 000
固定资产	3 500 000	4 500 000			
累计折旧(表 7-5、7)	400 000	840 000			
资产合计	4 760 000	6 516 000	负债和所有者权益合计	4 760 000	6 516 000

注：

1. 期末应收账款 = 3 600 000 × 40% = 1 440 000（元）

2. 期末应付账款 = 928 000 × 50% = 464 000（元）

7.4　全面预算的编制方法

全面预算编制方法有若干种，正确选择预算编制方法，不仅可以有效提高预算编制的效率，而且对于提高预算指标的准确性和恰当性至关重要。因此，正确选择预算编制方法是保证预算科学性、可行性的重要基础。常用的预算编制方法主要有固定预算法、弹性预算法、增量预算法、零基预算法、定期预算法、滚动预算法和作业预算法。这几种方法不是相互排斥、孤立存在的，在实际工作中，各种方法往往是相互配合、综合应运的。企业要根据自身经营活动特点，寻找适合自己的预算编制方法。

7.4.1　固定预算法与弹性预算法

1. 固定预算法

固定预算法又称静态预算法，是预算编制的最基本方法，是以预算期某一固定业务量水平为基础来确定相应预算指标的预算编制方法；按此方法编制的预算称为固定预算。一般情况下，对于不随业务量水平变化而增减的固定成本费用（如折旧等）项目预算，可以采用固定预算法进行编制；随着业务量水平变化而增减的变动成本费用（如直接材料等）项目预算，则不宜采用固定预算法进行编制。

固定预算法的主要优点是比较简便宜行，缺点是当实际业务量水平偏离预算编制所依据的业务量水平时，采用固定预算法编制的预算就失去了其编制的依据，也失去了其作为控制和评价标准的意义。

固定预算法应用范围受其自身特点的影响，仅适用于对不随业务量水平变化而增减的固定成本费用项目的预算编制，以及业务量水平较为稳定的企业或者非营利性组织的预算编制。

采用固定预算法编制的销售预算举例详见[例 7-1]。

2. 弹性预算法

弹性预算法又称变动预算法，是在固定预算法的基础上发展而来的一种预算编制方法，是以预算期可预见的多种不同业务量水平分别确定相应预算指标的预算编制方法，按此方法编制的预算称为弹性预算。它所依据的业务量可以是销售量、生产量、材料消耗量、直接人工工时、机器工时等。

弹性预算法弥补了固定预算法的缺点，可以反映企业在不同业务量水平下发生的成本费用和收入水平，使预算编制依据和实际情况尽可能保持一致，从而使预算指标和实际业绩相互可比，从而能够更好地发挥预算规划、控制和评价企业经营活动的作用。弹性预算法的缺点在于预算编制工作量大。

弹性预算法适用随着业务量水平变化而增减的变动成本费用项目和收入的预算编制，以及业务量水平变动较大的企业的预算编制。

（1）弹性成本费用预算

弹性成本费用预算主要用于涉及各种间接费用的预算，如间接制造费用、期间费用等的预算。直接材料和直接人工是随着产量呈正比例变动的费用，可以通过标准成本进行控制考核，不一定要编制弹性预算。

在编制弹性成本费用预算之前，首先需选择适当的业务量水平，并确定其可能的变动幅度（一般情况下可按照历史资料或正常生产能力的70%~110%确定）；其次根据该业务量范围内有关成本费用项目之间的内在联系进行编制。

弹性成本费用的预算公式如下：

某产品成本费用预算=某产品固定成本预算+销售量×某产品单位变动成本预算

［例7-11］本月预计生产A产品5 000件，实际产量为5 500件。该月产品预算成本费用和实际成本费用详见表7-11。

表7-11　　A产品成本差异表

生产量		固定预算	实际	差异
		5 000件	5 500件	+500
成本项目	直接材料	50 000元	53 000元	+3 000
	直接人工	15 000元	17 000元	+2 000
	制造费用	30 000元	32 000元	+2 000
	合　计	95 000元	102 000元	+7 000

从表7-11中可以看出来如果将A产品的实际成本费用与固定预算相比较，实际成本费用将超出预算7 000元。但是由于生产量的增加，难以说明企业生产经营活动和管理活动的好坏。如果将实际成本与弹性成本预算相比较，结论就很清晰，详见表7-12。

表 7-12

A 产品成本差异表

生产量	弹性预算			实际	差异（元）
		5 000 件	5 500 件	5 500 件	
成本项目	单位成本（元）	总成本（元）	总成本（元）	总成本（元）	
直接材料	10.00	50 000	55 000	53 000	-2 000
直接人工	3.00	15 000	16 500	17 000	+500
制造费用	3.00	15 000	16 500	17 000	+500
小　计	16.00	80 000	88 000	87 000	-1 000
固定制造费用	3.00	15 000	15 000	15 500	+500
合　计	19.00	95 000	103 000	102 500	-500

从表 7-12 中中可以看出，就个别成本项目来看，有超支的，也有节约的。但总成本是节约的。可见弹性预算法比固定预算法在预计成本费用时更准确，可以更真实说明企业各个部门的工作质量与效果，为企业业绩评价和职责分工提供一个准确的标准。

如果某种产品中涉及到混合成本，那么在进行成本预算时就有两种处理方法：一种是按一定的方法将混合成本分解成为变动成本和固定成本两个部分，然后再依据此来编制弹性预算；另一种是直接根据混合成本与业务量的关系，分别确定每一种业务量水平应该发生的混合成本数额。后一种方法编制的成本弹性预算法详见某企业某年度预算表 7-13。

表 7-13

成本费用弹性预算表

产量（件）	1 000	1 200	1 400	1 600	1 800
生产能力（%）	80	90	100	110	120
变动成本（元）	80 000	85 000	90 000	95 000	100 000
混合成本（元）	4 000	4 200	4 400	4 600	4 800
固定成本（元）	25 000	25 000	25 000	25 000	25 000
合计（元）	109 000	117 200	119 400	124 600	129 800

（2）弹性利润预算

编制完成本的弹性预算之后，就可以编制利润的弹性预算。利润的弹性预算以预算期内预计的多种可能实现的销售收入作为出发点，按照成本的性态扣除相应的成本，分别确定及不同销售额下确定的利润。根据[例 7-11]的资料编制弹性预算利润表见表 7-14。

利润弹性预算编制的基本公式如下：

利润预算 = 销售量 × 预计单位售价 -（固定成本 + 销售量 × 预计单位变动成本）

表 7-14　　利润弹性预算表

项　目	弹性预算		实际	差异（元）
销售量（件）	5 000	5 500	5 500	
单　价（元/件）	20	20	19.82	
销售收入（元）	100 000	110 000	109 000	-1 000
变动成本（元）	80 000	88 000	87 000	-1 000
边际贡献（元）	20 000	22 000	22 000	0
固定制造成本（元）	15 000	15 000	15 500	+500
固定期间费用（元）	4 000	4 000	5 000	+1 000
利　润（元）	1 000	3 000	1 500	+1 500

7.4.2 增量预算法与零基预算法

1. 增量预算法

增量预算法又称调整预算法，是在基期成本费用的基础上，充分考虑预算期内各种因素的变动，结合预算期业务量水平及有关降低成本的措施，通过调整有关原有成本费用项目而编制预算的方法。用增量预算法编制的预算又叫做增量预算。

增量预算法的显著特点是其从基期的实际水平出发，对预算期的业务活动预测一个变动量，然后按比例测算收入和支出指标。也就是说根据业务活动的增减对基期预算的实际发生额进行增减预算调整，确定预算的收支预算指标。

增量预算法的优点是：编制方法简单，容易操作，便于理解；同时，由于考虑了上年度的预算执行情况，所编制出的收支预算易得到公司各层级的理解和认同。

增量预算法的缺点是：由于增量预算的编制是在以过去的水平为基础的，并且假定上年度的经济业务活动在新的预算期内仍然发生，而且过去发生的数额都是合理的、必需的，这就有可能造成保护落后，有可能使一些不必要的开支合理化。同时，在预算编制过程中形成惰性的思想，增长预算分配中的平均主义和简单化，不利于调动各部门增收节支的积极性，不利于企业长远的发展。

增量预算法适用于一些经营活动比较大的企业和经营管理活动中与收入成正比的变动成本费用支出。

[例 7-12] 某公司 2010 年预计产品销售收入为 600 万元，比 2009 年预计增长 10%，采用增量预算法编制 2010 年销售费用预算。销售费用预算见表 7-15。

表 7-15　　销售费用增量预算表

项　目	2009 年实际发生额（元）	增减比率（%）	增减额（元）	2010 年预算指标（元）
销售管理人员工资	60 000	0	0	60 000
租赁费	50 000	0	0	50 000
固定资产折旧费	30 000	0	0	30 000

表 7－15（续）

项　　目	2009 年实际发生额（元）	增减比率（%）	增减额（元）	2010 年预算指标（元）
其他固定费用	20 000	0	0	20 000
固定费用小计	160 000	0	0	160 000
销售人员工资	150 000	10	15 000	165 000
运输费	140 000	10	14 000	154 000
差旅费	60 000	10	6 000	66 000
广告宣传费	200 000	10	20 000	220 000
业务招待费	30 000	10	3 000	33 000
其他变动费用	50 000	10	5 000	55 000
变动费用小计	630 000	10	63 000	693 000
合　　计	790 000	10	79 000	869 000

2. 零基预算法

零基预算法的全称为“以零为基础编制预算的方法”，是指在编制预算时，不受过去业务收支实际情况的约束，不以现有预算、上期实际发生项目及发生额为基础，将所有还在进行的业务活动看成是重新开始。即所有的收支均以“零”为出发点，在综合平衡的基础上编制当期预算的方法。

采用零基预算法编制预算时，要按照预算期内应该达到的经营目标和工作内容，根据经济业务活动本身的必要性、合理性测算收入与支出，对所有预算项目重新进行详尽的审查、分析、测算和考核；一切都要从实际需要与可能出发，逐项审议预算期内各项费用的内容及开支标准是否合理，并在成本费用效益分析的基础上，重新排除各项管理活动的先后次序，并据此决定资金和其他资源的分配。用零基预算法编制的预算成为零基预算。

零基预算法的优点是：这种方法在编制预算时不考虑过去支出的水平，所有支出都是以零为起点重新开始计算，有助于企业降低成本，压缩开支。此方法需要对资金进行成本效益分析，因而可以提高资金的使用效率。概预算方法对一切支出均以零为起点进行分析研究，无论是对原有预算项目，还是关系到企业未来发展的新增预算项目都做到一视同仁，和增量预算相比更有利于企业未来的发展。

零基预算法的缺点是：由于这种预算方法要求一切均以零为起点，需要进行历史资料、现有情况和投入产出分析，因此，编制预算的工作相当繁重，需要花费大量的人力、物力，预算的成本较高，编制预算的时间也较长。同时，在安排预算项目的先后顺序上也难免存在着相当程度的主观性。

零基预算法主要适用于管理基础比较好的企业和政府机关、行政事业单位，以及企业职能管理部门编制预算。

［例 7－13］某公司采用零基预算法编制 2010 年管理费用，根据公司经营目标和总体安排，2010 年用于管理费用方面的资金支出总额为 80 万元。

有关资料及编制的基本程序如下所示：

第一步，公司预算管理部门根据2010年度企业总体目标和管理部门的具体任务，经过认真分析，确定了以下管理费用项目为必须开支，见表7－16。

表7－16　管理部门管理费用预算方案

费用项目	支出金额（元）
工资	210 000
办公费	100 000
差旅费	150 000
技术开发费	80 000
培训费	180 000
保险费	40 000
业务招待费	90 000
税金	50 000
合计	900 000

第二步，经过分析研究，认为工资、差旅费、技术开发费、保险费、税金五项开支均为预算期内企业管理部门的最低费用标准水平，属于必不可少的费用，须全额保证；而办公费、培训费和业务招待费三项开支属于可考虑酌情开支的项目，在满足必不可少费用的前提下，将剩余的资金按照其对企业受益程度的影响来择优分配。这些酌情开支的项目可通过“成本—效益分析”来确定，见表7－17。

表7－17　成本—效益分析表

项目	单位	前三年平均发生额	各期平均收益额	收益率	重要性程度
办公费	元	8	40	5	0.333
培训费	元	13	91	7	0.467
业务招待费	元	7	21	3	0.2
合计	元	28	162	15	1

第三步，将预算期内可用的资金在各费用项目之间进行分配，具体分析计算如下：

（1）求出必不可少需求资金总额，此金额必须全额满足。资金需求总额为：

$21+15+8+4+5=53$（万元）

（2）将剩余的27万资金（80－53），按照成本收益率的比例在办公费、培训费和业务招待费之间进行分配，各项目的具体分配额如下所示：

办公费分配资金额 $=270\ 000\times 0.333=89\ 910$（元）

培训费分配资金额 $=270\ 000\times 0.467=126\ 090$（元）

业务招待费分配资金额 $=270\ 000\times 0.2=54\ 000$（元）

第四步，根据前面几步计算的资金分配额，编制管理费用支出预算，见表7－18。

表 7－18　　2010 年管理费用资金支出预算

费用项目	支出金额（元）
工　资	210 000
差旅费	150 000
技术开发费	80 000
保险费	40 000
税　费	50 000
办公费	89 910
培训费	126 090
业务招待费	54 000
合　计	800 000

通过例题可见，按零基预算法编制的各种费用预算，一方面可以最大限度地杜绝不必要的费用开支，有利于企业降低成本费用支出；另一方面在最大限度地保证企业各项经营业务资金需要的前提下，合理分配和使用资金，有利于提高企业资金的使用效率。

7.4.3　定期预算法与滚动预算法

1. 定期预算法

定期预算法是指在编制预算时以固定的会计期间作为预算期的一种编制方法，通常是以一个会计年度或者或一个月作为预算的编制时期。前面所介绍的各种预算方法都为定期预算法。

定期预算法的优点是：其预算期间和会计期间相吻合，便于管理部门考核和评价预算执行的效果。

定期预算法的缺点是：（1）远期指导性差。定期预算一般是在上一年末的最后一个季度或年初编制，因此它对预算年度的生产经营活动难以做出准确的预测，缺乏远期指导性。这给预算的执行带来诸多困难，不利于对企业的生产经营活动进行准确和客观的评价。

（2）灵活性差。由于定期预算不能随客观情况变化及时调整，而当预算中所规划的经营活动发生重大变化时，就容易造成预算的滞后，失去预算的指导作用。

（3）连续性差。定期预算由于人为划定预算期间，容易对经营管理者的决策造成时间上的决裂，缺乏前后各期的通盘考虑。

2. 滚动预算法

滚动预算又称连续预算或者永续预算，是指在编制预算时，将预算期与会计年度脱离，随着预算的执行不断延伸补充预算，逐期向后滚动，是预算永远保持为一个固定期间（12 个月或一个季度、一个月）的预算编制方法。用滚动预算法编制的预算成为滚动预算。

滚动预算与定期预算相比具有以下优点：

（1）透明程度高。滚动预算能够从动态的角度、发展的观点把握住企业近期目标和远期战略布局，使预算具有较高的透明度，有利于企业管理决策人员以长远的眼光去统筹企业各项经营活动，将企业的长期预算与短期预算很好的联系和衔接起来。

（2）及时性强。由于预算能根据前期预算的执行情况及时修订本期或近期预算，使预算更切合实际，有助于发挥预算的指导和控制作用。

（3）连续性、完整性突出。滚动预算遵循了企业生产经营活动的变动规律，在时间上不受会计年度的限制，能够根据前期预算的执行情况及时调整和修正近期预算。在保证预算连续性和完整性的同时，有助于确保企业各项工作的连续性和完整性。

滚动预算不仅可以采用逐月滚动和逐季滚动的方式，还可以采用两者滚动的混合方式。混合滚动方式是指在预算编制过程中，同时使用月和季度为预算的编制和滚动单位来编制预算。在预算编制的过程中，对近期预算需详尽安排，确保其精确度，采用按月编制的方式；对远期经济活动，需适当安排，做到有计划有部署，精确度相对较低，采用按季度或者年度编制的方式。这样，整个预算既突出重点，又详略得当，部分简化了预算的编制工作。

7.4.4 作业预算法

1. 作业预算法的概念

作业预算法是基于作业成本法作预算的一种方法，是根据公司作业活动和业务流程之间的关系合理配置公司资源而编制预算的一种方法。也可以定义为在理解作业和成本动因的基础上，对未来期间的作业量和资源需求量进行预测的一种方法。

作业预算法的重点是对作业基期结果进行管理，集中在对以作业为基础的工作过程和工作结果的管理和分析上，其目标是以尽可能低的成本达成每一项作业并获得预期的结果。

2. 作业预算法的优势

作业预算法是以作业为基础的预算编制方法，与传统预算方法相比具有以下明显的优势：

（1）作业预算法可以有效提高预算的准确程度。首先，作业预算法采用作业成本法的信息作为编制预算的基础，可以使预算建立在真实、准确的基础上；其次，作业预算法将业绩报告的实际成本与预算成本采用同一种方法计算，增强了实际成本与预算成本的可比性，从而使成本控制落实到实处。

（2）作业预算法可以有效实现经营预算和财务预算的综合平衡。在作业预算法下，经营预算的平衡和财务预算的平衡可以分别实现。所以企业在编制预算时，可以先实现经营预算的平衡，然后再据此结果进行财务预算，而无须计算不能平衡的经营预算的财务结果。更为重要的是，作业预算法强调根据作业、资源来直接产生预算，它与传统的预算方法相比，多了很多诸如检验次数、调试时间等非财务成本动因，而这些在差异分析是有利于更清楚分析出企业运作中无效率、不平衡的原因以及生产过程中的瓶颈因素。这就有利于企业优化资源配置，降低成本费用以及进行相应的定价决策，同时也为企业价值链的优化提供了必要的信息。

（3）作业预算法有利于上下的沟通，能有效的调动基层员工的参与意识。由于作业预算法提供了关于作业量的预算数据，这就使得基层员工对于预算年度内需要完成的作业量有了很清晰的认识，能有效解决信息不对称的问题，从而使得预算更易于为基层员工所接受和理解，有利于充分提高基层员工参与预算制订的积极性，使预算得以更有力的执行。

（4）作业预算法可以将企业战略与业务流程紧密地联系在一起。作业预算法能紧密联系企业战略和流程，将业绩目标分别传递到作业层次和资源层次，通过梳理和优化企业的作业链和价值链，识别和消除作业中的瓶颈，提高作业效率和效果，使企业的战略在日常生产经营活动中得以理解和体现。

本章小结

全面预算是围绕企业战略规划和经营目标，对预算期内资金取得和投放、各项收入和支出、经营成果与分配等资金运动所做的统筹安排。全面预算是企业全部经济活动的正式计划的说明，在企业的日常经济活动中发挥着重要的作用。

全面预算不仅对企业的战略实施发挥着重要的作用，也对日常的控制活动卓有成效，可以优化企业的资源配置，而且预算还发挥着绩效评价的作用，是评价考核非常重要的组成部分。

全面预算的组织结构主体是由企业的董事会和经理层共同作用下的预算管理委员会，此种结构能够对企业战略进行控制。

我们按照预算的内容、期间、编制基础和方法，可以将全面预算分为不同的种类，以对全面预算进行更好的分析。

业务是预算期内企业日常经营活动的具体安排。经营预算按照对象的不同可以分为销售预算、生产预算、直接材料采购预算、直接人工预算、制造费用预算、产品成本预算和期间费用预算。各个预算编制时需要采用不同的方法来编制。

财务预算是在预测和决策的基础上，围绕企业战略目标，对企业预算期的资金取得与投放、各项收入与支出、经营成果与分配等资金运动和财务状况作的预算。主要有现金预算、预计利润表和预计资产负债表三个重要的部分，构成了企业预算的汇总结果。

全面预算的编制方法有若干种，正确选择预算编制方法，不仅可以有效提高预算的编制效率，而且对于提高预算指标的准确性和恰当性至关重要。常用的预算编制方法主要要有固定预算法、弹性预算法、零基预算法、增量预算法、滚动预算法、定期预算法和作业预算法。其中固定预算和弹性预算是一个组别，主要集中在是否反映动态预算；零基预算和增量预算为一个组别，集中在是否反映企业预算编制的基础；滚动预算和定期预算，反映企业预算期间是否是动态的。

本章复习思考题

1. 全面预算的作用体现在哪些方面?
2. 什么是全面预算的组织管理体系?预算管理委员会由哪些人员组成?
3. 全面预算的内容有哪些?可以分为哪些类别?
4. 业务预算的概念是什么?具体包括那几个重要部分?
5. 为什么销售预算是编制其他预算的基础?
6. 编制制造费用预算时需要注意哪些方面才可以将预算编制更为准确?
7. 现金预算编制包括哪几个主要的内容?
8. 编制预计资产负债表的意义何在?
9. 弹性预算编制法有哪些步骤?
10. 滚动预算相对定期预算有哪些优点?

参考资料

[1] 刘俊勇. 全面预算管理:战略的观点 [M]. 北京:中国税务出版社,2006.
[2] 王化成. 全面预算管理 [M]. 北京:中国人民大学出版社,2004.

8 标准成本控制

本章学习目标

1. 了解标准成本系统的内容和作用；
2. 掌握标准成本的类型；
3. 熟悉标准成本的基本构成和各项标准成本的制定；
4. 掌握各成本项目成本差异的计算和分析；
5. 了解标准成本系统的账务处理和成本差异的处理。

8.1 标准成本控制概述

8.1.1 标准成本控制的概念

标准成本是事先经过调查研究、技术测定和分析而制定的，在现有生产技术水平和正常生产经营条件下生产某产品应发生的单位产品成本。

标准成本控制法，是通过将实际成本与事先制定的标准成本相比较，揭示并分析成本差异，追踪产生差异的原因，从而采取有效措施，以实现标准成本这样一种成本控制方法。采用此法，可以克服产品成本日常核算与成本控制相脱节的缺陷，从而达到成本事中控制的目的。

在标准成本制度下，并不强调计算产品的实际成本，而是强调控制实际成本与标准成本之间的成本差异。标准成本是事先制订的成本控制目标，以此与生产耗费相比较，以控制实际耗费不超过标准成本。在实际工作中，在对成本控制目标进行敏感性分析的基础上，可允许实际成本在标准成本的一定幅度内波动，成本差异额在规定幅度内，可视为正常成本不予重视；超过许可的波动幅度，则视为非正常成本，必须深入分析，揭示原因并采取有力措施予以纠正。

8.1.2 标准成本控制系统

标准成本控制系统是指将事先制定的标准成本与实际成本相比较，揭示实际成本脱离标准成本的差异，并对差异进行分析从而加强成本控制的会计信息系统。

标准成本控制系统由标准成本的制订、成本差异的计算与分析以及差异的账务处理三个部分组成。其显著特点是：融成本计划、成本核算、成本控制和成本分析于一体，突出了成本控制的核心地位。

1. 制定标准成本

在生产经营活动开始前，在对影响成本的经济活动进行科学的预测和决策基础上，制定出每一种产品所要发生的直接材料、直接人工和制造费用的标准数，以此作为今后控制实际支出的目标。它属于事前控制的范畴。

2. 成本差异计算与分析

它是通过会计核算，记录一定时期生产产品所发生的实际成本数，然后将实际成本数与事前制定的标准数相对比，计算出各项目的差异数，并在此基础上，对每一项差异的性质和产生原因做深入的分析，从而判明差异责任承担者，作为事后考核与评价的依据，这属于事中和事后控制的范畴。

3. 差异的账务处理

标准成本会计是一套完善的会计核算系统，在这个系统内，不仅要记录每种产品各项目的标准成本数，同时还要将第二步所计算的成本差异数按照一定的方式计入有关账户内。差异记录的作用在于：一方面使管理者了解各自所负责的差异的性质及其数额大小，另一方面可以在一定时期结束时将标准数与差异数结合，从而确定产品的实际销售成本，为正确计算损益提供符合实际的成本数据，

8.1.3 标准成本控制的意义

标准成本控制法最早出现于20世纪20年代的美国，为配合“泰罗制”的实施而产生，其基本思想是根据标准化原理来控制产品成本，由美国工程师哈里逊提出。到1930年以后，标准成本与会计系统逐步结合起来，形成了标准成本会计制度。标准成本制度被认为是成本控制领域的一场革命。它使成本控制突破了单纯的事后成本计算，发展成为以事前控制为基础、事中控制为纽带的事前、事中、事后成本控制体系。采用标准成本制度，对于企业的成本管理具有重要意义，主要表现在以下方面：

1. 为企业加强成本控制提供依据和标准

标准成本一方面是衡量实际成本水平的尺度，另一方面又是评价、考核成本管理工作业绩的重要依据，它有利于企业加强成本控制。

2. 为企业管理当局的经营决策提供有用的成本信息

标准成本是预计合理的、并且能达到的成本水平，因而可以广泛地运用于企业短期经营决策，为定价决策、成本决策、生产决策提供有力的信息支持。

3. 有利于挖掘成本潜力，提高经济效益

通过标准成本的制定、比较和差异分析，企业能够深入地了解成本控制中的薄弱环节和潜力所在，采取适当措施，可达到降低成本、提高经济效益的目的。

4. 简化企业日常成本核算

采用标准成本制度，能够将标准成本和成本差异分别列示，使材料、在产品、产成品以及销售成本等都可以按照标准成本直接入账；各项成本差异则可以通过另外设置有关账户进行归集，在期末时一并进行处理，从而使日常账务处理及时而简单，也使期末编制会计报告工作更容易。

8.2 标准成本制定的方法

在企业中建立标准成本控制系统，首先就要正确合理地制定出标准成本，这是标准成本控制系统的第一步，它的好坏直接影响到以后的各环节。

标准与预算是两个不同的概念，两者的区别在于：标准成本是以每一单位产品为根据所制定的预计成本指标，而预算是企业全部计划的数量总额反映，所以预算是一个总括概念，标准是一个单位概念。

8.2.1 标准成本的分类

标准成本的主要作用是揭示降低实际成本的潜力。标准成本可以分为以下三类：

1. 理想标准成本

理想标准成本是以企业的生产技术、经营管理、设备的运行和工人的技术水平都处于最佳状态为基础所制定的单位产品成本，它是最高要求的标准成本。制定理想标准成本的依据是：理论上的业绩标准、生产要素的理想价格和可能实现的最高生产经营能力利用水平。理论上的业绩标准是指在生产过程中毫无技术浪费时生产要素消耗量、最熟练的工人全力以赴工作、不存在废品损失和停工时间等条件下可能实现的最优业绩。理想价格是指原材料、劳动力等生产要素在计划期间最低的价格水平。最高生产经营能力利用水平是指理论上可能达到的设备利用程度，只扣除不可避免的机器修理、改换品种、调整设备等时间，而不考虑产品销路不佳、生产技术故障等造成的影响。标准成本提供的是一个完美的目标成本，在现实的生产条件下很难实现，甚至会挫伤职工的积极性，因此不能作为考核的依据，但作为成本管理的追求目标还是有意义的。

2. 基本标准成本

基本标准成本是指一经制定，只要生产的基本条件无重大变化，就不予变动的一种标准成本。所谓生产的基本条件的重大变化，是指产品的物理结构变化、重要原材料和劳动力价格的重要变化、生产技术和工艺的根本变化等。只有这些条件发生变化，基本标准成本才需要修订。由于市场供求变化导致的售价变化和生产经营能力利用程度变化，以及由于工作方法改变而引起的效率变化等，不属于生产的基本条件变化，因此不需要修订基本标准成本。基本标准成本与各期实际成本对比，可反映成本变动的趋势。由于基本标准成本不按各期实际修订，因此不宜用来直接评价工作效率和成本控制的有效性。

3. 正常标准成本

正常标准成本是指在效率良好的条件下，根据下期一般应该发生的生产要素消耗量、预计价格和预计生产经营能力利用程度制定出来的标准成本。所谓正常是指在经营活动中，排除异常或偶然事件影响的平均水平。它考虑了在现实经济生活中不可避免的合理损耗、设备故障及人工的闲置等因素，是一种比较切实可行并且经过努力能够达到的标准。从具体数量上看，它应大于理想标准成本，但又小于历史平均水平，是要经过努力才能达到的一种标准，因而可以调动员工的积极性。因此，这种标准成本能够在成本管理工作中发挥应有的积极作用，在实际工作中得到广泛的应用。

8.2.2 标准成本的制定

产品成本由直接材料、直接人工和制造费用三大部分构成，标准成本也应由这三大部分来确定。标准成本的制定就是根据事先收集的历史成本及相关资料，按产品成本项目分别确定单位产品的数量标准（耗用量标准）和价格标准（标准单价），二者相乘计算出相应的成本标准，经汇总后确定单位产品标准成本的过程。数量标准包括直接材料、直接人工和制造费用的耗用量标准，如单位产品材料消耗量、单位产品耗用工时；价格标准包括材料价格标准、工资率标准和制造费用分配率标准。

1. 直接材料标准成本的制定

直接材料的标准成本是由直接材料的价格标准乘以直接材料的用量标准构成的，因此，在制定直接材料标准成本时，首先应确定构成产品的直接材料，然后逐一确认各材料项目在单位产品中的比例，将用量标准和价格标准相乘来确定每项直接材料标准成本，最后汇总计算出某一产品的直接材料标准成本。

（1）直接材料价格标准的制定

直接材料价格标准是指取得某种材料所应支付的单位价格。在制定直接材料价格标准时，应该按每一种材料分别计算，以订货合同中的合同价格为基础，考虑未来各种变动因素，一般包括材料的购买价格、运杂费、装卸搬运费、检验费和正常损耗等。

（2）直接材料用量标准的制定

直接材料用量标准，即材料的消耗定额。它是指生产技术部门在一定条件下所确定的单位产品所耗用的各种直接材料的数量，包括形成产品实体的材料数量、在正常情况下允许发生的材料损耗，以及生产中不可避免的废品所耗费的材料数量。在制定直接材料用量标准时，也应按各种材料分别计算。直接材料用量标准一般由生产部门制定，定额制度健全时，也可依据材料消耗定额来制定。

（3）直接材料标准成本的制定

某单位产品直接材料的标准成本，是由生产每单位该种产品所需直接材料用量标准和该种材料的价格标准的乘积相加求得的。其计算公式如下：

直接材料标准成本 = 材料标准单耗 × 材料标准单价

［例 8－1］假定新华公司生产 A 产品需甲材料，经技术人员测算，每生产单位 A 产品，正常耗用甲材料 2.1 吨，生产过程中正常损耗 0.2 吨，允许废品损失报废 0.2 吨。甲材料外购价格为每吨 40 元，运输费为每吨 9 元，其他相关费用为每吨 1 元。

A 产品耗用甲材料的标准成本如下：

材料标准单耗 = 2.1 + 0.2 + 0.2 = 2.5（吨）

材料标准单价 = 40 + 9 + 1 = 50（元）

A 产品标准材料成本 = 2.5 吨 × 50 元 = 125（元）

2. 直接人工标准成本

直接人工成本标准，同样是单位产品的数量标准和价格标准的乘积，计算公式为

直接人工成本标准 = 单位产品工时标准 × 工资率标准

= 标准工时单耗 × 标准工资率

（1）单位产品工时标准的制定

单位产品工时标准就是正常条件下生产单位产品所需要的时间，一般包括产品工艺制造过程所需时间、上下工序停留时间以及废品、设备故障等因素造成的相关范围内的不可避免的损失时间。在定额管理工作健全的企业，单位产品工时标准也就是产品的工时定额。若无定额，生产技术部门可利用技术测定方法进行测算，或利用历史资料进行统计分析，求得单位产品单个生产工序正常操作所需时间作为工时标准。

（2）直接人工标准工资率的制定

直接人工标准工资率，在计件工资形式下，就是完成单位合格产品所应支付的计件单价。在计时工资形式下，就是直接人工的小时工资标准，它是以现有工资水平为依据，结合有关制度、规定而制订的。如果生产过程中直接生产工人的工资水平不同，则应按工种或作业性质分别确定工资率。其计算公式如下：

$$直接人工标准工资率 = \frac{预计直接人工工资总额}{直接人工标准工时总数}$$

［例8－2］依照［例8－1］，新华公司生产A产品，经技术测定，每件基本生产时间为30小时，允许休息时间为2小时，必要的整理时间为1小时，允许停工时间为2小时，允许的废品时间为3小时，直接人工预算数为50元，预计总工时10小时。

标准工时单耗 = 30 + 2 + 1 + 2 + 3 = 38（小时）

标准工资率 = 50 ÷ 10 = 5（元）

A产品标准人工成本 = 38小时 × 5元 = 190（元）

3. 制造费用成本标准的制订

制造费用由于其内容和项目很多，所以成本标准的制订难于做到像直接材料和直接人工项目一样，以单一的数量标准和价格标准作为成本控制的预期基准。但为简化执行与分析，可以假定所有制造费用均与生产工时相关。因此，制造费用成本标准也仍可表示为工时标准耗用量和标准工时费用率两个因素的乘积。

（1）制造费用用量标准

制造费用用量标准通常用生产单位产品所需的直接人工小时或机器小时来表示，即标准工时。

（2）制造费用价格标准

制造费用价格标准是制造费用的标准分配率。由于制造费用总额是由费用预算控制的，而从成本性态的角度，制造费用又可以划分为变动制造费用和固定制造费用两部分，所以，标准工时制造费用率既与两种制造费用预算有关，也与企业的标准生产能量有关。

标准生产能量又称为计划生产能量，指企业在充分利用现有生产能力后可以达到的最大产量。由于企业通常是多品种生产，生产能量一般用人工工时或机器工时表示。

可按产量、工时标准折算为标准总工时。

变动制造费用通常是一种半变动成本，与产量有关，故其预算标准可以按弹性预算方法确定。固定制造费用与实际产量无关，因此其费用水平只能以固定预算方式确定。所以，每标准工时所应负担的变动和固定制造费用，即标准工时制造费用分配率可用以下计算公式表示为：

$$变动制造费用分配率=\frac{变动性制造费用预算总额}{预算总工时}$$

$$固定制造费用分配率=\frac{固定性制造费用预算总额}{预算总工时}$$

综合上述，制造费用标准成本计算公式如下：

固定（变动）性制造费用标准成本＝标准工时单耗×固定（变动）制造费用标准分配率

［例8－3］依照［例8－2］，新华公司在现有生产能力下，预计全年计划生产A产品的生产能量为16 500工时，生产A产品单位标准工时为38小时。公司预计全年将发生制造费用总额为107 250元，其中，固定制造费用总额为24 750元，变动制造费用总额为82 500元。

则制定A产品制造费用标准成本如下：

变动制造费用标准分配率＝82 500÷16 500＝5（元）

固定制造费用标准分配率＝24 750÷16 500＝1.5（元）

A产品变动制造费用标准成本＝38小时×5元＝190（元）

A产品固定制造费用标准成本＝38小时×1.5元＝57（元）

4. 单位产品标准成本的制定

在分别对直接材料、直接人工和制造费用制定出标准成本后，将它们加以汇总，就形成了单位产品的标准成本。但必须注意，产品的标准成本在采用不同的成本计算方法的情况下，其内涵是有差别的，公式如下：

全部成本法下产品标准成本＝直接材料标准成本＋直接人工标准成本＋变动制造费用标准成本＋固定制造费用标准成本

变动成本法下产品标准成本＝直接材料标准成本＋直接人工标准成本＋变动制造费用标准成本

产品的标准成本通常是以填制“标准成本卡”的形式来制定的。它既是单位成本预算，又是单位产品标准成本。在生产活动开始前一式数份，分送到各部门，作为领料、派工、支付费用等的参考。

［例8－4］新华公司根据各项目的标准成本，采用全部成本法，编制出生产A产品的单位成本预算，参见表8－1。

表 8－1　　　　标准成本卡

（A 产品）　　　　制定日期：××年×月×日

项目	数量标准	价格标准（元）	标准成本（元）
直接材料	2.5 吨	50	125
直接人工	38 小时	5	190
变动制造费用	38 小时	5	190
固定制造费用	38 小时	1.5	57
合计	/	/	562 元

8.3　成本差异的计算与分析

8.3.1　成本差异的性质和类型

在标准成本系统中，成本差异是一项十分重要的管理信息，它反映了有关责任单位对成本的控制质量和效果，管理当局据以发现问题，改进工作。成本差异信息是日常成本控制活动生成的主要信息，它是评价、考核各成本责任单位实绩的主要依据。尽管成本差异通过形成有利差异、不利差异来传递实际成本与标准成本（或成本预算）数量比较信息，显示成本控制的信号，反映某些表面现象，但不能据此将其作为进行经营决策和业绩评价的最终依据。企业必须结合其他信息来源，根据具体情况深入地研究，查明成本差异的性质，明确成本差异的类别，这样才能作出正确的判断并有的放矢地采取相应措施。

从成本差异的性质上看，一般可分为执行偏差、预测偏差、模型偏差、计量偏差和随机偏差五种类型，分述如下。

1. 执行偏差

执行偏差是指在标准或预算执行过程中，由于执行者采取某种错误的行动，或系统接受了某种错误的指令而产生的一种成本差异。如加工操作没有按照规定程序进行，造成废次品增加，使实际成本超过标准成本并形成不利差异的情况就属于执行偏差。执行偏差的出现总是与特定的行动相关，由此造成的成本差异一经确认，就可以通过制止错误行动得以纠正。

2. 预测偏差

预测偏差指在事先编制预算或制定标准时，由于参数预测不正确而产生的一种成本差异。在制定标准成本过程中，没有考虑到人工成本迅速上升的趋势以及国家关于最低工资限额的规定将直接人工标准成本制定过低，造成不利差异的情况就属于此类。

3. 模型偏差

模型偏差是指在事先为编制预算或制定标准而建立模型时，由于错误地确定影响成本各因素之间的关系而产生的一种成本差异。如在制定标准成本过程中，选择函数、变量、约束条件不正确而使有关标准成本或预算偏离实际情况，造成成本差异。这类成本差异通常要通过修订模型、调整预算或成本标准来消除。

这里应该指出，预测偏差和模型偏差都是在事先制定标准或编制预算时产生的，最终都会导致标准或预算的不切实际，而且都需要通过重新修订标准或预算进行纠正。但两者还是有区别的：模型偏差是因不正确的函数关系形成的，预测偏差则是参数预测错误造成的；模型偏差影响整体结果，预测偏差只是影响模型中的个别参数值。

4. 计量偏差

计量偏差是指在标准成本或预算执行过程中，由于计量错误而产生的一种成本差异。如对车间已领材料在已用与未用之间的盘点出错、有关耗费记录不完整或分类不正确等情况都会导致此类偏差。这类偏差应在制定并执行严格的内部控制制度的基础上，通过加强基础性工作，增强工作人员的责任感等防范性措施来纠正。

5. 随机偏差

随机偏差是指在标准成本或预算执行过程中，由于实际成本和标准成本中的某种参数的随机波动而产生的一种成本差异。这类偏差往往是不可控的、正常的，因为无论是预算还是标准成本，都是作为衡量实际成本完成情况的一种尺度，即使这些标准非常准确、精密，实际执行情况也难免会围绕这一尺度上下波动。从统计学的角度上看，随机偏差总是存在的，只要波动在合理范围内，一般无须控制。

8.3.2 成本差异计算的一般方法

成本差异计算与分析的基本思路如下。

1. 计算总量指标的差异，即实际总成本与标准总成本的差异。

2. 构成总量指标的因素有直接材料、直接人工和变动制造费用三个成本项目，因而总量指标的差异来自于直接材料成本差异、自接人工成本差异和变动制造费用成本差异，所以第二步就是计算各个成本项目的成本差异。

3. 每个成本项目的标准成本和实际成本都是由数量和价格两个因素构成的，所以每个成本项目成本差异也是由用量差异和价格差异两部分组成。第二步就是计算各成本项目的用量差异和价格差异。

根据这一思路，成本差异的计算公式有如下三个层次。

（1）产品成本差异 = 实际总成本 - 标准总成本

= 直接材料成本差异 + 直接人工成本差异 + 制造费用成本差异

（2）某个成本项目成本差异 = 该成本项目实际成本 - 该成本项目标准成本

（3）价格差异 =（实际价格 - 标准价格）× 实际数量

数量差异 =（实际数量 - 标准数量）× 标准价格

因此，某个成本项目成本差异 = 实际价格 × 实际数量 - 标准价格 × 标准数量 =（实际价格 × 实际数量 - 标准价格 × 实际数量）+（实际数量 × 标准价格 - 标准数量 × 标准价格）= 价格差异 + 数量差异

这就是成本差异计算的公式法。式中，价格差异是指因材料单价、小时工资率或

费用分配率等价格因素脱离标准，按照实际数量计算出来的成本超支或节约额。数量差异是指因材料耗用量、人工工时用量等因素脱离标准，而按标准价格计算的成本超支或节约额。值得注意的是，计算价格差异应以实际数量为准，计算数量差异应以标准价格为准。

[例8-5] 假定新华公司本月实际生产A产品400件，其实际单位成本与总成本参见表8-2，结合[例8-4]中的表8-1，编制成本差异表8-3。

表8-2　　实际成本表（A产品）

完工数量：400件

项目	单位数量	单位价格（元）	单位成本（元）	总成本（元）
直接材料	2吨	55	110	44 000
直接人工	40小时	6	240	96 000
变动制造费用	40小时	4.5	180	72 000
固定制造费用	40小时	1.8	72	28 800
合计	/	/	602	240 800

表8-3　　成本差异表（A产品）

产品数量：400件

项目	标准成本（元）	实际成本（元）	成本差异（元）
直接材料	50 000	44 000	-6 000
直接人工	76 000	96 000	20 000
变动制造费用	76 000	72 000	-4 000
固定制造费用	22 800	28 800	6 000
合计	224 800		16 000

8.3.3 各成本项目差异的计算与分析

1. 直接材料成本差异

直接材料成本差异是指直接材料实际成本与标准成本之间的差额。构成直接材料本差异的因素有两个方面：一是材料实际用量脱离标准而形成的差异，称为材料用量差异。它是以标准价格为基础，实际耗用材料数量与按标准用量计算的应耗用的材料数量之间的差额。二是材料的实际价格脱离标准而形成的异，称为材料价格差异。它是以实际用量为基础，材料实际采购成本与按标准价格计算的材料采购成本之间的差额。

直接材料价格差异 =（实际单价 × 实际用量）-（标准单价 × 实际用量）

=（实际单价 - 标准单价）× 实际用量

直接材料用量差异 =（标准单价 × 实际用量）-（标准单价 × 标准用量）

=（实际用量 - 标准用量）× 标准单价

直接材料成本总差异 =（实际单价 × 实际用量）-（标准单价 × 标准用量）

= 直接材料价格差异 + 直接材料用量差异

[例8-6] 根据[例8-4] 和[例8-5] 资料，新华公司生产A产品耗用甲材料的成本差异计算如下：

直接材料价格差异 =（55-50）×400×2 = 4 000（元）

直接材料用量差异 = 400×2×50-400×2.5×50 = -10 000（元）

直接材料成本总差异 = 44 000-50 000

= 4 000-100 000

= -6 000（元）

实际工作中，企业生产产品消耗的直接材料也不止一种，那么，就要将消耗的各种材料按上述方式分别进行成本差异计算，然后再加以汇总。

2. 直接人工成本差异

直接人工成本差异是指直接人工实际成本与标准成本之间的差额。造成直接人工成本差异的因素同样有两个方面：一是实际人工工时脱离标准而形成的差异，称为人工效率差异，它是以标准工资率为基础计算的实际耗用工时与应耗用的人工工时之间的差额；二是实际小时工资率脱离标准而形成的差异，称为工资率差异，它是是以实际工时为基础按实际工资率计算的人工成本与按标准工资计算的人工成本之间的差额。应该指出的是，直接人工成本差异的计算与前述通用公式是一致的，人工效率差异实际上就是人工成本的数量差异，而人工工资率差异就是人工成本的价格差异。根据成本差异通用计算模式，可以演变出直接人工成本差异的计算公式如下：

直接人工工资率差异 =（实际工资率 × 实际工时）-（标准工资率 × 实际工时）

=（实际工资率 - 标准工资率）× 实际工时

直接人工效率差异 =（标准工资率 × 实际工时）-（标准工资率 × 标准工时）

=（实际工时 - 标准工时）× 标准工资率

直接人工成本总差异 =（实际工资率 × 实际工时）-（标准工资率 × 标准工时）

= 直接人工工资率差异 + 直接人工效率差异

[例8-7] 根据[例8-4] 和[例8-5] 的资料，新华公司生产A产品耗用直接人工的成本差异计算如下：

直接人工工资率差异 =（6-5）×400×40 = 16 000 元

直接人工效率差异 =（400×40-400×38）×5 = 4 000 元

直接人工成本总差异 = 96 000-76 000

= 16 000+4 000

= 20 000 元

实际工作中，产品从投料到完工需要不同工种、不同熟练程度等级的工人加工，其工资率不同的，这就必须按不同等级人工进行成本差异分析，再进行汇总。

3. 变动制造费用差异

变动制造费用的成本差异是指实际变动制造费用与标准变动制造费用之间的差额。

构成变动制造费用成本差异的基本因素包括两个方面：一是实际变动制造费用分配率脱离标准而形成的差异，被称为变动制造费用的开支差异或耗费差异，相当于变动制造费用的价格差异，也就是实际发生的变动制造费用额与按实际工时分配的标准制造费用额之间的差额；二是实际工时脱离标准而形成的差异，被称为变动制造费用的效率差异，相当于变动制造费用的数量差异，也就是在标准费用分配率的基础上，按实际工时计算的变动制造费用与按标准工时计算的变动制造费用之间的差额。变动制造费用差异计算公式如下：

变动制造费用开支差异 =（实际分配率 − 标准分配率）× 实际工时

变动制造费用效率差异 =（实际工时 − 标准工时）× 标准分配率

变动制造费用总差异 =（实际分配率 × 实际工时）−（标准分配率 × 标准工时）

= 变动制造费用开支差异 + 变动制造费用效率差异

［例 8-8］根据［例 8-4］和［例 8-5］的资料，新华公司生产 A 产品耗用变动制造费用差异计算如下：

变动制造费用开支差异 =（4.5 − 5）× 400 × 40 = −8 000 元

变动制造费用效率差异 = 5 ×（400 × 40 − 400 × 38）= 4 000

变动制造费用总差异 = 72 000 − 76 000

= −8 000 + 4 000

= −4 000

4. 固定制造费用差异

在上述成本差异计算过程中，我们基于变动成本计算法，对料、工、费三个部分进行了讨论，而没有考虑固定制造费用的问题。根据成本习性，我们知道，固定制造费用在相关范围内是与业务量无关的，但单位产品负担的固定制造费用却与业务量成反比例变动。从管理的角度看，企业管理当局常常需要一种相对稳定的固定费用单价，以便进行产品定价等类似的决策。因此，对固定制造费用一般采用固定预算等形式进行控制。

在全部成本法下，制定标准成本显然应该包括固定制造费用部分。这时，往往对固定制造费用预先定出一个标准的固定制造费用分配率，其计算公式为：

固定制造费用标准分配率 = 固定制造费用预算总额 ÷ 预计产能的标准总工时

在实际工作中，由于实际耗用工时与预计的标准或预算往往不一致，而且固定制造费用的实际发生额与预算额也常常有较大出入，因此就会出现差异，并需要对其进行计算、分析和控制。固定制造费用成本差异的计算，通常有两种方式：一种是计算两种差异，另一种是计算三种差异。现分别说明如下。

（1）两种差异即预算差异和能量差异。

① 固定制造费用预算差异。它也叫耗费差异，是指实际固定制造费用脱离预算而形成的差异，即固定制造费用的实际发生额与预算额之间的差额。其计算公式如下：

固定制造费用预算差异 = 固定制造费用实际发生额 − 固定制造费用预算额

② 固定制造费用能量差异。它是指固定制造费用的预算脱离标准而形成的差异，

即在标准产能下，固定制造费用预算额与固定制造费用标准成本之间的差额。其计算公式如下：

固定制造费用能量差异 = 固定制造费用预算额 - 固定制造费用标准成本
= 标准固定制造费用分配率 × 产能标准工时 - 标准固定制造费用分配率 × 实际产量标准工时
= 标准固定制造费用分配率 ×（产能标准工时 - 实际产量标准工时）

应该指出的是，由于标准固定制造费用分配率是按照固定制造费用预算总额除以预计产能（即预计业务量）来制定的，即使固定制造费用实际数与预算数相等，只要实际业务量与预计业务量有出入，就会产生固定制造费用成本差异。因为这种差异是由于费用分配率中的除数——标准产能或预计业务量发生变动而引起的，故能量差异也叫除数差异。

在计算两种差异的方式下，固定制造费用成本差异就是预算差异和能量差异之和，即：固定制造费用成本差异 = 固定制造费用预算差异 + 固定制造费用能量差异。

（2）计算三种差异

三种差异即开支差异、效率差异和生产能力利用差异，从本质上看，它与第一种计算方式并无区别。

① 固定制造费用开支差异，亦称作固定制造费用耗费差异。其计算公式如下：

固定制造费用开支差异 = 固定制造费用实际额 - 固定制造费用预算额

② 固定制造费用能量差异。其计算公式为：

固定制造费用能量差异 = 标准固定制造费用分配率 ×（标准产能总工时 - 实际耗用工时）

③ 固定制造费用效率差异。其计算公式如下：

固定制造费用效率差异 = 标准固定制造费用分配率 ×（实际耗用工时 - 实际产量应耗标准工时）

根据成本差异计算的通用模式的基本原理，可以建立固定制造费用差异的计算公式如下：

固定制造费用开支差异 =（实际分配率 × 实际耗用工时）-（标准分配率 × 计划能量工时）
= 固定制造费用实际发生数 - 固定制造费用预算数

固定制造费用能量差异 =（标准分配率 × 计划能量工时）-（标准分配率 × 实际耗用工时）
=（计划能量工时 - 实际耗用工时）× 标准分配率

固定制造费用效率差异 =（标准分配率 × 实际耗用工时）-（标准分配率 × 实际产量应耗标准工时）
=（实际耗用工时 - 实际产量应耗标准工时）× 标准分配率

固定制造费用总差异 =（实际分配率 × 实际耗用工时）-（标准分配率 × 实际产量应耗标准工时）
= 固定制造费用开支差异 + 固定制造费用能量差异 + 固定制造费用效率差异

[例 8-9] 根据[例 8-1] 至[例 8-5] 的资料，新华公司生产 A 产品耗用固定制造费用的差异计算如下：

固定制造费用开支开差异 =（1.8×400×40）－（1.5×16 500）
=28 800－24 750
=4 050（元）

固定制造费用能量差异 =（1.5×16 500）－（1.5×400×40）
=750（元）

固定制造费用效率差异 =（1.5×400×40）－（1.5×400×38）
=1 200（元）

固定制造费用总差异 =28 800－22 800
=4 050+750+1 200
=6 000（元）

5. 成本差异分析

如前所述，产品的标准成本是一种预定的目标成本，是用来控制实际成本的，但在成本发生的具体过程中，由于种种原因，产品的实际成本与预定的标准成本会发生偏差或差额，这种差额称为成本差异。如实际成本超过标准成本，所形成的差异称为不利差异；反之，如果实际成本低于标准成本，所形成的差异称为有利差异。

分析成本差异，对于管理当局来说，是一项重要的信息。企业管理当局通过对差异进行分析，可以发现差异形成的原因和责任，采取相应的措施，消除不利的差异，发展有利的差异，以实现对成本的有效控制，达到不断降低成本，提高经济效益的目的。

由于标准成本是根据标准用量和标准价格计算的，而实际成本是根据实际用量和实际价格计算的。所以，成本差异是用量变动或价格变动形成的。

由于标准成本是分别按直接材料、直接人工和制造费用制定的，所以，差异的计算与分析也应从这三个方面进行。各项成本差异有不同的原因，也有不同的责任者，需要具体分析。

(1) 直接材料成本差异分析

直接材料成本差异的分析包括直接材料用量差异分析和价格差异分析。

一般而言，材料价格差异是在采购过程中形成的，应由采购部门负责。采购部门未能按标准价格进货的原因有许多，如供应厂家价格变动、未按经济采购批量进货、未能及时补货造成的紧急订货、采购时舍近求远造成运费和途耗增加、不必要的快速运输方式、违反合同被罚款、承接紧急订货造成额外采购等等，如果是由外部因素或超过了采购部门能够控制的原因造成直接材料价格差异，则不应由采购部门负责。所以必须进行具体分析和调查，明确最终原因和责任归属。

材料用量差异是在材料耗用过程中形成的，它反映生产部门的成本控制业绩。材料用量差异形成的具体原因有许多，如操作疏忽造成废品和废料增加、新工人上岗造成多用料、机器或工具不适用造成用料增加等。也有可能因操作技术改进、设备工具更新而节省材料。有时多用料并非生产部门的责任，如购入材料质量差、规格不符也会使用料超过标准，又如工艺变更、检验过严也会使数量差异加大。因此，要进行具体的调查研究才能明确责任归属。

（2）直接人工成本差异分析

产品成本中直接人工成本差异是受人工效率和工资率这两个因素影响的。因此，直接人工成本差异的分析包括人工效率差异的分析和工资资率差异的分析。

直接人工工资率差异是直接人工的“价格”差异。工资率差异形成的原因包括直接生产人工升级或降级使用、奖励制未产生实效、工资率调整、加班或使用临时工、出勤率变化等，原因复杂而且难以控制。一般说来，应归属于人事劳动部门管理。

直接人工的效率差异就是人工数量差异，直接人工效率差异的形成原因，包括工作环境不良、工人经验不足、劳动情绪不佳、新工人上岗太多、机器或工具选用不当、设备故障较多、作业计划安排不当、产量太少无法发挥批量节约优势等。它主要是生产部门的责任，但这也不是绝对的，例如材料质量不好，也会影响生产效率。

（3）制造费用差异分析

制造费用包括变动性制造费用和固定性制造费用。因此，制进费用差异也应从这两个方面进行分析。

①变动制造费用差异分析。由于变动制造费用是由许多明细项目组成的，并且与一定的生产水平相联系，所以仅通过差异计算来反映变动制造费用差异总额，并不能达到日常控制与考核的目的，因此，实际工作中通常根据变动制造费用各明细项目的弹性预算与实际发生数进行对比分析，从而找出差异的原因及责任归属。变动制造费用效率差异实际上反映的是产品制造过程中的工时利用效率，这项差异的形成与人工安排与工时利用有关，一般应由人事部门与人工管理人员对这项差异负责。

②固定制造费用差异分析。固定制造费用同样是一个综合性的费用项目，与变动制造费用不同的是：在一定的业务范围内，固定制造费用是不随业务量的变动而变动的。对固定制造费用的分析和控制通常是通过编制固定制造费用预算与实际发生数对比来进行。由于固定制造费用是由各个部门的许多明细项目构成的，固定制造费用预算应就每个部门及明细项目分别进行编制，实际固定制造费用也应该就每个部门及明细项目进行分别记录，由此，固定制造费用成本差异的分析和控制也应该就每个部门及明细项目逐项分别进行。

就固定制造费用开支差异来说，其产生的原因可能属于外部原因，如资源价格的变动、市场工资率的增减等，但大多数属于企业内部原因，如职工培训费、折旧费、办公费等因管理上的新决定而有所增减，资源的数量比预算有所增减（如职工人数的增减），为了完成预算而推迟某些固定成本的开支等。就能量差异而言，它只反映计划生产能力的利用程度，可能是由于经济萧条、产品价格过高等造成销路不好、开工不足，或者原材料、能源供应不足造成生产能力利用不充分形成的，一般不能说明固定制造费用的超支或节约。形成固定性制造费用效率差异的原因与变动制造费用效率差异原因是相同的。所有这些，都应分别不同情况进行具体分析，以便确定责任人员，做到公正而又恰当地落实责任。

8.4 成本差异的账务处理

在标准成本系统中，为了能够同时提供标准成本、成本差异和实际成本三种重要的成本信息，企业通常采用的办法是把实际发生的各项成本划分为标准成本和成本差异两个部分，并分别进行归集，期末予以调整，计算得出实际成本。这种方法一方面可以及时反映成本控制的业绩，另一方面也能够提高成本计算的质量和效率。

8.4.1 标准成本系统下的账户设置

标准成本系统下，需要设置两大类账户来反映成本差异：一类用来反映各种标准成本，另一类用来反映各项成本差异。

1. 反映各种标准成本的账户

在标准成本系统中，反映各种标准成本的账户是成本计算账户，主要包括原材料、产成品、生产成本、产品销售成本等。这些账户都应按标准成本进行核算，即记入这些账户的借方或贷方的金额都是以实际数量计算的标准成本额，如有余额，一般记在借方，反映计入资产项目的标准成本。

2. 反映各项成本差异的账户

在标准成本系统中，对于实际成本脱离标准成本而形成的各种成本差异，应按差异类别设置不同账户。这些差异主要包括直接材料价格差异、直接材料用量差异、直接人工工资率差异、直接人工效率差异、变动制造费用开支差异、变动制造费用效率差异、固定制造费用预算差异、固定制造费用能量差异或固定制造费用开支差异、固定制造费用效率差异、固定制造费用能量差异、成本差异净额等。这类账户的借方登记的金额，反映出实际成本超过标准成本的数额，即不利差异，或称为逆差、超支差；贷方登记的金额，反映出实际成本低于标准成本的数额，即有利差异，或称为顺差、节约差。

8.4.2 账务处理步骤

标准成本系统下的账务处理程序标准成本系统的账务处理一般可分为下述四个步骤。

1. 登记各项标准成本账户

在日常发生成本支出时，先将其分离为标准成本和成本差异两个部分，然后以标准成本分别登记原材料、生产成本、产成品、产品销售成本等各有关标准成本账户，这里所指的标准成本是以实际数量计算出来的标准成本额。

2. 登记各项成本差异账户

在标准成本系统下，实际成本与标准成本之间的差异登记在相应的成本差异账户中。为了便于考核，各成本差异账户还可以按责任部门设置明细账户，分别记录各部门的成本差异数额。

3. 成本差异汇总

每月月终，企业应将所有成本差异汇总，记入“成本差异净额”账户。借方汇总不利差异，贷方汇总有利差异，“成本差异净额”账户的余额表示本月成本差异汇总后的净额。

4. 处理成本差异

在标准成本系统下，处理成本差异主要有下面两种方法：

(1) 结转本期损益法。它是指在会计期末将成本差异净额转入本年利润账户，或者先将其转入主营业务成本账户，然后再将主营业务成本总额（标准成本加上成本差异）转入本年利润账户。

(2) 调整销售成本与存货法。它是指在会计期末将成本差异净额按照以实际数量计算的标准成本比例在期末在产品、期末产成品和本期已销售产品之间进行分配，以便准确计算当期损益。这样分配后，期末资产负债表的在产品和产成品项目反映的都是实际成本，损益表的产品销售成本反映的也是本期已销售产品的实际成本。这种方法期末差异分配非常复杂，不便于产品成本计算的简化；另外，期末资产负债表的在产品和产成品项目反映的都是实际成本，损益表的产品销售成本反映的也是本期已销售产品的实际成本，这样就不便于本期成本差异的分析和控制。所以，在实行标准成本会计的企业中，一般都采用第一种方法。

标准成本系统成本核算账务处理流程如图 8－1 所示。

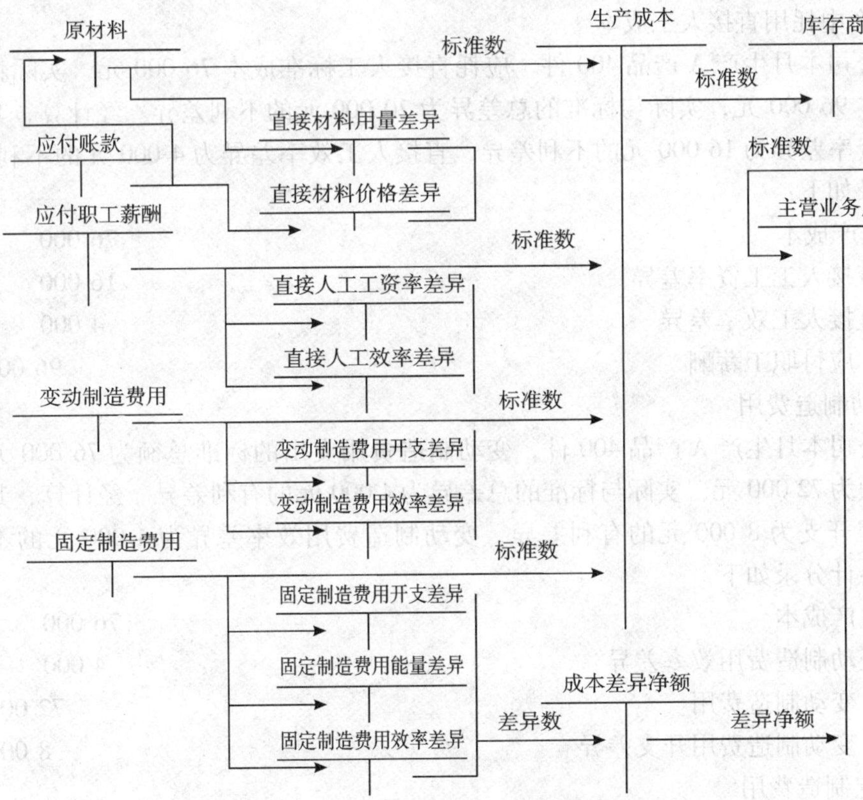

图 8－1 标准成本系统成本核算账务处理流程图

［例 8－10］仍以前面新华公司业务（［例 8－1］至［例 8－9］）为例介绍成本差异的账务处理。

1. 直接材料的购入与生产耗用

（1）购入材料。假定新华公司月初购入甲材料 10 000 吨，实际单价 55 元，标准单价 50 元。实际总成本为 55 000 元，货款已付，编制会计分录如下：

借：材料 50 000

　　材料价格差异 5 000

　贷：银行存款 55 000

（2）领用材料（生产耗用）。新华公司本月生产 A 产品 400 件，单位 A 产品实际耗用甲材料 2 吨，直接材料实际总成本为 44 000，单位 A 产品甲材料耗用标准数量为 2.5 吨，标准单价为 50，则：

按标准单耗计算的直接材料标准成本＝400×2.5×50＝50 000（元）

按实际单耗计算的直接材料标准成本＝400×2×50＝40 000（元）

材料用量差异＝（400×2－400×2.5）×50＝－10 000（元）

根据计算结果编制会计分录如下：

借：生产成本 50 000

　贷：材料 40 000

　　　材料用量差异 10 000

2. 生产中耗用直接人工成本

新华公司本月生产 A 产品 400 件，应耗直接人工标准成本 76 000 元，实际耗用直接人工成本 96 000 元，实际与标准的总差异为 20 000 元的不利差异。经计算，其中直接人工工资率差异为 16 000 元的不利差异，直接人工效率差异为 4 000 元的不利差异。编会计分录如下：

借：生产成本 76 000

　　直接人工工资率差异 16 000

　　直接人工效率差异 4 000

　贷：应付职工薪酬 96 000

3. 变动制造费用

新华公司本月生产 A 产品 400 件，变动制造费用支出的标准总额为 76 000 元，实际支出总额为 72 000 元，实际与标准的总差异为 4 000 元的有利差异。经计算，其中变动制造费用开支为 8 000 元的有利差异，变动制造费用效率差异为 4 000 元的不利差异。编制会计分录如下：

借：生产成本 76 000

　　变动制造费用效率差异 4 000

　贷：变动制造费用 72 000

　　　变动制造费用开支差异 8 000

4. 固定制造费用

新华公司本月生产 A 产品 400 件，固定制造费用支出的标准成本总额为 22 800 元，实际发生固定制造费用总额为28 800元，实际与标准之间的总差异为6 000元的不利差异。经计算，其中固定制造费用开支差异为4 050元的不利差异，固定制造费用能量差异为750元的不利差异，固定制造费用效率差异为1 200元的不利差异。编制会计分录如下：

（1）按全部成本法

借：生产成本　　22 800
　　固定制造费用开支差异　　4 050
　　固定制造费用能量差异　　750
　　固定制造费用效率差异　　1 200
　贷：固定制造费用　　28 800

（2）按变动成本法

借：期间费用　　22 800
　　固定制造费用开支差异　　4 050
　　固定制造费用能量差异　　750
　　固定制造费用效率差异　　1 200
　贷：固定制造费用　　28 800

5. 完工产品入库

假定新华公司本月生产400件A产品全部完工，并且没有期初在产品，根据“在产品”丁字账借方发生额计算生产成本，再进行完工产品成本结转。编制会计分录如下：

（1）按全部成本法

借：库存商品　　224 800
　贷：生产成本　　224 800

（2）按变动成本法

借：库存商品　　202 000
　贷：生产成本　　202 000

表8－4　　生产成本（变动成本法）

借		贷	
直接材料	50 000	完工转出	202 000
直接人工	76 000		
变动制造费用	76 000		
本月发生额合计	202 000	本月发生额合计	202 000
月末结余额	—		

表 8-5 生产成本

（全部成本法）

借		贷	
直接材料	50 000	完工转出	224 800
直接人工	76 000		
变动制造费用	76 000		
固定制造费用	22 800		
本月发生额合计	224 800	本月发生额合计	224 800
月末结余额	—		

6. 产品出售

假设新华公司本月出售 A 产品 350 件，A 产品单位售价 1 200 元，销售收入为 420 000 元，货款收存银行。编制会计分录如下：

借：银行存款　　　　420 000

　贷：主营业务收入　　　　420 000

7. 根据以上业务情况，结转已售产品生产成本（生产 400 件，销售 350 件）

（1）按全部成本法（单位成本 562 元）

借：主营业务成本　　　　196 700

　贷：库存商品　　　　196 700

（2）按变动成本法（单位成本 505 元）

借：主营业务成本　　　　176 750

　贷：库存商品　　　　176 750

8. 成本差异

月末，新华公司根据各个成本差异账户的月末余额编制“成本差异汇总表”，计算成本差异净额，参见表 8-6。

表 8-6 新华公司成本差异汇总表 单位：元

差异项目	借方余额（不利差异）	贷方余额（有利差异）
直接材料价格差异	5 000	—
直接材料用量差异	—	10 000
直接人工工资率差异	16 000	
直接人工效率差异	4 000	
变动制造费用开支差异	—	8 000
变动制造费用效率差异	4 000	—
固定制造费用开支差异	4 050	—
固定制造费用能量差异	750	—
固定制造费用效率差异	1 200	—
本月成本差异发生额合计	35 000	18 000
成本差异净额	17 000	—

根据“成本差异汇总表”编制会计分录如下：

借：成本差异净额　　17 000

　　材料用量差异　　10 000

　　变动制造费用开支差异　　8 000

　贷：材料价格差异　　5 000

　　　直接人工工资率差异　　16 000

　　　直接人工效率差异　　4 000

　　　变动制造费用效率差异　　4 000

　　　固定制造费用开支差异　　4 050

　　　固定制造费用能量差异　　750

　　　固定制造费用效率差异　　1 200

9. 结转成本差异净额

新华公司采用将“成本差异净额”全部转入当月销货成本的方式（不利差异用蓝字，有利差异用红字）。编制会计分录如下：

借：主营业务成本　　17 000

　贷：成本差异净额　　17 000

如果成本差异净额分别由存货和销货成本负担，则会计分录格式如下：

借：生产成本

　　库存商品

　　主营业务成本

　贷：成本差异净额

10. 月终编制利润表

假定新华公司本月生产 A 产品 400 件，销售 A 产品 350 件，发生销售费用 58 200 元（其中，变动销售费用为 38 200 元，固定销售费用为 20 000 元），管理费用 64 000 元（其中，变动管理费用 38 000 元，固定管理费用 26 000 元），利息支出 15 000 元，所得税率 30%。分别采用全部成本发和变动成本发编制利润表，参见表 8－7 和表 8－8。

表 8-7

新华公司利润表

（按全部成本法计算）

单位：元

项目	金额	
主营业务收入		420 000
减：主营业务成本		
期初存货成本	0	
本期生产成本（标准）	224 800	
期末存货成本（标准）	28 100	
主营业务成本合计（标准）		196 700
调整前毛利		223 300
减：成本差异净额（不利差异）		17 000
调整后毛利		206 300
减：销售费用	58 200	
管理费用	64 000	
利息支出	15 000	
税前利润		69 100
减：所得税	20 730	
税后净利		48 370

表 8-8

新华公司利润表

（按变动成本法计算）

单位：元

项目	金额	
主营业务收入		420 000
减：变动主营业务成本（标准）		
期初存货成本	0	
本期变动生产成本	202 000	
期末存货成本	25 250	
变动主营业务成本合计		176 750
变动销售费用		38 200
变动管理费用		38 000
调整前边际贡献		167 050
减：成本差异净额（不利差异）	17 000	
调整后边际贡献		150 050
减：期间费用		
固定制造费用	22 800	
固定销售费用	20 000	
固定管理费用	26 000	
利息支出	15 000	
税前利润		66 250
减：所得税	19 875	
税后净利		46 375

本章小结

标准成本系统是围绕标准成本将成本计算和成本管理相结合的一种成本控制系统、是集成本分析、成本控制和成本计算为一体的成本计算方式，它包括标准成本制定、成本差异的计算分析和成本差异的账务处理三大部分。

标准成本是指事先经过调查研究、技术测定和分析而制定的，按照成本项目反映的，在现有生产技术水平和正常生产经营条件下生产某产品应发生的单位产品成本。

标准成本一般分为理想标准成本、基本标准成本和正常标准成本三种类型，各成本项目的标准成本应分别根据价格标准和用量标准来计算。

成本差异是指生产经营过程中发生的实际成本与相关标准成本之间的差额，包括有利差异和不利差异。每一变动成本项目的成本差异可进一步分解为价格差异和用量差异。价格差异指实际价格与标准价格不一致而产生的成本差异，用量差异指实际消耗量与标准消耗量不一致而产生的成本差异，也称数量差异或效率差异，而固定制造费用成本差异可分解为两差异或三差异。

在标准成本系统下，各项成本是按标准成本在账户之间归集的，发生的各项成本差异则另设各种差异账户进行归集。期末对成本差异的处理有两种方式，一种是结转本期损益法，即在会计期末将成本差异净额全部列入当期利润表，作为当期产品销售成本的调整；二是调整销售成本与存货法，即在会计期末将成本差异净额按照以实际数量计算的标准成本比例在期末在产品、期末产成品和本期已销售产品之间进行分配，以便准确计算当期损益。

本章复习思考题

1. 什么是标准成本和标准成本系统？在企业中实施标准成本系统有何意义？
2. 基本标准成本、理想标准成本和正常标准成本有何差别？
3. 如何制定直接材料、直接人工和制造费用的标准成本？
4. 进行差异分析时，为什么需要将差异区分为价格差异和数量差异？
5. 产品成本差异的账务处理通常有哪几种方法？各有什么特点？

9 存货控制

本章学习目标：

1. 了解存货成本的构成；
2. 掌握经济订货批量的计算；
3. 了解经济订货批量模型的扩展；
4. 掌握日常存货控制的方法。

9.1 存货控制的意义

9.1.1 存货的概念

存货是指企业在正常生产经营过程中持有的、以备销售的产成品或商品，或仍然处于生产过程中的在产品，或在生产过程、提供劳务过程中消耗的材料、物料等，包括原材料、燃料、包装物、低值易耗品、在产品、半成品、产成品以及外购商品等。在制造型企业中，原材料、半成品、产成品等存货往往要占极大部分流动资金，以保证生产部门加工的需要以及市场对产品的需求。

9.1.2 存货控制的含义

所谓存货的“控制”，并不是指存货收、发的永续盘存登记。存货的这种连续记录只是为存货控制提供了一项便利工具或有用的信息。存货的“控制”，应是与存货占用的“资金金额”有关的问题。当存货的资金占用水平能够满足企业生产经营管理需要时，才能说它有了“控制”。

由于企业是持续经营的，其生产、销售是连续不断进行的，采购供应与生产供应又只能是分批进行，所以存货占用的资金水平与采购（或生产）的时间和批量密切相关。

通常地，存货控制是指对存货的采购或生产的时间和批量进行控制。实质上，它是存货的计划与控制。

目前，被认为是比较先进的存货管理方法——“零存货”管理（即采购或生产量与销售量随时相等），是与先进的技术经济条件——适时生产系统相适应的。但就目前大多数企业的生产技术和管理水平来看，虽然自动化和计算机管理手段的运用，使存货控制方法有了显著进步，但要实现绝对“零存货”，是办不到的。一个直接的原因，是企业成批进货而陆续发出或陆续产出而成批发出，必然形成企业一定数量的存货。

保持适当的存货，主要有两个方面的作用：第一，存货供应或需求出现偏差时，保证供应。企业购买的原材料或商品，由于客观因素的制约，并不能保证每次都能按时交货；企业的生产计划，由于客观因素制约，同样也不能保证百分之百地完成。顾客购买的数量和时间，有时是可以知道的，而有时是难以准确预测的。建立适量的存货，可以使企业的生产和销售顺利进行。第二，成批的采购和生产，使企业取得批量效益，降低成本。成批的进货，多数情况下可使企业取得价格优惠，甚至可以节约运输成本等；成批的生产，则可以发挥设备生产能力、人工效率，降低投产前的准备成本。

然而，这并不是说采购和组织生产的时间越早越好、批量越大越好。企业保持存货，也会发生诸如仓储费、占用资金利息、存货陈旧过时或变质等方面的费用和损失。

没有存货或存货不足，将使供应可能中断，给企业带来诸如停工损失、失去销售利润、甚至由此而影响到信誉的损失等等。存货过多，又将使企业发生不必要的储存成本。由此可见，存货不足的损失与保持存货的成本，在一定范围内是此长彼消的。而超过一定范围，则表现出单一的存货不足的损失（零存货）或保持存货的成本（存货库存使存货不足损失为零。）

存货控制，就是通过存货不足的损失分析和保持存货的成本分析，采取措施，控制采购和生产的时间与批量，从而使存货不足的损失与保持存货的成本之和达到最低水平。

9.1.3 企业各职能部门对存货的不同要求

同一企业里，由于各职能部门的立场、角度不同，对企业的存货问题也有不同的看法。由于观点不同，将可能影响到这一企业的存货政策和存货水平，因而对于存货控制有着重要影响。

1. 采购部门的要求

采购部门大都希望能尽量增大其一次采购量，因为这可以获得供应商大量采购而给予的价格优惠，还可以降低单位材料或商品的运费，减少订货时的费用，而且，采购部门还都希望尽可能提早采购、事先尽早预购，因为这可以减少紧急订货造成的额外支出，获得更为优惠的价格，还可避免供应中断而遭受的有关指责。

2. 生产部门的要求

生产部门所希望的，只是原材料能保证供应、产品生产尽可能地保持持续不断——大批量、均衡而且稳定，因此，对于某些特别项目的存货，如所需原材料、生产的半成品、产成品等，希望能建立高库存。因为经常进行生产转换或改变产品的品种、规格，将使机器调整准备成本增加，生产转换成本增加，熟悉时间加长，进而降低生产效率，影响其业绩。如果使大部分存货项目保持较低存量，或需要随时应销售部门或客户的特别要求进行生产，生产部门的负责人员则不会有很高的积极性。然而，较高水平的原材料库存量，加上每个品种的产品的大批量生产，将使存货水平上升。

3. 销售部门的要求

为了增强其市场竞争力，提高市场占有率，销售部门所希望的是存货品种齐全，并且经常保持有大量的存货。现货交易往往有利于扩大销售，因而大量的存货也常常使销售量增加。如果存货比较充足，销售人员则能在与对手的竞争中．抢先一步满足客户的要求，即增强销售部门随时供应客户需要的能力。销售部门还特别希望生产部门有很大的生产能力和很强的应变能力，以便在有特别生产需要时，能立即动工，投入生产，而不管批量大小。如果销售部门的这些希望成为现实，则它又会在市场供应过程中建立良好的信誉，反过来又扩大销售量，提高其业绩水平。

4. 财务部门的要求

财务部门的职责，其中之一是能为企业的生产经营活动提供充足的资金。但是，其资金来源是有限度的，而且资金的使用也是有成本的。降低资金成本率和资金成本领，是财务部门的职责所在。因而，财务部门希望各种存货水平越低越好，这样可以降低存货资金占用，减少资金成本（如利息支出），缓解资金供应紧张的矛盾，或把存货节省出的资金用在别处更急需资金的方面。

以上是与存货密切相关的几个部门的要求与希望。除此以外，仓库保管、保安、消防等部门，也会从自身的角度考虑，希望存货水平能保持较低水平或较高水平。一个企业在制定存货政策，决定某项存货水平时，应将各方面的分析要求都能考虑进去，分析主要矛盾和次要矛盾及环境因素，谨慎制定。如果只考虑某一个职能部门的要求，而忽略其他部门的分析意见，不仅会使部门矛盾激化，而且也绝不会使企业利益最大化。在决定存货政策及某项存货水平时，要妥善处理各职能部门的需要，使企业达到总体最优。

9.1.4　存货控制的内容

如前所述，存货控制是指对存货的采购或生产的时间和批量进行控制。而存货控制的目的，是使因持有存货而耗费的全部相关成本总额达到最低。这一目的是通过控制各种相关成本总额或单位数额和存货批量的水平来达到的。因此，存货货控制的内容包括存货成本控制和存货批量控制两部分内容。存货成本控制包括材料、在产品、产成品等成本的控制。

9.1.5　存货控制的意义

存货管理就是对企业的存货进行管理，主要包括存货的信息管理和在此基础上的决策分析，以便进行有效控制，提高经济效益。企业置留存货的原因一方面是为了保证生产或销售的经营需要，另一方面是出自价格的考虑，零购物资的价格往往较高，而整批购买在价格上有优惠。但是，过多的存货要占用较多资金，并且会增加包括仓储费、保险费、维护费、管理人员工资在内的各项开支。因此，尽力在各种成本与存货效益之间做出权衡，达到两者的最佳结合，就是存货管理的目标。

存货作为一项重要的流动资产，它的存在势必占用大量的流动资金。一般情况下，存货占工业企业总资产的30%左右，商业流通企业的比例更高，其管理利用情况如何，直接关系到企业的资金占用水平以及资产运作效率。因此，一个企业若要保持较高的盈利能力，应当十分重视存货的管理。在不同的存货管理水平下，企业的平均资金占用水平差别是很大的。只有通过实施正确的存货管理方法，来降低企业的平均资金占用水平，提高存货的流转速度和总资产周转率，才能最终提高企业的经济效益。

企业持有存货，总要付出一定的代价，包括仓库费用和占用资金的利息等。企业应力求以最低的成本来实现存货的目标。因此，企业面临两方面的威胁：一方面是存货不足，供应中断，将会给企业造成损失，包括停工损失和失去销售机会；另一方面是存货过多，要承担不必要的成本。存货不足的损失和持有存货的成本是此消彼长的，需要统一加以考虑。企业需要寻找一个最优的存货水平，使上述两方面能取得平衡。决定进货时间和批量，通常被称为存货控制。

加强对存货的控制是企业经营管理中的一个十分重要的内容。存货控制研究的主要目标是探索经济上合理的存货量，以便为企业的经营决策提供定量的分析依据。通过适量的库存，用最低的存货成本，实现对企业生产经营活动的供应，即最佳或经济合理的供应。因此，科学的存货控制是提高企业经济效益的重要手段。

9.2 经济订货批量

9.2.1 存货成本构成

在存货决策者，需要考虑一下几种成本：

1. 采购成本

采购成本是指由购买存货而发生的买价（购买价格或发票价格）和运杂费（运输费用和装卸费用）构成的成本，其总额取决于采购数量和单位采购成本。由于单位采购成本一般不随采购数量的变动而变动，因此，在采购批量决策中，存货的采购成本通常属于无关成本，但当供应商为扩大销售而采用数量折扣等优惠方法时，采购成本就成为与决策相关的成本了。

2. 订货成本

订货成本是指为订购货物而发生的各种成本，包括采购人员的工资、采购部门的一般性费用（如办公费、水电费、折旧费、取暖费等）和采购业务费（如差旅费、邮电费、检验费等）。订货成本可以分为两部分：为维持一定的采购能力而发生的、各期金额比较稳定的成本（如折旧费、水电费、办公费等），称为固定订货成本；而随订货次数的变动而正比例变动的成本（如差旅费、检验费等），称为变动订货成本。

3. 储存成本

储存成本是指为储存存货而发生的各种费用，通常包括两大类：一是付现成本，包括支付给储运公司的仓储费、按存货价值计算的保险费、陈旧报废损失、年度检查费用以及企业自设仓库发生的所有费用；二是资本成本，即由于投资于存货而不投资于其他可盈利方面所形成的机会成本。储存成本也可分为两部分：凡总额稳定、与存货数量的多少及储存时间的长短无关的成本，称为固定储存成本；凡总额大小取决于存货数量的多少及储存时间的长短的成本，称为变动储存成本。

订货成本、储存成本中的固定部分和变动部分，可依据历史成本资料，采用高低点法、散布图法或最小二乘法等方法进行分解。分解确定的固定订货成本和固定储存成本，属于存货决策中的无关成本，可不予以考虑。

4. 缺货成本

缺货成本是指由于存货数量不能及时满足生产和销售的需要而给企业带来的损失。例如，因停工待料而发生的损失（如无法按期交货而支付的罚款、停工期间的固定成本等）；由于商品存货不足而失去的创利额；因采取应急措施补足存货而发生的超额费用等。缺货成本大多属于机会成本，由于单位缺货成本往往大于单位储存成本，因此，尽管其计算比较困难，也应采用一定的方法估算单位缺货成本（短缺一个单位存货一次给企业带来的平均损失），以供决策之用。

在允许缺货的情况下，缺货成本是与决策相关的成本，但在不允许缺货的情况下，缺货成本是与决策无关的成本。

9.2.2 基本的经济订购批量

基本的经济订购批量模型，又称为简单条件下的经济订购批量模型，为了推导计算经济订购批量的数学模型，可作如下假定：

（1）某种存货的全年需要量与平均消耗量是已知的，确定不会变动；

（2）每次购买货物从订货到送达入库的时间间隔固定不变，并且每批货物均一次送达并入库；

（3）存货单价不变，不存在数量折扣与价格变动；

（4）不允许缺货发生，不考虑缺货成本；

（5）存货的日耗用量为已知的常数。

在上述假定前提下，存货模型可用图 9－1 表示。图中，横轴表示时间，$0-t$、$t-2t$ 分别表示两个订货周期；纵轴表示存货库存量，Q 表示能立即补足的订货量。因为存货水平介于零到订货量 Q 间，平均存货量即等于订货量的一半，即 $Q/2$。

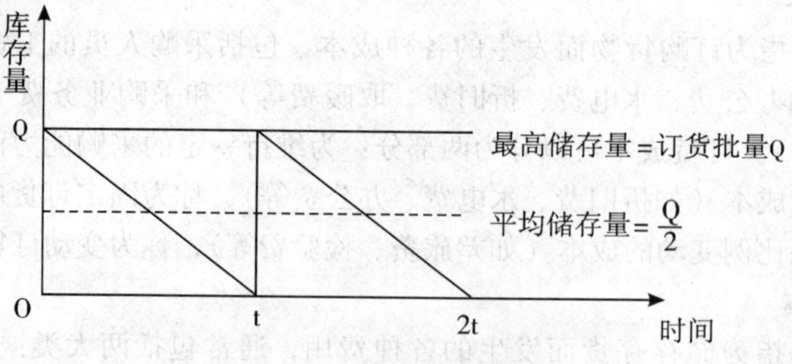

图 9－1 存货模型示意图

由于企业不允许缺货，即每当存货数量降至零时，下一批订货便会随即全部购入，故不存在缺货成本。此时与存货订购批量、批次直接相关的就只有订货成本和储存成

本两项。存货年相关总成本 T 就等于年订货成本加上年储存成本，即

T = 年订货成本 + 年储存成本

设：A——某种存货全年需要量；Q——订购批量；Q^*——经济订购批量；A/Q——订购批次；A/Q^*——经济订购批次；P——每批订货成本；C——单位存货年储存成本；T——年成本合计（年订购成本和年储存成本的合计）；T^*——最低年成本合计。由于年成本合计等于年订货成本与年储存成本之和，因此：

$$T = \frac{Q}{2} \times C + \frac{A}{Q} \times P \tag{9.1}$$

在某种存货全年需求量已定的情况下，降低订购批量，必然增加订货批次。一方面，使存货的储存成本（变动储存成本）随平均储存量的下降而下降；另一方面，使订货成本（变动订货成本）随订购批次的增加而增加。反之，减少订购批次必然要增加订购批量，在减少订货成本的同时储存成本将会增加。可见，存货决策的目的，就是确定使这两种成本合计数最低时的订购批量，即经济订购批量，如图 9-2 所示。

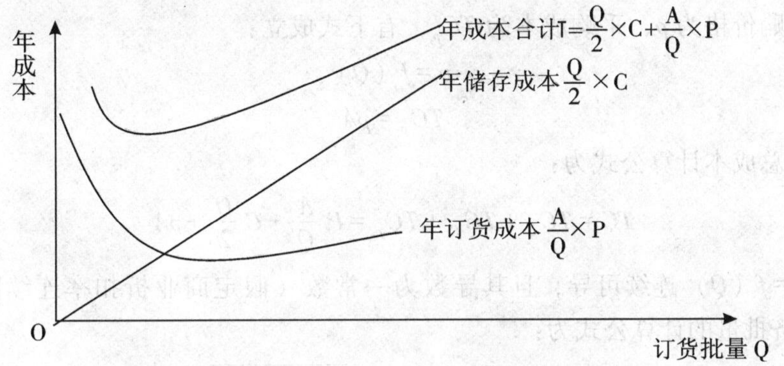

图 9-2 经济订购批量模型图

从图 9-2 可以看出，T（年成本合计）是一条凹形曲线，当其一阶导数为零时其值最低。

以 Q 为自变量，求函数 T 的一阶导数并令其为零：

$$\frac{dT}{dQ} = \frac{C}{2} - \frac{AP}{Q^2} = 0$$

经济订购批量：
$$Q^* = \sqrt{\frac{2AP}{C}} \tag{9.2}$$

最优订购次数：
$$\frac{A}{Q^*} = \sqrt{\frac{AC}{2P}} \tag{9.3}$$

年最低成本合计：
$$T^* = \sqrt{2APC} \tag{9.4}$$

[例 9-1] 经济批量控制指标的计算（在简单条件下）已知：某制造公司全年需用某种材料 40 000 千克，按经验数据每次订货的变动性订货成本为 25 元，单位材料年平均变动性储存成本为 8 元。

要求：计算在不存在商业折扣，不允许出现缺货现象，每批订货均能一次到货的

情况下的经济采购批量、最低的相关总成本和全年经济订货次数。

解：依题意，$A=40\ 000$，$P=25$，$C=8$。

$$Q^*=\sqrt{\frac{2PA}{C}}=\sqrt{\frac{2\times 40\ 000\times 25}{8}}=500\text{（千克）}$$

$$T=\sqrt{2PAC}=\sqrt{2\times 25\times 40\ 000\times 8}=4\ 000\text{（元）}$$

$$n^*=\sqrt{\frac{AC}{2P}}=\sqrt{\frac{40\ 000\times 8}{2\times 250}}=80\text{（次）}$$

9.2.3 存在商业折扣时的经济订购批量模型

在基本模型中，假定没有数量折扣，价格与采购批量无关，因而没有将采购成本列作相关成本。但在规定了商业折扣条款的材料采购控制中，就必须将采购成本纳入相关成本，因为这时采购批量的大小直接决定采购价格的高低，进而影响到采购成本水平。

若设采购价格为 p，采购成本为 TC_p，有下式成立：

$$p=f(Q) \tag{9.5}$$

$$TC_p=pA \tag{9.6}$$

则相关总成本计算公式为：

$$TC=TC_0+TC_C+TC_p=P\frac{A}{Q}+C\frac{Q}{2}+pA \tag{9.7}$$

假定 $p=f(Q)$ 连续可导，且其导数为一常数（假定商业折扣率连续随采购量变动），则经济批量的计算公式为：

$$\text{经济批量 } Q^*=\sqrt{\frac{2PA}{2Af'(Q)+C}} \tag{9.8}$$

但实现生活中多数商品的商业折扣率是按购销量分段确定的，故 $p=f(Q)$ 不可导，9.8 式很难成立。

在这种情况下，需要按下列程序确定经济批量：

（1）首先计算出没有考虑商业折扣时的经济批量，据此按商业折扣条款查出相应的采购价格，一并代入 9.7 式，求出此时的相关成本总额。

（2）按照商业折扣条款中各档次采购量与相应价格分组代入 9.7 式，求出每一档次下的相关总成本。

（3）比较所有情况的相关成本总额（应用相关成本分析法），则相关成本最低时的采购批量即为存在商业折扣时的经济批量。

全年经济订货次数的计算公式不变。

［例 9－2］经济批量控制指标的计算（在存在商业折扣条件下）

已知：同［例 9－1］。供货方规定：当一次采购量小于或等于 400 千克时，单价为 11 元，采购批量大于 400 千克小于 10 000 千克时，单价为 10 元；采购批量等于或大于 10 000 千克时，单价为 9.5 元。

要求：计算在不允许出现缺货现象，每批订货均能一次到货，但存在商业折扣情况下的经济采购批量和最低的相关总成本。

解：依题意，$A=40\ 000$，$P=25$，$C=8$。

因为在简单条件下 $Q^*=500$ 千克

所以适用的价格 $p=10$ 元

将 A、P、C、Q 和 p 值代入 9.7 式得：

$$TC=P\frac{A}{Q}+C\frac{Q}{2}+pA=25\times\frac{40\ 000}{500}+8\times\frac{500}{2}+10\times 40\ 000=404\ 000\ （元）$$

分别将上述数据带入 9.7 式，则两种批量下的相关总成本分别为：

$$TC=25\times\frac{40\ 000}{400}+8\times\frac{400}{2}+11\times 40\ 000=444\ 100\ （元）$$

$$TC=25\times\frac{40\ 000}{1\ 000}+8\times\frac{1\ 000}{2}+9.5\times 40\ 000=385\ 000\ （元）$$

比较各种批量下的相关总成本。由于 385 000 最低，所以经济批量应为 1 000 件，此时最低相关成本为 385 000 元。

9.2.4 允许缺货条件下的经济批量控制模型

建立基本模型的前提之一是不允许出现缺货现象。但在实际生活中，经常会因供货方或运输部门的问题导致所采购的材料无法及时到达企业，发生缺货损失的现象。在这种情况下就需要将缺货成本作为控制的相关成本之一来考虑。

所谓缺货成本是指因材料供应发生短缺，无法及时满足生产经营的正常需要而造成的损失。它包括停工待料损失，因对客户延期交货而支付的违约罚金、因采取临时性补救措施而发生的额外采购支出，以及企业因失去及时供货信用而损失的商誉（如失去未来客户、减少销售机会等）等内容。缺货成本一般需按经验估算。

若设缺货量为 Q_1，则在缺货条件下，材料年均储存量 $\overline{Q}$ 的计算公式相应变化为：

$$\overline{Q}=\frac{(Q-Q_1)^2}{2Q} \tag{9.9}$$

又设平均缺货量为 $\overline{\overline{Q}}$，单位缺货年平均损失（成本）为 S，缺货总成本为 TC_s，则有：

$$\overline{\overline{Q}}=\frac{Q_1^2}{2Q} \tag{9.10}$$

$$TC_s=S\overline{\overline{Q}}=S\frac{Q_1^2}{2Q} \tag{9.11}$$

于是在允许缺货的条件下，相关成本 TC 的公式为：

$$TC=TC_0+TC_s=P\frac{A}{Q}+C\frac{(Q-Q_1)^2}{2Q}+S\frac{Q_1^2}{2Q} \tag{9.12}$$

根据 9.12 式分别对 Q 和 Q_1 求偏导数并令为零，则有关模型为：

缺货条件下的经济批量： $$Q^*=\sqrt{\frac{2PA}{C}}\sqrt{\frac{C+S}{S}} \tag{9.13}$$

允许最大缺货量：$$Q_1^* = \sqrt{\frac{2PA}{S}}\sqrt{\frac{C}{C+S}} \tag{9.14}$$

最低相关总成本：$$TC^* = \sqrt{2PAC}\sqrt{\frac{S}{C+S}} \tag{9.15}$$

［例9-3］经济批量控制指标的计算（允许缺货条件下）

已知：同［例9-1］。企业允许出现缺货，因采取补救措施而发生的单位缺货年均成本的经验数据为24.8元。

要求：计算在不存在商业折扣，每批订货均能一次到货，但允许出现缺货现象情况下的经济采购批量，允许最大缺货量和最低的相关总成本。

解：依题意，$A=40\ 000$，$P=25$，$C=8$，$S=24.8$。

将A、P、C和S值分别代人9.13式、9.14式和9.15式，可求出有关指标。

缺货条件下的经济批量：$$Q^* = \sqrt{\frac{2PA}{C}}\cdot\sqrt{\frac{C+S}{S}} = \sqrt{\frac{2\times25\times40\ 000}{8}}\times\sqrt{\frac{8+24.8}{24.8}}$$

$$=500\times1.5=575\text{（千克）}$$

允许最大缺货量：$$Q_1^* = \sqrt{\frac{2PA}{S}}\cdot\sqrt{\frac{C}{C+S}} = \sqrt{\frac{2\times25\times40\ 000}{24.8}}\times\sqrt{\frac{8}{8+24.8}}$$

$$=283.98\times0.493\ 9=140\text{（千克）}$$

最低相关总成本：$$TC^* = \sqrt{2PAC}\sqrt{\frac{S}{C+S}} = \sqrt{2\times25\times40\ 000\times8}\times\sqrt{\frac{24.8}{8+24.8}}$$

$$=4\ 000\times0.869\ 5=3\ 478\text{（元）}$$

9.2.5 每批订货陆续到货时的经济批量模型

如果每次订货的货款都是一次支付，而货物又不能一次到达，则属于陆续到货的情况。

陆续到货会使材料年均储存量发生变动，进而使储存成本模型有所改变。

若设材料每日到货量为e，每日耗用量为f，则材料年均储存量$\overline{Q}$和相关储存成本TC_0的计算公式分别为：

$$\overline{Q} = \frac{Q\left(1-\frac{f}{e}\right)}{2} \tag{9.16}$$

$$TC_c = C\,\frac{Q\left(1-\frac{f}{e}\right)}{2} \tag{9.17}$$

于是陆续到货的相关总成本模型为：

$$TC_c = TC_0 + TC_c = P\,\frac{A}{Q} + C\,\frac{Q\left(1-\frac{f}{e}\right)}{2} \tag{9.18}$$

按微分极值原理对9.18式进行处理，可得到以下模型：

陆续到货时经济批量：　　　$Q^* = \sqrt{\frac{2PA}{C}} \cdot \sqrt{\frac{e}{e-f}}$　　　(9.19)

最低相关总成本：　　　$TC^* = \sqrt{2PAC} \cdot \sqrt{\frac{e-f}{e}}$　　　(9.20)

［例9－4］ 经济批量控制指标的计算（陆续到货条件下）

已知：同［例9－1］，企业订货陆续到货，每日到货量为198千克。

要求：计算在不存在商业折扣，不允许出现缺货现象，但每批订货不能一次到货情况下的经济采购批量和最低的相关总成本。

解：依题意，$A=40\ 000$，$P=25$，$C=8$，$e=198$。

每日耗用量$f=\frac{40\ 000}{365}=110$（千克）

将A、P、C、e和f值分别代入9.19式和9.20式，可求出有关指标。

陆续到货时的经济批量：

$$Q^* = \sqrt{\frac{2PA}{C}}\sqrt{\frac{e}{e-f}} = \sqrt{\frac{2\times25\times40\ 000}{8}} \times \sqrt{\frac{198}{198-110}} = 500\times1.5 = 750\text{（千克）}$$

最低相关总成本：

$$TC^* = \sqrt{2PAC}\sqrt{\frac{e-f}{e}} = \sqrt{2\times25\times40\ 000\times8} \times \sqrt{\frac{198-110}{198}} = 4\ 000\times0.666\ 7\approx2\ 667$$

（元）

9.2.6 各种经济批量模型的比较

通过比较各种经济批量模型可以发现，无论是允许缺货还是陆续到货的有关模型，均可在基本公式上稍加调整求出，故有人称$\sqrt{\frac{C+S}{S}}$为缺货时批量的调整系数，$\sqrt{\frac{S}{C+S}}$为缺货时相关成本的调整系数；$\sqrt{\frac{e}{e-f}}$为陆续到货时批量的调整系数；$\sqrt{\frac{e-f}{e}}$为陆续到货时相关成本的调整系数。

通过比较基本条件、允许缺货条件和陆续到货条件下的相关成本，可选择出最佳的采购批量方案，但有商业折扣条件下的成本口径与其他条件下的相关成本不同，无法直接比较。

当企业采购材料品种较多时，分别计算各个品种的经济采购批量过于复杂，除了应选择重点物资，抓住主要矛盾外，还可以采用金额式经济批量控制模型来解决这个矛盾。

9.3 存货控制的其他方法

以上分析了经济订货量存货控制方法。这些方法计算精确，有助于提高存货控制的科学性。但这些方法又需要满足许多条件，如各个相应参数应是已知数等等。由于某些条件在现实存货控制中不易得到满足，或根据管理需要，在存货控制中也常采用一些其他方法。

再订货点是指企业需要再次购进存货时的库存量。如果订货过早，会增加存货的储备量，造成物资积压；如果订货过迟，存货储备不足，一旦供货不及时，就会影响生产和销售的需要。

再订货点 = 平均每日耗用量 × 订货提前期 + 保险储备量

订货提前期也称为交货期。

9.3.1 限额控制法

这是有关人员根据设定的最低库存存货水平和最高存货水平，适时进行补充订货的方法。这又有几种具体做法。

1. 根据当前情况和经验判断法

这是由有关方面的负责人或采购员，及时前往仓库检查有关存货项目的现行数量是否足够，然后根据他所临时判断的最低与最高库存存货水平，决定是否补充订货即订货批量。这类存货项目，一般没有存货记录，也没有采购日期、采购量或耗用率的记录。正是由于这样，该方法常会引起缺货现象发生，使企业遭受缺货损失。但这种方法仍为许多中小企业所采用，甚至一些大型企业对某些存货项目的控制也常采用。

上述做法的一个特别情况，是所谓的“断档法”，即在存货项目的最后一个单位也消耗完毕时、才开始提出补充订货的申请与采购的计划。采用这样的存货控制方法，不需计算或估计最低库存量，操作简便，但企业肯定要发生缺货损失，因此，“断档法”只适用于单位存货缺货损失极低的存货项目管理。

2. “双箱”控制法

这一方法又称为“双堆”控制或“双货档”控制法。

具基本作法是，起初先把存货置于两个箱（或其他容器）中，或码成两堆。使用时先取其中的一箱。当用完该箱存货时，才取用另一箱中的，并同时发出订货申请，以补充第一箱。这种方法，即使对于大型企业的某些存货，如铁钉、螺钉或其他低值、连续使用的标准件等，也都是非常有效的。

对“双箱”法的运用，有一个变通方法，可称之为“警示线”法。这是在存放相关存货的容器上画一条警示线，当容器内的存货用至该线的程度时，便开始提出订货申请。而在此之后，新的订货到来之前，用警示线下的存货。因而警示线以下的存货量，如同经济订货量控制法中的再订货点，有着“安全存量”的作用。美国的许多大钢厂，便使用这种“警示线”存货控制法。

3. 最高限额控制法

这种存货控制方法的特点，是按固定的时间间隔（t_0 根据确定的每年检查存货量的次数确定），对有关存货项目的数量进行检查。凡被领用过的存货，都要进行补充订货，订货数量为事先确定的最高库存量 E 与当前存货量的差额 Q，如图 9－3 所示。

如果企业所需存货的供应者为少数几家，或都集中在一个地区，那么采用这一方法，可以使若干种存货一起订购、一起运输，从而节约某些成本，如运输费、差旅费等。但这种控制方法下，显然存货的库存量较大。

4. 双限额控制法

这是在最高限额法的基础上，确定出存货的最低限额。而且是当且仅当存货库存达到或低于这一最低限额 R 时才开始订货，订货数量为最高限额 E 与订货时存货库存量的差额。

在这一存货控制方法下，可以按最高限额的方法定期检查存货存量是否已达到甚至低于 R，也可在平时使用存货时进行登记，并及时结出相关存货的存量。

双限额控制法同最高限额法相比，有了固定的再订货点（库存量 R）。由于有了 R，就每一存货项目而言，决定是否订货的是存货降存量是否达到或低于 R，而不是存货是否领用过。因而一般订货批量较大而次数较少（但如果是平时登记存货收发情况的，也有可能出现相反的情况）。同样，由于双限额控制法下采购次数较少，订货入库前后的库存量一般都不大于最高限额法，因此，一般情况下平均库存量又较之最高限额法为低（平时登记存货收发情况时也有可能出现相反情况）。

但是，如果这种方法确定的最低限额 R 不准确，则会出现两种情况：R 过低时会产生缺货现象，R 过高时库存量仍然偏高。

最高限额法和双限额法在企业存货控制的具体运用中，还可辅以其他手段或工具。例如，每一项存货都挂上一张带有存货名称和编号的标签，在存货拨领使用时，将相应标签取下予以控制，或在标签上进行记录等。

9.3.2 计划用量控制法

计划用量控制法就是按最终产品和生产计划所需存货（原材料等）的时间、数量，安排进货时间和数量。例如，某企业订货一批，该产品由 A、B 和 C 三个零部件安装而成，需要量分别为 Q_A、Q_B 和 Q_C；A 零件需要甲、乙和丙三种材料生产，需要量分别为 $Q_{甲}$、$Q_{乙}$ 和 $Q_{丙}$，（B、C 零件从略。为简化起见，假定 A、B 和 C 全部完工后才能装配成产成品），则有关存货的存量变化如图 9－3 所示。

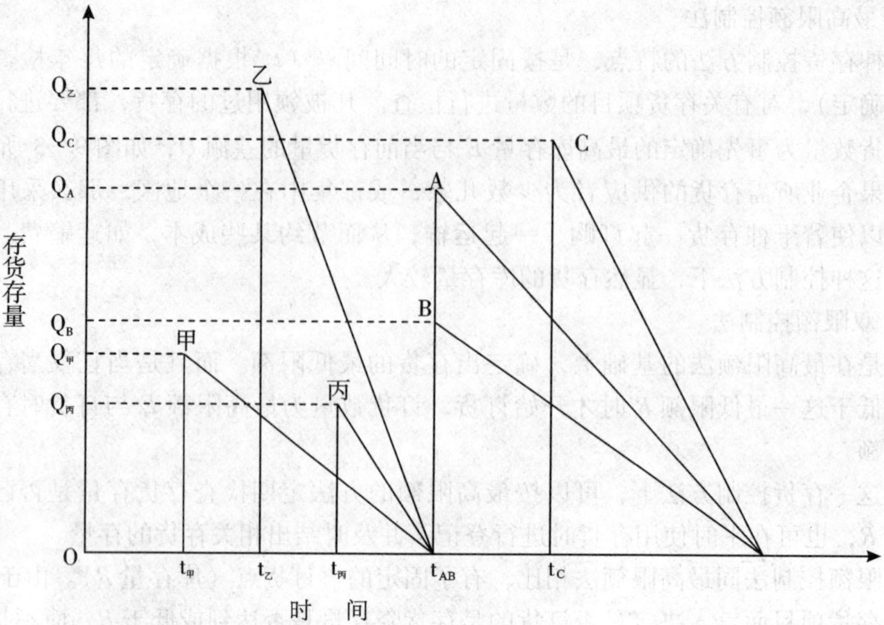

图 9-3 计划用量控制法下有关存货存量变化示意图

图 9-3 中 $t_{甲}$、$t_{乙}$ 和 $t_{丙}$ 分别为甲、乙、丙三种材料到货并开始投料时间；t_{AB} 为 A 零件和 B 零件加工完成，并可开始由 A、B 组装部件的时间；t_C 为 C 零部件完工时间，并可开始与 A、B 或 AB 组成的部件进行组装的时间。

计划用量控制法的优点是“工完料净”，节约存货的资金占用。但在计划变动时，往往会造成存货短缺或严重积压，因而该方法主要适用于按合同生产等情况下的存货控制。

9.3.3 ABC 库存分类控制法

对于存货项目太多的企业，要对每一种类的存货都分别实施具体的控制方法，工作量就会太大，因此，必须采用分类管理的方法进行控制。这样，既能保证重点控制，又能照顾一般存货的管理，而只是对不同类型的存货采用不同的存货控制对策，从而实现最为有效、经济的存货控制。这种对存货采用分类管理的方法就是 *ABC* 库存分类控制法。

ABC 库存分类控制法简称 *ABC* 法，又称重点法。它是把众多品种的存货划分为 *A*、*B* 和 *C* 三类（根据需要也可划分为 *A*、*B*、*C*、*D* 四类等），那些品种及数量少、占用资金多的项目划分为 *A* 类；那些零碎的、品种及数量多、占用资金少的项目划分为 *C* 类；那些品种数且较多、占用资金也较多的其他项目则划分为 *B* 类。然后，对 *A* 类存货进行重点控制和管理，对 *B* 类存货按通常办法控制，对 *C* 类存货则采用简便的方法加以控制。

ABC 法的程序是：

（1）把各种存货物资按全年平均使用量分别与其单价相乘，计算出该种存货的总成本；

（2）分别计算出各种存货的使用量与总成本在全部存货中的总使用量和总成本的比重；

（3）按各存货耗用金额从大到小（或从小到大）排序，分别累计占总金额和总数量的百分比，且一般根据表9-1的标准把存货划分为*A*、*B*和*C*三类。

表9-1　　*ABC*法存货分类标准

存货类别	占存货总成本比重（%）	占存货总数量比重（%）
A	70~80	5~10
B	15~20	20~30
C	5~10	50~70

下面举例说明存货种类的划分。

［例9-5］设企业生产一种产品需要12个存货项目，这12个存货项目全部外购，有关资料如表9-2。

表9-2　　各种存货单价及平均年用量等一览表

存货编号	单价（元/件）	年平均耗用量（件）	占总耗用量比重（%）	总成本（元）	占总成本比重（%）
1	20.00	3 000	1.4	60 000	15.1
2	22.0	2 000	1.0	44 000	11.0
3	1.0	15 000	7.2	15 000	3.8
4	2.0	11 000	5.3	22 000	5.5
5	3.0	10 000	4.8	30 000	7.5
6	0.5	30 000	14.4	15 000	3.8
7	8.0	2 000	1.0	16 000	4.0
8	12.0	8 000	3.8	96 000	24.1
9	9.0	5 000	2.4	45 000	11.3
10	0.3	45 000	21.5	13 500	3.4
11	0.1	60 000	28.7	6 000	1.5
12	2.0	18 000	8.5	36 000	9.0
合计		209 000	100.0	398 500	100.0

要求：将这12种存货按*ABC*法分类。

解：将表9-2中各项存货按年平均耗费的总成本额（或占全部存货总成本的比重），按从大到小的顺序排列，并分别计算累计成本及比重和累计数量及比重，由此可得表9-3。

表 9－3　　存货成本及数量百分比资料表

存货编号	总成本（元）	累计成本（元）	占总成本比重（%）	累计成本比重（%）	年平均耗用量（件）	累计耗用量（件）	占总耗用量比重（%）	累计耗用量比重（%）
8	96 000	96 000	24.1	24.1	8 000	8 000	3.8	3.8
1	60 000	156 000	15.1	39.2	3 000	11 000	1.4	5.2
9	45 000	201 000	11.3	50.5	5 000	16 000	2.4	7.6
2	44 000	245 000	11.0	61.5	2 000	18 000	1.0	8.6
12	36 000	281 000	9.0	70.5	18 000	36 000	8.5	17.1
5	30 000	311 000	7.5	78.0	10 000	46 000	4.8	21.9
4	22 000	333 000	5.5	83.5	11 000	57 000	5.3	27.2
7	16 000	349 000	4.0	87.5	2 000	59 000	1.0	28.2
3	15 000	364 000	3.8	91.3	15 000	74 000	7.2	35.4
6	15 000	379 000	3.8	95.1	30 000	104 000	14.4	49.8
10	13 000	392 500	3.4	98.5	45 000	149 000	21.5	71.3
11	6 000	398 500	1.5	100.0	60 000	209 000	28.7	100.0
合计	398 500	398 500	100.0	100.0	209 000	209 000	100.0	100.0

根据表 9－3 和前述分类标准，可以分别确定这 12 个项目的存货的类别。但这里需要说明的是：①前述分类标准只是一般标准，而不是绝对标准；②存货耗用金额的比重与存货耗用数量的比重不一定都在两个指标的范围；③确定存货的类别时，应具体情况具体分析，比如应将那些年耗用成本较大而数量较小的存货也划为 *A* 类（或用年耗用成本比重与年耗用量比重考核，且年耗用成本较大者划为 *A* 类）。

据此，可将第 8、1、9、2 项存货划为 *A* 类，第 11、10、6、3 项存货划为 *C* 类，其余的，即第 12、5、4、7 项划为 *B* 类（其中的第 7 项也可划为 *A* 类）。存货分类结果如表 9－4 所示。

表 9－4　　存货分类及各类存货占消耗总成本及消耗总量比重表

存货类别	消耗成本（元）	消耗成本比重（%）	消耗量（件）	消耗量比重（%）
A	245 000	61.5	18 000	8.6
B	104 000	26.0	41 000	19.6
C	49 500	12.5	150 000	71.8

为了便于观察，还可以在坐标图上反映。根据表 9－4 及有关资料，可绘制出图 9－4。

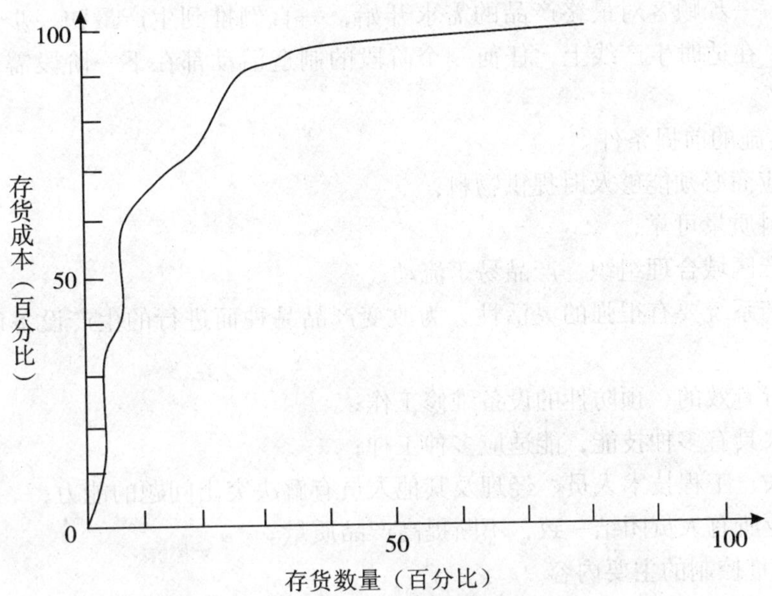

图 9-4 *ABC* 法分类的存货数量与成本关系示意图

由上例中各类存货的数量比重和成本比重可知，企业应加强 *A*、*B* 类存货项目的控制，特别是对 *A* 类存货项目。事实上，*A* 类存货和部分 *B* 类存货，都是单价较高的项目。如果它们有超量（超过必要库存量），将会形成企业较大的存货资金占用。所以，企业对这类存货的控制，应是使其存量减到最低限度，具体控制方法是：尽量减少每次的订货量，增加订货次数，尽可能降低再订货点，同时还可为这类存货设置卡片，以及时进行其收、发、存的登记。

同理，对于 *C* 类存货，由于其资金占用额很低，故可增加每次订货数量，降低订货次数，适当把再订货点定得高一些，从而降低与订货相关的搬运、运输等方面的费用。*B* 类中单价较低的，也可按 *C* 类的控制方法进行控制。而这类存货一般可不必设置卡片登记其收发情况。

至于 *B* 类中那些单价既不太高也不太低的存货项目，可参照 *A* 类和 *C* 类的控制情况，以最能节省成本的方式方法进行控制。如事先也设置卡片，以反映存货的库存动态，但只要定期进行概括检查则可。

9.3.4 JIT 存货控制法（零存货控制）

JIT 是 Just—in—Time 的缩写，即适时制，是 20 世纪七八十年代起源于日本丰田汽车公司的一种新兴的生产管理模式。在该体系中，材料只有在需要的时候才采购，产品在有需求的时候才生产并立即送货，生产中的等待时间和存货储备时间被尽量压缩。按适时制的观念，存货是一种浪费，必须通过仔细规划使库存量最小甚至为零。因此 JIT 存货控制又称零存货控制。

JIT 存货控制是配合“适时生产”（JIT production system）而施行的成本控制系统。适时生产是一种需求拉动式的生产模式，其基本指导思想是，仅在顾客需要时才组织生产。从最后一步顾客对最终产品的需求开始，一直倒推到生产最初一步对材料的需求。可以说，在适时生产线上，任何一个阶段的制造活动都在下一阶段需要该阶段的产出时才生产。

1. JIT 实施的前提条件

（1）供应商必须能够及时提供物料；

（2）物料质量可靠；

（3）生产区域合理组织，产品易于流动；

（4）生产系统要有很强的灵活性，为改变产品品种而进行的生产设备调整时间接近零；

（5）实行有效的、预防性的设备维修工作；

（6）工人具有多种技能，能适应多种工种；

（7）工人、工程技术人员、经理及其他人员有解决突出问题的能力；

（8）企业所有人员团结一致，不断提高产品质量。

2. JIT 存货控制的主要内容

（1）由对经济采购批量模型的修正转向对存货总成本的关注。适时生产要求材料、零配件等总是在需要的时候才送到并直接交付使用，因此，从理论上看，适时采购下经济采购批量就是当时的需求量。不过，在对存货总成本进行控制的过程中，还是应该将存货成本管理范围由订货成本和储存成本扩展到包括采购成本、缺货成本、质量成本等更广义的存货成本概念中。虽然适时采购和生产，使得储存成本为零，但采购成本、订货成本、缺货成本及适时制下特别关注的存货的质量成本还是存在的，只有更加精细地分析和管理，才能使存货总成本最低，而又保证适时制的顺利实现。

（2）对供应商选择标准的变化和对供应商供货行为管理的强化。适时制要求适时生产与适时采购，不合理的原材料、零部件或迟到的供货，将使适时制变得无法实现。所以，对供应商的管理，成为适时采购中的主要内容。

（3）对生产中存货的管理。适时制下的存货控制，着眼于尽可能消灭存货。因此，它不仅仅要求适时供货，还要求适时生产，以减少产品中的库存。所以，它要求企业及时收集相关信息，同时经常修正经济生产批量和经济订货批量的计算模型，使企业的整体效益保持在一个较好的水平。

JIT 存货控制法追求的目标是无废品、零存货、产品多样化、不断降低成本、以最少的投入获取最大的经济效益。

前面曾经指出，零存货在许多企业还不能实现。但作为一种先进的存货管理方法，其应用的意义仍十分重大，可以尽可能地减少不增值作业，使企业不断提高经济效益。而且随着生产管理技术、手段的提高，这一方法的应用会越来越广泛。

以上介绍了几种主要的存货控制方法。在存货控制中应根据具体情况加以运用或应用其中一种方法，或不同存货项目采用不同方法，或两种以上的几个方法结合使用。而对这些方法运用的有效性，可以用存货周转率进行考核。存货周转率可用下式表示：

$$存货周转率=\frac{一年存货使用数（金额或数量）}{平均存货}$$

或

$$存货周转率=\frac{一月存货使用数（金额或数量）}{平均存货}\times 12$$

也可用周转天数表示：

$$存货周转天数=\frac{365}{存货周转率}$$

一般而言，存货周转率越大，存货周转天数越少，表明存货控制越有效。反之，说明存货水平越高，应采取一定措施（减少采购、压缩生产、增加销售等）。但是，在某些情况下，高周转率可能是由于生产中断、停止采购，以至于失去当前和以后销售机会的结果。因此，只有在订货成本不显著增加，也不致因存货断档而造成销货重大损失的情况下，提高周转率才是可行的。

9.4　最优生产批量

9.4.1　最优生产批量控制的含义

最优生产批量控制是指成批生产的企业全年应分几批组织生产，每批生产多少件产品才最为经济合理的控制问题。

如果从决策的角度看，最优生产批量控制所研究的有关模型可以在一定程度上用于生产多少的经营决策中，因此，也有人将最优生产批量控制作为短期经营决策问题。

9.4.2　最优生产批量控制的目的

最优生产批量控制，就是要寻求一个适当的生产批量，使其企业相关总成本之和为最低。

9.4.3　最优生产批量控制应考虑的相关成本

在最优生产批量控制中，主要考虑相关的调整准备成本和相关的储存成本两个相关成本因素。至于生产过程中发生的直接材料、直接人工等变动成本，属于无关成本，在控制过程中不予考虑。

1. 相关的调整准备成本

调整准备成本是指每批产品投产前为做好准备工作而发生的成本。相关的调整准备成本包括调整机器、准备工具模具、清理现场、布置生产线、领取原材料、准备生产作业记录的成本等内容。

这类成本的每次发生额基本相等，它与生产数量没有直接联系，而与每年生产的次数（以下简称生产批次）成正比：生产批次多，调整准备成本就越高；反之，就越低。若设每批调整准备成本为 S，生产批次为 n，全年调整准备成本为 T_s，则有：

$$年调整准备成本（T_s）=S\times n \qquad (9.21)$$

2. 相关的储存成本

储存成本是指单位产品或零部件在储存过程中所发生的年成本。相关的储存成本包括仓库及其设备的维修费、折旧费、保险费、保管人员工资、利息支出、自然损耗等内容。

这类成本与生产批次的多少没有直接联系，而与生产批量成正比变化；批量越大，年储存成本越高；反之，就越低。

若设全年单位储存成本为 C，生产批量为 Q，平均每天生产量（即入库量）为 p，平均每天发出量（即出库量）为 d，全年调整准备成本为 T_c。则有：

$$年储存成本(T_c) = 单位储存成本 \times 年平均储存量 \tag{9.22}$$

$$= 单位储存成本 \times \frac{1}{2} \times 每批生产终了时的最高储量 \tag{9.23}$$

$$= 单位储存成本 \times \frac{1}{2} \times \frac{生产批量}{每天产量} \times (每天生产量 - 每天发出量) \tag{9.24}$$

$$= \frac{1}{2} \times 单位储存成本 \times 生产批量 \times (1 - \frac{每天发出量}{每天生产量}) \tag{9.25}$$

$$= \frac{CQ}{2}(1 - \frac{d}{p}) \tag{9.26}$$

3. 调整准备成本与储存成本的关系

调整准备成本与储存成本是性质相反的两类成本，由于调整准备成本与批量无关，而与批次成正比，因此，要想降低全年的调整准备成本，必须减少批次；而批次的减少，必将引起批量的增长，从而提高全年的平均储存成本。在这种情况下，就存在最优生产批量的控制的问题。

最优生产批量的控制就是要寻求一个适当的生产批量，使其全年的调整准备成本与其全年的平均储存成本之和为最低。

9.4.4 单一品种条件下的最优生产批量控制

最优生产批量控制受到企业生产的品种多少的影响，如果企业组织单一品种（产品或零部件）分批生产，相应的最优生产批量控制相对比较简单。在组织多种生产的企业中，相应的最优生产批量控制就比较复杂。

单一品种生产批量控制的方式包括边际分析、列表法和图示法。

1. 边际分析法

在管理会计中，将按照微分极值原理建立的最优生产批量模型进行最优生产批量控制的方法称为边际分析法。

在单一品种条件下，成批生产时全年产量一般是固定的（假设为 A），这就决定了生产批量 Q 与批次 n 成反比：批量越大，批次越少；反之，就越多。A、Q 和 n 三者之间的关系可用以下公式来表示：

$$n = \frac{A}{Q} \tag{9.27}$$

显然，9.27 式与前面式子从形式上看完全相同，所不同的是 A 和 Q 所代表的经济内容不一致。

与生产批量有关的全年相关总成本 TC 的计算公式为：

$$TC = T_s + T_c = Sn + \frac{CQ}{2}\left(1 - \frac{d}{p}\right) \quad (9.28)$$

由于调整准备成本与储存成本具有性质相反的特性，致使全年总成本 TC 存在极小值，运用边际分析法进行分析，首先求 9.28 式的一阶导数，并令其等于零。通过推导（推导过程略）可得出以下模型：

最优生产批量：
$$Q^* = \sqrt{\frac{2AS}{C\left(1 - \frac{d}{p}\right)}} \quad (9.29)$$

最低相关总成本：
$$TC^* = \sqrt{2ASC\left(1 - \frac{d}{p}\right)} \quad (9.30)$$

最优生产批次：
$$n^* = \frac{A}{Q^*} \quad (9.31)$$

［例 9－6］单一品种下最优生产批量控制指标的计算（边际分析法）

已知：某企业每年生产 3 600 件甲产品，每件储存成本为 6 元，每次调整准备成本为 800 元，平均每天生产量为 30 件，每天发出 10 件。

要求：按边际分析法计算最优生产批量等各项控制指标。

解：依题意，$A = 3\,600$，$C = 6$，$S = 800$，$p = 30$，$d = 10$，则有：

$$Q^* = \sqrt{\frac{2AS}{C\left(1 - \frac{d}{p}\right)}} = \sqrt{\frac{2 \times 3\,600 \times 800}{6 \times \left(1 - \frac{10}{30}\right)}} = 1\,200 \text{（件）}$$

$$TC^* = \sqrt{2ASC\left(1 - \frac{d}{p}\right)} = \sqrt{2 \times 3\,600 \times 800 \times 6 \times \left(1 - \frac{10}{30}\right)} = 4\,800 \text{（元）}$$

$$n^* = \frac{A}{Q^*} = \frac{3\,600}{1\,200} = 3 \text{（批）}$$

2. 列表法

列表法是指在按照不同批次和批量分别计算相关的年调整准备成本和年储存成本的基础上，计算不同情况下的相关成本，从中选择最低的相关成本应对应的生产批量作为最优生产批量的一种方法。

［例 9－7］单一品种条件下最优生产批量控制标准的计算（列表法）

已知：仍按［例 9－6］的资料。

要求：按列表法确定最优生产批量和最优生产批次指标。

解：依题意编制的最优生产批量分析计算表见表 9－5。

表 9－5　　**最优生产批量分析计算表**　　单位：元

批次 n	批量 Q（件）	年调整准备成本 $T_S = Sn$	年储存成本 $T_C = \frac{CQ}{2}\left(1-\frac{d}{p}\right)$	年相关成本 $TC = T_S + T_C$
1	3 600	800	7 200	8 000
2	1 800	1 600	3 600	5 200
3	1 200	2 400	2 400	4 800
4	900	3 200	1 800	5 000
5	720	4 000	1 440	5 440
6	600	4 800	1 200	6 000

由表 9－5 可见，当相关的年调整准备成本等于相关的年储存成本时，年相关成本达到了最低，因此，最优生产批量和最优生产批次分别为 1 200 件和 3 批。

3. 图示法

图示法是指通过将各种相关成本绘制在坐标图上，并观察确定最优生产批量的方法。

在坐标图上，横轴代表批量，纵轴代表相关成本，如图 9－5 所示。年相关成本线是一条凹形曲形，其斜率为零时的批量为最优批量，此时年调整准备成本恰好等于年储存成本。

［例 9－8］单一品种条件下最优生产批量指标计算（图示法）

已知：［例 9－6］的资料和［例 9－7］的结果。

要求：按图示法确定最优生产批量指标。

解：由图 9－5 可见，年调整准备成本线恰好等于年储存成本线时，相关成本线最低，此时的生产批量 1 200 件为最优批量。

4. 边际分析法、列表法和图示法的比较

上述三种方法计算结果相同，但列表法通过逐次测试确定最优批量比较麻烦；边际分析法依靠公式直接进行计算，相对而言简便易行；图示法实质上是在逐次测试的基础上进行的直观反映，因此实际中常常与列表法结合应用。

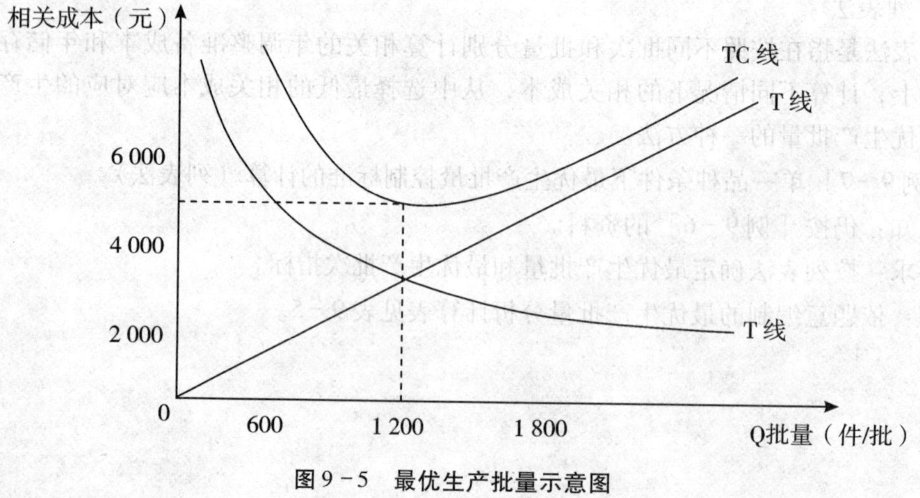

图 9－5　最优生产批量示意图

9.4.5 几种产品或零配件轮换分批生产的最优生产批量控制分析

事实上，企业往往用同一种生产设备轮换分批生产几种产品或零部件。在这种情况下，就不能分别按每种产品或零部件套用边际分析法的公式直接计算有关控制指标，因为它们的最优批数各不相同，使企业无法据此在同一设备上安排生产。

在这种情况下，只能利用边际分析法。其具体程序是：

(1) 根据各种产品或零部件的年调整准备成本之和与年储存成本之和相等时年总成本合计最低的原理，确定其共同的最优生产批量。

(2) 分别计算各种产品或零部件的最优生产批量。

运用边际分析法进行推导（推导过程略）可导出以下计算公式：

共同最优生产批次：$N^* = \sqrt{\dfrac{\sum A_i C_i (1 - \dfrac{d_i}{p_i})}{2\sum S_i}}$ (9.32)

各产品或零部件的最优生产批量：$Q^* = \dfrac{A_i}{N^*}$ (9.33)

9.32 式和 9.33 式中的 $i=1, 2, 3, \cdots, n$，代表不同品种的产品或零部件。

[例9-9] 多品种轮换生产条件下最优生产批量指标计算（边际分析法）

已知：某企业有一台设备分批轮换生产甲、乙两种零件，有关资料见表9-6。

要求：确定甲、乙两种零件的最优生产批量。

表9-6 资料

序号	零件	全年需用量 A_i	每次调整准备成本 S_i（元）	单位储存成本 C_i	每天生产量 P_i	每天发出量 d_i
1	甲	1 200	120	1.5	30	15
2	乙	2 400	230	2.0	15	9

解：根据上述资料进行计算，则：

$$N^* = \sqrt{\frac{1\,200 \times 1.5 \times (1 - \frac{15}{30}) + 2\,400 \times 2 \times (1 - \frac{9}{15})}{2 \times (120 + 230)}} \approx 2 \text{（批）}$$

$$Q^* = \frac{1\,200}{2} = 600 \text{（件）}$$

$$Q_2{}^* = \frac{2\,400}{2} = 1\,200 \text{（件）}$$

共同最优生产批次是 2 批，轮换生产时，每批应安排生产甲零件 600 件，乙零件 1 200 件。

本章小结

本章从存货成本的构成出发，阐述存货最优储存水平的确定及存货日常控制的主要方法，以使存货所占用的资金能得到最经济合理的利用，提高整个企业的经济效益。

存货，是指企业在生产经营过程中，为销售或耗用而储存的各种资产，它包括各种原材料、燃料、包装物、委托加工材料、低值易耗品、在产品、产成品和商品等。存货成本，是指存货从订购、购入、储存，一直到出库的整个过程所发生的各种费用，以及因存货不正常所引起的经济损失。它主要由采购成本、订货成本、储存成本、缺货成本四部分成本构成。存货控制，是指在保证销售和耗用正常进行的情况下，使企业存货保持在最优水平，尽可能地节约资金、降低存货成本。

加强存货控制，科学合理地进行存货管理，是现代化大生产的客观要求，是保证企业正常生产经营活动的条件，是提高企业经济效益的重要手段。对企业节约物资消耗、减少资金占用、加速资金周转、提高存货使用效率和资金的使用效果、保持长期竞争优势具有重要意义。

经济订货批量是指在保证生产或销售顺利进行的前提下，可以使存货相关成本最低的每批订购数量。本章介绍了经济订货批量的基本模型，以及经济订货批量模型的扩展应用。在此基础上，本章介绍了存货控制的其他方法，包括限额控制法、计划用量控制法、*ABC* 库存分类控制法和 *JIT* 存货控制法（零存货控制）。

最优生产批量控制，就是要寻求一个适当的生产批量，使其企业相关总成本之和为最低。单一品种生产批量控制的方法包括边际分析法、列表法和图示法。几种产品或零配件轮换分批生产的最优生产批量控制分析采用边际分析法。

本章复习思考题

1. 在存货控制中，主要考虑哪些成本？
2. 什么是经济订货批量？其基本模型的假设条件是什么？
3. 在考虑数量折扣的条件下，如何确定经济订货批量？
4. 在允许缺货条件下，经济订货批量如何确定？
5. 日常存货控制方法有哪几种？
6. 什么是再订货点？如何确定存货的再订货点？
7. 简述 *ABC* 分类控制法的含义及其基本步骤。

10 责任会计

本章学习目标：

1. 了解企业分权管理的原因；
2. 了解责任会计的概念、原则和工作内容；
3. 掌握责任中心的划分、业绩评价与业绩报告；
4. 掌握内部转让价格的作用和类型。

10.1 责任会计概述

10.1.1 责任会计的产生与发展

责任会计是以企业内部各部门所负的责任为考核对象的一种会计管理活动。它主要利用价值形式，通过建立责任中心，编制责任预算，进行差异分析，责任转账、业绩评价和编制责任报告，对企业内部各部门生产经营过程中的价值运动进行连续、系统、全面的反映和控制，以达到预期目标。

责任会计的端倪，始见于20世纪初产生的泰罗制。泰罗制由美国工程师*F*·泰罗创立。其主要内容是通过分析生产过程中消耗工时和材料的合理性，制定用工标准和用料标准，再将工人工资与其所完成的工作量挂钩，从而刺激工人的生产积极性，降低资本家的生产成本。泰罗制在实践中曾起到了缓解劳资冲突，提高生产效率的巨大作用，因而得到推广运用。以此为契机，会计与泰罗制相结合，形成了标准成本与预算控制系统，会计的职能有了新发展，责任会计由此产生。

第二次世界大战后，科学技术迅速发展，加剧了市场竞争，带动了主要资本主义国家经济的高速增长。科学技术的开发和运用，一方面为资本增值、经济发展创造了更多的机遇，另一方面也带来了巨大的风险。这必然促使资本进一步集中，企业规模进一步扩大，形成多角化经营格局和跨国经营的大公司。由于公司过于庞大、管理层次多、组织机构遍市世界各地，相互间的协调越来越难，导致其反应迟钝，效率降低。由于决策滞后或失误带来的损失越来越大，最后不得不进行改革，将原来直线职能式的集权管理改变成事业部式的分权管理。但分权并不等于分家，企业始终要追求整体利益的最大化，因而必须从企业的发展战略出发来协调和控制成员组织的行为。于是需要会计师为公司总部提供一套据以评价、考核并协调成员组织行为的专用会计信息。这套会计信息，突破了生产管理环节的局限。覆盖企业所有的生产经营活动，不仅运用了会计的核算方法，而且以行为科学理论为指导，在企业内部管理方面发挥出传统会计无可比拟的作用。这就是现阶段人们所说的责任会计。责任会计最初以“科学管理”理论为基础而产生，继之以“分权管理”需要为背景，以“行为科学”理论为指导而发展，现已成为企业强化内部管理、完善内部经营机制、提高经济效益的有效手段。

10.1.2 责任会计的基本概念

责任会计是对责任中心的经济活动进行规划、核算、控制与考核的一种会计制度。

责任会计制度是企业内部控制制度的重要组成部分之一。会计随着经济的发展而发展，为经济发展的要求和企业管理的需要服务。当经济发展要求企业在内部贯彻经济责任制、建立各种责任中心、加强内部控制管理时，就需要建立与之相适应的内部经营机制、提高经济效益的有效手段。

10.1.3 责任会计的对象

企业财务会计的对象是以企业为主体的资金运动。责任会计也属于会计的范畴，因此，责任会计的对象也应当是资金运动。但由于责任会计是为责任中心服务的，责任中心的责权利范围不同，责任会计的工作内容也不相同。因此，具体地说，责任会计的对象是以特定责任中心为主体的资金运动。但是，责任中心（特别是成本中心和利润中心）一般不是完全独立的生产经营单位，也不能完成资本运动的全过程，而只是完成企业整个资本运动中某一个或某几个环节。责任会计通过对各个责任中心资本运动的各个环节或阶段进行预算、控制、核算与考核，保证企业总体目标的实现。责任中心是企业的组成单位，各个责任中心内的资本运动构成了企业的整体运动。因而可以说，企业内部责任会计的对象的总和，就构成了企业财务会计的对象。

10.1.4 责任会计的特点

1. 以分权管理为前提，使会计系统与企业组织结构相协调

责任会计与分权管理是互为前提的。没有责任会计，分权管理就失去了基础，或者说就不是现实意义上的分权管理。这是因为有了分权管理，就要下放管理权限，并加强对责任中心的考核与控制。一方面，下放管理权限，是将企业高层管理者的责、权逐级下放给所属各有关层次的管理人员，以加强对企业内部各部门和生产经营各环节的有效控制，发挥各级管理人员的积极性和创造性，增强企业活力，提高企业的应变能力和发展能力；另一方面，基层管理人员及其责任中心的管理权限扩大，又会带来局部利益侵损整体利益的可能。所以，企业高层管理者必须加强对基层管理人员及其责任中心的考核与控制。为了公平合理，便于计量，并且反映各方利益与企业整体利益的关系，必须借助于价值指标来考核责任中心的业绩和控制责任单位的行为。显然，传统的财务会计不能担当此任，而与企业组织结构相协调的会计系统，非责任会计莫属。

2. 以责任中心为主体，以经济责任为对象

如果将企业作为一个大的责任中心，那么现行的企业会计对于企业主管部门来说，便是责任会计。因为会计主体是企业，会计对象是企业所负责的资本及其运动。但是责任会计通常是对责任中心而言的，因而责任会计的主体便是企业下属的责任中心，责任会计的对象便是由责任中心负责并且可控的资金及其运动。

3. 利用会计信息反映经济责任

责任会计的本质特征是用会计信息（价值指标）来反映责任中心的经济责任。现代企业为了保证经营目标的顺利实现，通常是通过建立经济责任制的形式来把未来一定期间的生产经营目标和工作任务具体分解，落实到各责任中心。责任会计能够将责任中心所承担的具体生产经营目标和工作任务用价值指标反映出来（即所谓量化经济责任），并且及时反映经济责任完成情况，从而有利于考核与评价。因此，实行责任会计是贯彻落实经济责任制的必然要求。

4. 以建立激励机制为直接目的

虽然责任会计的最终目的同财务会计一样，是为了提向企业的经济效益，但是责任会计的直接目的却是建立激励机制。在生产力诸要素中，人是决定性的要素，企业之间的竞争，最终是人的竞争，企业的活力也主要是来自于企业职工的积极性，如何调动职工的积极性，这是有责任心的企业领导每时每刻都在关注的问题。实践证明，落实经济责任制，使职工的经济利益与经济责任挂钩，有功者奖，有过者罚，赏罚分明，多劳多得，这是现阶段行之有效的激励机制。无疑，责任会计正是有助于这种激励机制形成的必要条件。

10.1.5 责任会计的目的

实行责任会计制度必须遵循目标管理和责权利相结合的基本原则以及行为科学的基本原理，将企业整体划分为若干责任中心并使之成为企业整体的有机组成部分。企业要实现总体目标，必须充分调动各个责任中心的积极性。实行责任会计制度的目的在于理顺企业内部各种利益关系，充分调动各个责任中心的积极性，以保证企业总体目标的实现。

10.1.6 责任会计的职能

对于企业内部各级各单位在生产经营过程中的价值运动，责任会计可以进行预测、决策和控制等项管理活动，这是由责任会计的职能决定的。责任会计的职能是客观存在的，是责任会计作为一种管理科学的质的表现。责任会计主要有以下八项职能：

1. 预测

各级责任单位在进行各项决策前，都要根据会计信息和一定的方法，对未来的资金运动情况进行预测，比如对目标利润和目标成本的测定、投资的成本和效益、投资收回等进行分析对比，提出各种预测方案。

2. 参与决策

责任会计要按照不同层次责任者的要求，把企业各个层次的经济活动用价值尺度

统一反映出来，提出各种不同的决策方案，参与各责任系统以及企业最终的评价、判断和经营决策。

3. 分解全面预算，编制责任预算

预算是决策的表现形式，企业各层次责任会计要根据全面预算，编制出可行的成本预算和资金使用预算等，并将这些责任预算指标进行再分解，落实到相应的责任单位和责任者，使之成为相互联系、紧密衔接的责任指标考核体系。

4. 核算和反映

责任会计要为决策提供真实的会计信息，必须按照预先规定的责任会计账务处理程序、办法和原则，进行正确核算和反映，及时提供会计信息。责任会计不仅核算本责任单位承担的责任指标，还要核算所属责任单位或责任者所负责任的执行情况。

5. 控制

要使各责任单位的一切经济活动朝着预定的目标进行，使之不发生任何不利于预定目标的偏差，责任会计必须履行控制职能，控制是责任会计最基本的职能，责任会计要按责任目标建立信息反馈制度，及时准确地反馈责任完成情况，并发现偏差，采取有效措施予以控制，以保证责任目标顺利实现。

6. 分析

对生产经营过程中出现的差异及时进行分析，并找出产生差异的原因，扬长避短。此外，责任单位在接受责任时，要针对本单位的条件，对责任指标进行分析，在总结上报或上级对责任单位进行恰如其分的评价时，也要对责任者的功过进行分析，分析是责任单位一项经常性的工作。

7. 协调

协调是责任会计一个重要职能。责任会计必须使各层次责任单位的生产经营活动与其他单位协调配合，与企业总体经营目标保持一致，否则各单位只考虑本单位利益，各自为政，必然影响企业总体经营目标的实现。责任会计从制定责任目标到执行目标，以及责任考核都要履行协调职能。

8. 考核与评价

责任会计所提供的信息，可以反映责任单位责任者的工作业绩，用来与预定目标比较衡量，借以考评责任单位或责任者做出的成绩和存在的问题。根据考评结果，确定奖惩或修订不合适的责任，责任单位和责任者也能据此明确本身功过，便于总结经验，为下一步工作的正确进行奠定基础。

10.1.7 责任会计的工作内容

1. 划分责任中心

根据责权利相结合的原则，将企业内部各个部门、单位乃至个人，按其职责范围，划分成若干责任中心，规定每个责任中心的控制范围和承担的责任，使各责任中心能分别在成本、收入、利润、投资等有关方面对其上级单位负责。

2. 编制责任预算

各责任中心的经济活动及其目标必须与企业整体利益和目标一致，因此必须根据企业的总预算，编制各责任中心的责任预算，以便对责任中心的经济活动进行事前控制和事后考核。

3. 责任分析与控制

责任会计根据各责任中心的成本、收入、利润、投资额等预算资料和责任指标，搜集和整理责任中心的实际资料并将其与预算资料进行对比，对各项差异进行分析。在分析时，注意贯彻“例外管理”原则，要特别注意较大的差异。然后编制责任中心业绩报告，向上一级管理当局及其他有关部门报送。同时，责任会计人员还应经常将各责任中心的实际成绩脱离预算的差异数（特别是不利差异）及其差异分析报告，通过一定的信息渠道，反馈给各责任中心，使之能随时了解并控制中心的经济活动情况，以便采取各种专门措施，扩大成绩，改正缺点，提高责任中心的经济效益。

4. 责任考核

考核责任中心的业绩，应规定考核的内容和标准。考核的内容包括责任中心的全部经济活动，考核的标准应根据责任中心的权责范围来制定。

10.1.8 责任会计的原则

责任会计是用于企业内部管理的会计，因而企业可以根据各自不同的特点来确定责任会计的具体形式。但是，无论建立或实施何种特定形式的责任会计，都应当考虑和遵循下述原则：

1. 可控原则

责任中心只能对自己的行为及其结果负责，即只能对其特定权、责任范围内的生产经营活动负责。贯彻可控原则，就是在划分和确定责任中心的经济责任时，要根据责任中心对经济责任是否可控以及可控程序来决定。贯彻可控原则，还要求尽可能地消除责任中心之间不可控因素的相互影响，避免出现职责不清、相互混淆的状态。需要指出，可控与不可控是相对和有条件的。当具体条件发生变化，可控与不可控的内容也会随之发生变化。对此，企业必须适时地加以调整，以保证责任考核的有效性。

2. 责、权、利相结合并且相称原则

责任会计所突出的是一个“责”字。责任会计所核算和控制的，是责任中心所承担的经济责任。为了“责”的履行，必须赋予责任中心相应的“权”，然后根据“责”的履行情况再给予相应的“利”。即不仅要求责、权、利相结合，而且要求责、权、利相对称。一方面，责任中心的权限大小要与责任大小相匹配。如果权大于责，会导致滥用权力和损害左邻右舍甚至企业利益的行为发生；如果权小于责，则会使责任中心不能履行其职能，等于把不可控的责任推给了责任中心，从而损害责任中心利益；另一方面，责任中心的利益大小要与其责任大小相适应。如果利大于责，会损害左邻右舍的利益，造成企业内部各责任中心之间的攀比；如果利小于责，则会挫伤责任中心的积极性。需要指出，确定责任中心利益大小（或报酬大小），只能在企业可控利益的限制下进行，利益分配的公平与否，也只能相对于企业内部而言。

3. 按最终劳动成果分配原则

企业的最终劳动成果，体现为完成了销售行为的商品价值。从企业全局来看。只有商品得以出售，才能完成资金循环，才谈得上对商品生产经营过程中的各种耗费进行补偿，各责任中心的报酬之源才有可靠保证。贯彻按最终劳动成果分配原则，目的是使责任中心同心向德，各司其责，为实现企业的经济效益而协同工作。

4. 整体效益最大化原则

实行责任会计，为的是提高企业的整体经济效益。因此，责任指标的下达和考核，一方而要有利于调动责任中心的积极性，使其通过努力，利益得到实现和增长；另一方面又要有利于各责任中心之间的相互协调，促进其配合，发挥企业的综合优势。局部利益的增长，要与整体利益增长相一致，允许不同步，但要掌握好“度”。如果局部利益与整体利益发生矛盾，则要把整体利益放在首位。

5. 简明实用原则

责任会计是为企业内部管理服务的会计，不需要受国家统一制定的会计制度和准则约束。各企业可以根据自己的实际情况设计出适用的责任会计制度。指标的设置、核算的程序与方法，应在符合管理要求、切实有效的前提下尽可能地简化，不搞形式主义，不搞烦琐哲学。

10.2 责任中心

10.2.1 责任中心的含义及其设置原则

所谓责任中心，是指企业内部“由一个主管人员负责承担着规定责任并具有相应权力”的组织单位。“作为一个责任中心，必须有十分明确的由其控制的行动范围”①，并能够相对独立的进行经济核算。责任中心应能在恰当的程度上将责、权、利、效结合起来，责任中心的建立要与企业的组织机构和管理体制相适应，划定的责任中心应符合以下几项条件：第一，能相对独立地承担规定的经济责任；第二，能掌握一定的管理监督和控制权；第三，能独立地进行和完成规定的经济活动任务；第四，能够创造规定的经济效益和业绩。

责任中心按照不同的情况，可分为不同的种类。在建立不同种类责任中心时，应遵循以下原则：

1. 责任中心体系要能控制价值管理全部内容

责任中心体系所控制的是企业全部价值管理的内容，即要包括成本、利润和资金等。这是企业生产经营活动和内部管理的复杂性所必需的，是现代化管理的基本要求。但作为单个责任中心，其价值管理的内容可以是单一的，或只管责任成本，或只管责任利润，在建立责任中心时，一定要周密考虑，统筹安排，要建立能进行多方面价值管理和控制的责任中心体系。

① 龚清涪，徐政旦．会计辞典［M］．上海：上海人民出版社，1982：357.

2. 重点突出，层次分明

所谓重点突出，就是要抓住企业内部价值管理的主要矛盾，来建立每个责任中心，根据职权范围和能够进行价值控制的跨度来确定一个或数个重点责任中心。

所谓层次分明，就是指对同一类责任中心，应根据具体情况进行分级控制，将一个庞大、管理复杂的大系统或组织单位划分为若干个子系统或较小的组织单位，从而使上级组织单位的目标分为几个子目标，分别由指定的下级组织单位来完成，保证上级目标的实现。

3. 责权分明，便于管理

责权分明，是建立责任中心的关键。在建立责任中心时，必须考虑其所能承担的责任范围和程度，并据此赋予责任中心相应的责任和与责任相符的权力。责任中心只有能够分清责任并赋予其相应职权，才能真正起到责任中心的作用。

4. 不强求统一，灵活多样

由于企业在组织规模和行业等方面各具特点，各企业建立什么样的责任中心体系，不应强求统一，必须给企业以相应的权力，使企业内部管理能够充分发挥其主观能动性。

根据上述原则，一般来讲，企业可建立成本（费用）中心、利润中心、投资中心等不同种类的责任中心。

10.2.2 成本（费用）中心

1. 成本（费用）中心的涵义

一个责任中心若只着重考核其所发生的成本或费用，而不考核或不会形成可以用货币计量的收入，这一类责任中心称为成本中心或费用中心。成本中心应用范围最广，是实行责任会计应设置的最基层的责任单位。一个企业的车间、工段、班组、个人和一个生产流水线均可成为一个成本中心。成本（费用）中心工作成绩的评价和考核，主要是通过一定期间实际发生的成本（费用）与预算的对比来实现。成本中心与费用中心的区别在于：前者活动可以为企业提供一定的物质成果（比如产品或半成品），并可对所提供的物质成果进行价值计算，同时能够控制和考核其成本，通常用“标准成本”作为考评尺度。后者主要为企业提供一定的专业性服务（如会计部门、人事部门、法律部门等服务部门），并可对所提供的劳务进行价值计算，但一般并不能产生能用货币计量的成果，通常以“费用预算”作为考评实际费用水平的尺度。

2. 可控成本、责任成本及产品成本

建立成本中心，进行责任成本控制，首先要正确区分可控成本和不可控成本。成本可控与否是对责任中心而言的，凡所发生的成本受责任中心的影响较大的，可由责任中心的人在既定时期内直接控制的成本都是可控成本。一般来讲，考评成本应符合以下三条标准：①责任中心有办法知道将要发生的成本；②责任中心能计量的成本；③责任中心能通过自己的行为加以调节、控制的成本。

凡不符合上述三条标推的成本均属于不可控成本，应当指出，成本的可控与否是相对而言的，对企业来讲，其所有成本都对视为可控成本，而各个成本中心，则有其不可控制的成本。进一步说，上层次的可控成本不一定是下层次的可控成本；下层次的可控成本则一定是上层次的可控成本。从时间的角度来说也是如此，从很长一段时间来考察，许多不可控成本都可成为可控成本，例如对于折旧费的控制就是如此。例如，某制造车间只顾生产不顾设备的维护和保养，拼命使用，几个月或几年之后，设备提前报废清理。为此，补提的折旧费就应由该车间负责部分或全部，报废清理费用也由其负责。此外，通过改变费用分配的方法，可将某些原来不可控制的成本改变为可控成本。例如，维修单位替责任中心维修设备等发生的修理费，若采用按小时工资来进行分配的话，则责任中心对这项费用可通过妥善保养、控制并减少维修时间和次数及要求不同熟练程度的维修工等来加以控制，而要按照别的分配率来分配的话，这项费用对责任中心来讲，就有可能属于不可控成本。

责任中心的可控成本，就是其责任成本，责任成本与产品成本有时是一致的，有时则不一致，因为产品成本是按照客体来归类的，哪一种产品受益，就由哪一种产品来承担；而责任成本则是按照责任者和责任中心来归类的，谁负责，由谁承担。企业内部中下级成本中心所发生的全部成本中均有不可控成本存在，如外购产品成本、劳务和材料价格，由内部其他单位转入的费用等均属不可控成本。因此，其责任成本与产品成本是不一致的，其责任成本一般不是全部成本，而往往是若干主要项目成本。然而，企业的全部责任成本一般是与产品成本一致的，因为从企业角度看，其全部成本都可视为可控成本。

例如，假设某厂生产 A、B 两种产品，设有甲、乙两个生产部门，丙、丁两个服务部门，本期共发生成本 50 000 元，产品成本与责任中心成本之间的联系与区别，如表 10－1、表 10－2 所示。

表 10－1　**产品成本**　单位：元

成本项目	全厂	产品 A（2 000 件）		产品 B（1 000 件）	
		总成本	单位成本	总成本	单位成本
直接材料	20 000	12 000	6.00	8 000	8.00
直接人工	14 000	8 000	4.00	6 000	6.00
制造费用	16 000	10 000	5.00	6 000	6.00
合计	50 000	30 000	15.00	20 000	20.00

表 10－2　**责任成本**　单位：元

成本项目	全厂	部门（责任中心）			
		甲	乙	丙	丁
直接材料	20 000	18 000	2 000		
直接人工	14 000	5 000	9 000		
管理人员工资	4 000	700	1 000	800	1 500
间接人工	7 000	700	800	2 500	3 000

表10－2（续）

成本项目	全厂	部门（责任中心）			
		甲	乙	丙	丁
物料	2 000	400	400	600	600
其他	3 000	200		1 100	900
合计	50 000	25 000	14 000	5 000	6 000

备注：甲、乙为成本中心，丙、丁为费用中心。

从表10－1，表10－2中可看出：全厂的可控成本即全部产品成本是50 000元，其中甲、乙、丙、丁四部门的可控成本即实际责任成本分别是25 000元、14 000元、5 000元、6 000元；将其与甲、乙两部门的标准成本和丙、丁两部门的费用预算相比，求出差异，考评两个成本中心和两个费用小心的责任完成情况。

从表10－1，表10－2中还可看出：一个责任中心的直接材料成本和直接成本通常是可控的，但这些成本均是变动成本，制造费用的各组成项目，有些是责任中心可控的，有些则是不可控的。按照与产品产量的关系，一般地说，变动成本大多是可控的，固定成本大多是不可控的，但也不完全如此，还要结合有关情况进行具体分析。例如，外购半成品项目是变动成本。电视机厂的外购彩电显像管，电冰箱厂的外购压缩机等均是。但半成品价格的高低，使用车间往往是不能控制的。因而，外购半成品就是不可控成本；管理人员的工资，虽是固定成本，但在一定程度上能由部门负责人决定，所以，可算为可控成本，折旧费一般是固定成本，对于使用设备的车间来说是不可控成本，但每项设备折旧额的大小取决于购买设备的原价和预计使用年限。所以，对于有权决定这两项因素的部门来说应是可控成本，这样有利于企业慎重进行投资和科学的估计设备使用年限。不同的折旧方法，将使企业每期折旧额不同，它对成本总额的影响，应由有权制定折旧方法的部门负责，因而，是该部门的可控成本。

10.2.3 利润中心

1. 利润中心的含义

一个既考核成本，又考核收入，并且要把收入和成本相配合，考核利润的责任中心就是利润中心。它是指管理人员有权对其供货来源和市场选择进行决策的中心。

利润中心适用于企业管理中具有独立收入来源的较高层次，如分厂、分公司和条件成熟的生产车间、职能部门等。如果这些组织单位的厂房、设备长期保持稳定，或所有主要资本支出决策都由最高管理层制定，那么利润中心就是它们较理想的结构。利润中心与成本中心的主要区别是它是否产生“收入”，是否有权决定产品的销售对象和销售数量，即它能否向外单位提供产品或劳务；是否有权决定原材料的来源。是向本企业内部其他单位提供产品，还是向外界提供产品；是将其产品的大部分卖给企业内部有关单位，还是交给外部售价更高的企业；在向企业内部单位转移产品时，是按产品成本转出，还是按内部转移价格结算，所需的原料或零部件是从本单位购买，还是从外界购买。这些问题，利润中心均能有权自行决策。因此，将一个责任中心认定为一个利润中心，至少有以下三项作用：

（1）利润指标相对于成本指标来讲，更能全面地评价各中心业绩。

（2）由于各利润中心授予相应的自主权，能激励他们有效地进行决策，调动他们的积极性，树立并强化他们的经营意识，是价值规律在企业内部管理中的具体运用。

（3）便于中央管理部门进行目标利润规划，保证各中心与整个企业的目标一致性。但是，建立利润中心必须明确一个特别要求：要以内部转移价格为基础。

一个真正的利润中心如果没有一套内部转移价格体系作为前提，是不能存在的。

2. 利润中心的类型

利润中心可以分为自然利润中心和人为利润中心。自然利润中心是指能够直接对外界市场提供产品和劳务，从而给企业带来盈利的责任中心。人为利润中心则是指那些只能按内部结算价格向各责任中心“出售”产品而不能向外界出售产品的责任中心。

在财务会计中，企业向外部提供的产品和劳务只有在对方确认时，或收到现金时，才认为是已实现的收入。在责任会计中，收入的范围更广些，它指的是利润中心在一定会计期间内提供的产品或劳务的货币量，而不管它是向企业外部单位还是向企业内部单位提供的，也不问企业是否在本期内实现了这笔收入。站在利润中心的立场来看，对外和对内提供产品和劳务的收入是无区别的，但站在企业立场上看，内部责任中心之间“销售”产品所得的收入同销售给顾客所得的收入显然是不同的，后者是能实现的收入，可以补偿企业的生产资金耗费并提供现实的利润，前者是名义收入。

10.2.4 投资中心

对生产经营独立性较大的责任中心，除考核成本、收入和利润外，还要进一步考核投资的经济效果。这类责任中心称为投资中心。投资中心不仅要对本中心的成本、利润负责，还要对赢得利润所占用的资金负责。因为，资金永远是一种有限资源。大多数企业审批投资支出都有严密的制度，如果对投资收回没有一定形式的衡量，那么前述的资本预算和对现金流量的测算就没有多大的意义了。对投资效果的衡量，可以使管理人员注意投资规模、科学投资，并主动监督存货和应收款的水平。这些项目一般也包括在投资基数中。其次，利润指标有一定局限性，管理人员会出现为赢得短期利润而牺牲长期获利能力的行为：如不对设备进行充分的维修保养；当期损益中少计或不计折旧；在人员培训方面不进行充分投资等。所以，必须对投资的经济效果进行测量。

但是，并不是任何责任中心都能成为投资中心，投资中心要求拥有充分的决策权，还必须与其他责任中心划分资产的界限。它的适用范围仅限于规模和经营管理权力较大的部门，如各事业部、分公司、分厂等。

10.3 内部转移价格

10.3.1 内部转移价格概述

1. 基本概念

内部转移价格是企业内部各责任中心之间相互提供产品或劳务所采用的一种价格。

企业内部建立责任中心后，责任中心之间相互提供产品或劳务，均视作内部销售。各责任中心应分别对成本、收入和利润等进行核算和控制。鉴于此，对责任中心之间的经济交易，要用一定的价格进行计算，这种价格称为内部转移价格。

2. 内部转移价格的作用

企业制定合理的内部转移价格，具有十分重要的意义。

首先，制定合理的内部转移价格，是贯彻经济责任制的重要手段之一。经济责任制强调责权利相结合，合理的内部转移价格，能划清各责任中心的责任，理顺它们之间的经济关系，促使其顺畅地进行各种经济往来。

其次，只有指定合理的内部转移价格，才能正确地评价责任中心的活动业绩。内部转移价格的高低，直接影响到转出方的收入和转入方的成本。如内部价格制定不当，必然影响双方的活动业绩，是管理当局不能正确评价责任中心的业绩。

再次，合理的内部转移价格，可调动各责任中心的积极性，各责任中心尽量降低成本，努力扩大收入，从而提高企业的经济效益。

最后，合理的内部转移价格，是各责任中心编制责任预算，对经营活动进行核算以及编制业绩考核报告的依据。

10.3.2 制定内部转移价格的方法

1. 实际成本

实际成本是指以转出单位的产品或劳务的实际成本作为内部转移价格。转出单位按实际成本记为“销售收入”，转入单位按实际成本记为“购进成本”。

这种方法的优点是简便易行，容易取得资料，只要在期末转出单位计算出产品或劳务的实际成本，即可以此作为内部转移价格。

这种方法缺点较多：

（1）功过不分。转出单位在经营管理上产生的功过，全部转嫁给转入单位。转出单位经营管理好，产品或劳务成本低，其好处全部被转入单位享受；反之，转出单位经营管理不善，造成产品或劳务成本较高，其不利因素全部由转入单位承担。

（2）不利于转出单位加强成本控制。由于功过不分，转出单位便没有降低产品成本的积极性。

（3）转入单位的成本不可控。实际成本要在期末才能计算出来，在此之前，转入单位是不可能知道即将购入的产品或劳务的价格的，这就无法做到事前计划和控制。

（4）转出单位不能获得利润，责权利相结合的原则不能充分体现。

2. 实际加成成本

实际加成成本是指在转出单位的产品或劳务的实际成本的基础上加一定比例的利润作为内部转移价格。例如，以产品实际成本为基础加10%的利润，作为内部转移价格。如果产品实际成本是10元，则内部转移价格为11元（10+10×10%），转出单位的利润为1元（11－10）；如果产品实际成本为50元，则内部转移价格为55元，转出单位的利润为5元。

这种方法的优点是转出单位可以获得一定利润，有利于调动转出单位的积极性，并作为考核的依据。但这种方法也具有按实际成本计价的缺点，而且在按实际成本加成的比例上，成本越高，定价越高，利润也越高，这是一种反常现象。这同样不利于促使转出单位降低成本，会挫伤转入单位的积极性。同时，对加成比例的确定有一定主观性，不容易做到合理和准确。

3. 标准成本

标准成本是指以企业事先制定的标准成本作为内部转移价格。标准成本是企业根据周密的分析研究，在已经达到的生产技术水平和正常生产经营条件下应该发生的成本。这是一种比较正常合理的成本，排除了不应该发生的费用和损失。

这种方法的优点有：

（1）可以克服实际成本计价的缺点，比较正确地反映转出和转入单位的工作业绩，双方采用正常的标准成本作为结算价格。

（2）可以促使转出单位努力降低成本。因为标准成本是一个定数，实际成本越低，转出单位的利润就越多。

（3）使转入单位的成本成为可控成本。

标准成本是事先制定的，转出单位和转入单位均按此结算，可以事先制定出有关计划并实施控制。

当然，标准成本的合理制定也并非易事。偏高，会给转入单位增加负担；偏低，会使转出单位无利可图。同时，标准成本中的固定成本是按一个固定的数量（产量或作业量）来分配的，如果实际数量发生增减变动，标准成本本身的合理性就会出现偏差。这样，转出单位就要结合数量仔细测算由于数量增减而带来的成本差异。

4. 标准成本加成

标准成本加成是指在标准成本的基础上加一定比例的利润作为内部转移价格。采用这种方法，可以通过加成比例来调整责任中心之间的利益关系，从而调动各方的积极性。这样，可以使转出单位获得一定利润。但是，加成的比例难以制定得合理和准确，可能影响到各责任中心工作业绩的合理考评。

5. 市场价格

在内部各责任中心之间转移产品或劳务时，以市场价格作为内部转移价格，是在一组约定条件下采用的。即中间产品市场价格可供利用，并存在一个完全竞争的市场，此时，市场价格减去某些调整项目就可以作为正确的内部转移价格。完全竞争市场这一假设条件，意味着在不影响转移价格的情况下，制造部门可以向外界顾客销售任意数量的产品。购买部门也可以从外界供应商那里获得任意数量的产品。

在采用市场价格情况下，如果制造部门不能获取长期利润，企业最好停止制造部门生产这种产品而到外部市场去采购。同样，如果购买部门不能取得长期利润时，那么，就应停止购买部门购买和加工这种产品，并允许制造部门向外界市场销售产品。

在实际运用中，对纯粹的市场价格应进行一些调整。

（1）为了鼓励内部的转移，对市场价格要打一个折扣，这个折扣反映了与外界销售相连的销售和收款费用，以及交货、提供服务或保修条款等费用的节约。

（2）为保证产品的质量，在市场价格中要附加某种额外的成本，这种成本是为了使产品达到更高的质量标准或者具有某些特殊性能而必须由企业内部生产所引起的成本。在这种情况下，应注意避免由于这些特殊收费的累积而把价格提到远远高于可以从外部获得的可比产品的价格。

在应用市场价格则内部转移价格时，应注意另外一个问题。外部供应商为了能做成买卖，可能先报一个较低的价格，同时期望日后抬高价格。因此，除非能确信外部供应商可以长期保持它所报出的价格，否则，企业一般不应该依靠外部供应商而不利用自己内部的供应能力。

6. 协商价格

当中间产品缺乏完全竞争市场时，确定转移价格较实用的方法是由供需两个部门协商定价。当制造部门报价并提出有关条件，并由购买部门进行认定时，协商过程就开始了。协商的结果是：购买部门可能订购制造部门的一部分产量，或还需制造部门增加产量。然后，制造部门可以用其现有购买者所能接受的条件进行讨价还价或决定不接受购买部门的订货，在协商过程中，要求供需两个部门可以自由地选择接受或拒绝某一价格，否则，就是强制价格。

（1）协商价格转移条件。首先，中间产品存在某种形式的外部市场。这一条件可以避免双方垄断，保证协商价格在适当的范围内发生变化。其次在谈判者之间共同分享所有的市场信息，使协商价格尽可能接近双方的机会成本即接受协商价格后可能放弃的某个有利价格。再次，供需双方对外买卖自由，为双方讨价还价过程提供必要的约束。最后，企业最高管理人员必要的支持和参与，以防止双方谈判过程出现非最优化决策。

（2）协商价格的缺陷。首先，对涉及到的部门人员来说很费时间，企业最高管理人员在监督和调解争论时也需花费时间。其次，有可能导致部门之间的矛盾。再次，使得双方获利能力的大小与部门负责人员谈判技巧很有关系。最后，当协商价格高于双方的机会成本时，可能会导致非最优化决策。协商价格的运用，还决定于外界供应者或购买者是否愿意对本企业进行合理的投标。因为，假如每次制定转移价格时都请求外部进行投标，而这样做的目的只是为了刺激内部供需双方制定适当价格，以使所有的转移最终都在企业内部进行，那么外部投标者很快会厌倦参与这种活动。因此，对外部参与者给予一定数量中间产品的外购或外卖，可以使企业在这些外部参与者之间保持信誉从而保证不断得到合理的内部转移价格。

7. 双重价格

所谓双重的内部结算价格，是指对于产品（半成品）的供需双方分别采用不同的结算价格。一般来说，对产品的接受单位所收到的产品（半成品）按供应单位的变动成本计价，是比较适宜的。因为，如果定价高于供应单位的变动成本，同时，又高于外界市场价格时，接受单位可向外界进货，而不从内部“购买”。产品的供应单位的部分生产能力就可能因此而闲置起来，无法充分利用。这从整个企业看，显然是不利的。对产品供应单位的内部结算价格，一般来讲，应包括：“内部利润”，否则，供应单位将得不到任何利润，若按“变动成本”“转让”，还会发生“亏损”，那么，就难以“激励”它在生产经营中充分发挥主动性、积极性。为解决这二者之间的矛盾。最好采用分别作价的方法，即用双重的内部转移价格。这种价格还适用于成本中心与其他责任中心之间转移产品时采用的结算价格：即对成本中心以标准成本为基础来议定拨入或拨出价；对其他中心则以市价为基础来确定拨入或拨出价，因为，成本中心与其他责任中心各有不同的经营目的和考核指标，企业经理对成本中心与其他中心有不同的构想，不同的要求，也就有不同的拨入、拨出价。

按双重内部结算价格考核，在两类或两个责任中心之间形成的差额，可以根据责任会计与财务会计的各种不同结合方式来解决，在此不再做详细说明。

10.3.3 制定内部转移价格的原则

为了有效地发挥内部转移价格的作用，制定内部转移价格时应遵循以下原则：

1. 目标一致性原则

责任中心是企业整体的组成部分，其目标与企业整体目标一致。因此，在制定内部转移价格时，对整体利益和局部利益均应考虑。维护企业整体利益，并使之最大化，是贯彻经济责任制、制定内部转移价格的最终目的，不能为了某个责任中心的利益而损害其他责任中心甚至企业整体利益。

2. 公平性原则

企业制定的内部转移价格应使转出方和转入方均感到公平合理，都有利可图。否则，就不能正确考评责任中心的工作业绩，也不利于调动各责任中心的积极性。

3. 自主性原则

在目标一致的原则下，各责任中心具有制定内部转移价格的自主权以及维护自身利益的权利。自主性是责任中心行使权力的表现，其他部门和个人不得干涉。当各责任中心不能对内部转移价格达成一致意见时，任何一方都要充分尊重对方的意见，无权强制对方执行自己的意图。

当然，自主性并不等于固执己见。如责任双方就内部转移价格达不成协议，发生争执，并可能损害企业的整体利益，企业的权威机构应予以协调或仲裁。

10.4 责任中心业绩报告

10.4.1 责任中心业绩评价

责任业绩考评是通过考核责任指标完成的情况，对责任主体工作绩效进行评价。业绩考评不是一项检查责任体过失的消极活动，而是为了激发职工的工作热情，改进工作的积极活动。

1. 业绩考评的功能

（1）是激发工作热情的重要手段。进行业绩考评，职工所付出的劳动，所做的努力能得到承认。这样使职工感到自己在企业中能够起到一定的作用，自己做出的成绩能得到公众的承认，从而增强职工主人翁责任感，激发起工作热情。业绩考评的方法将直接影响责任中心主管人员的行为，业绩评价标准可为中心提供一种最基本的动力。

（2）是奖惩的重要依据。奖惩必须公平，宽严皆误。要做到这点，必须有可靠的依据。这些依据只有通过认真的业绩考评才能获得。

（3）是改进工作的指导。业绩评价既是对前段工作的总结，又为下一控制过程改进工作提供指导，提出应注意的事项和应改进的环节，提供经验和教训。

（4）能保证目标的一致性。业绩考评所依据的评价标准起着导向的作用。为保证分目标与企业总目标的一致性，各部门业绩评价标准应与总的评价标准相协调，以使各部门能向着企业的总目标去努力。

2. 业绩考评的方式

（1）自我评价。责任体按照一定要求对前期工作进行自我鉴定、自我总结。

（2）群众评价。职工按一定标准对领导或各职能部门及其他单位或职业进行业绩评议，这对于发扬民主、保证职工主人翁地位、改善领导作风有着重要意义。

（3）领导考评。由各级领导会同责任会计对下级责任体完成责任指标的情况进行考核和评价。这是责任考评的主要形式。

3. 业绩考评的方法

（1）评分法。在经济责任制推行初期，这是一种广泛使用的方法。这种方法是将要求责任体完成的各项工作按其地位和作用分别定出高低不同的分数，评价时根据工作完成情况评出应得分数，工作圆满得满分，反之酌情扣分。这种方法适用于定性指标的评定。但考核中仅用这一方法，则主观随意性强，说服力差，故经常与下一种方法配合使用，群众评价时多采用这一方法。

（2）指标核算考评法。这是期末考评时依据日常积累的信息，即从各种账簿、台账责任报表中可以获得的所需信息。由于采用了准确的数字对比，这种考核具有较强说服力，是常常采用的办法。

4. 业绩评价的标准

业绩评价的主要标准就是责任预算。责任预算编制的全面与否，直接影响到业绩评价的公正与否。前面我们已介绍了责任预算的几项主要指标：可控产品成本差异、销售利润率差异、目标利润总额差异、投资报酬率及剩余收益差异等。只有这些指标，要全面地考核责任中心的业绩是不够的，应建立一个比较全面客观的业绩评价系统。这种评价系统至少应包括以下七个方面的因素：

（1）获利能力指标。如销售利润率、剩余收益等。

（2）生产率指标。企业生产中的任何投入因素的组合都应用生产率指标加以衡量，如劳动力生产率、能源生产率等。

（3）产品市场占有率。产品在市场中的地位。

（4）产品的领先情况。与竞争对手相比本企业产品如何，是否属于生产改进了的产品。

（5）个人发展指标。评价职工培训计划的执行情况。可用以下三个指标分别说明：①已提升和可提升人员的比例；②以下职工行为的比例：行为有所改进的，没有变化的，变坏了的；③职工对其职业发展满意不满意的比例。

（6）职工工作态度指标。定期调查职工对诸如工作满意度、工资政策以及提升机会等因素的态度，并将令人满意的百分比与以前相比。另外，收集到的人员更换率、旷工、迟到、伤亡、事故等出现的次数，都是较客观的衡量标准。

（7）企业短期目标之间的平衡。这一因素体现在前述六个方面的结果中，其中的每一个都是由短期和长期两部分组成的。因此，对上述六个方面的每个结果的评价都应包括短期和长期两个方面。这一评价指标的主要作用是把管理人员的注意力指向目前行为的长期结果，即对目前获利能力也许不能立即产生影响的结果。

10.4.2 责任中心责任报告

责任会计是以责任预算为基础，对责任预算的执行情况进行系统的记录和计量，并定期编制“责任报告”，将实际完成情况同预定目标进行对比，来评价和考核各个责任中心的工作成果。

责任报告应突出重点，引导人们把主要注意力集中到少数严重脱离预定目标的项目上来，而不能事无巨细，一并罗列。

2. 编制责任报告的要求

（1）报告必须明确有关人员的责任。为使责任预算切实有人负责，必须把责任中心的责任预算落实到个人——通常是责任中心负责人。他们对责任中心发生的成本及收益具体负责。因此，责任报告的内容，必须与有关人员责任内容一致。

（2）报告是实际绩效与标准的对比。责任会计的重点内容之一，是将预算的执行情况与责任预算进行比较，在责任报告中必须同时填列预算与实际数额之间的差异，便于进行业绩考评和采取有效措施。

（3）报告必须简明扼要，突出重点。责任会计所提供的信息是大量的，繁杂的。责任报告必须把那些对经济效果有重大影响的信息有重点地加以分析。会计上的“例外管理原则”和“重要件原则”是责任报告必须遵循的原则。报告的重点在于说明脱离预算的差异，以使经营者便于知道实现预算的关键所在，集中精力，及时解决。

(4) 报告必须适时。报告适时是指提供报告的时间应能满足责任中心和企业管理部门的需要，一般在决策和控制之前的报告最为适时，具有较大使用价值。责任报告不受传统会计分期原则的约束，可以按周按月编报，还可以根据生产经营需要随时编报。

(5) 报告资料必须正确、清晰、简单、明了。责任报告是传递资料的纽带，是有关人员据以决策的根据。因此，报告必须正确无误、用词恰当，书写清晰，以便于使报告能表其真意。责任报告按企业管理层次逐级进行经济评价必须采取的调节措施。

3. 责任报告与财务会计报告内容的区别

(1) 编报的时间要求不同。财务会计报告定期编制，并定期上报主管部门以便汇总；责任报告根据企业内部管理的需要，随时编报，以及时提供信息，发现问题及时解决。

(2) 两者反映的内容不同。财务报告要求如实反映某一会计期间企业整体的资金、成本、利润等有关情况；责任报告只反映各个责任小心的综合业绩。不同类型的责任中心有不同类型的责任报告。

(3) 编报的目的不同。财务会计报告的编制是为了保证定期及时地向外界有关单位提供信息，如上级主管部门、财政部门、银行、股东等。责任报告是为了对内管理的需要，向有关决策、控制部门提供信息进行管理。

(4) 两者反映的重点不同。财务会计报告重点反映的是企业实际执行情况。如实际成本、实际利润、实际占用资金等，并要求数据准确、真实，不差分毫。责任报告重点反映的是各责任中心实际脱离预算的差异，并不要求数字绝对准确，有的数字只需了解大致趋势就可以，如是超过预算数，还是小于预算数等。

(5) 各责任报告有关数据的简单相加并不等于企业财务报告中相关数据，如各利润中心的利润相加并不等于企业利润表中实际利润总额。一般地讲，前者比后者展现出的数额大。因为，财务会计报告中并不包括各利润中心之间的交易产生的收入。在财务会计报告中，获得的收益权来自和外部配额的交易中。这样，在责任会计报告中出现的各利润中心的利润之和就要比整个企业财务会计报告中展现出的数额大。这两个数额排除了转移价格的影响后会一致起来。这个程序和准备合并财务报表的程序是一样的。责任报告是对各责任中心过去一段期间生产经营活动情况的系统概括和总结。据此，可以进一步对差异形成的原因和责任进行具体分析，充分发挥信息的反馈作用，以利用管理部门对有关的生产经营活动实现有效的控制和调节，促使各个责任中心根据各自的特点，为实现企业总体目标，相互协调并卓有成效地开展工作，以最大限度地提高生产经营的效果。几个有关环节之间的关系，如图 10.1 所示。

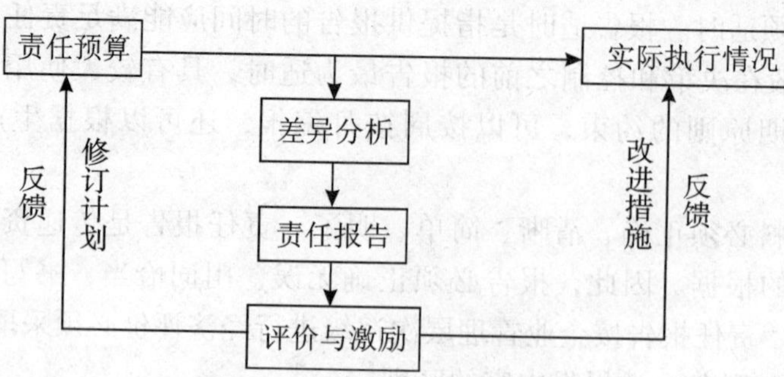

图 10.1 有关环节的关系图

10.4.3 对成本中心的评价与考核

1. 成本中心的考核指标

由于成本中心的职能是决定生产要素的投入组合，不会产生收入和利润，它的业绩考核指标为可控成本之和，即责任成本。因此，对于成本中心而言，它的业绩报告中应当包含大量的关于可控成本的数据，它以可控成本为重点，同时，也列示不可控成本，其目的是使成本中心的负责人能了解同他有关的成本全貌。

对成本中心的考核，应建立以下两个主要责任指标：可控成本总额差异、单位产品可控成本差异、单位产品可控成本差异。可控成本差额差异是用成本中心可控成本的实际总额和预算总额相比较，实际成本大于预算成本，为不利差异，实际成本小于预算成本，为有利差异。对差异数额分成本项目进行分析，找出差异原因，为下一期工作提供经验。并利用差异评定成本中心的业绩，配合奖惩制度，激励、鞭策成本中心更好地工作。这项指标简单明了、便于使用。

但对于下面一种情况却不然。可控成本实际总额小于预算成本总额而表现的有利差异，可能是成本中心通过努力降低材料耗费、提高劳动生产率而得到的可喜结果，但也可能是没有完成预计产品产量等原因而导致的总成本减少。为避免这种“有利差异”及将造成的评价失真，也为全面搜索问题的原因，设置单位产品可控成本差异指标进行考核。单位产品可控成本差异用下列公式计算：

$$实际单位产品可控成本=\frac{实际可控成本总额}{实际产品产量}$$

$$预算单位产品可控成本=\frac{可控成本预算总额}{计划产品产量}$$

单位产品可控成本差异 = 实际单位产品可控成本 − 计划单位产品可控成本

[例 10－1] 某成本中心生产甲产品，可控成本预算数为 30 000 元。实际可控成本总额 28 500 元，计划产品产量 400 件，实际产品产量 375 件。试评价该中心的工作业绩。

[解] 从可控成本总额看，

可控成本总额差异 = 28 500 − 3 000 = − 1 500（元）表现为有利差异，成本节约。该中心实际产量小于计划产量 25 件（400 − 375），表现为不利差异，至此，我们还不能只简单地得出不利的结论。还需下面进一步分析：

$$单位产品可控成本差异 = \frac{28\ 500}{375} - \frac{30\ 000}{400} = 76 - 75 = 1\ （元）$$

单位产品成本超支，表现为不利差异。

结论：该中心的成本节约是由于降低产品产量而造成，但并没有成比例缩小，单位成本出现超支1元的现象。所以，对该中心的评价是：该中心既没有完成任务，同时单位产品消耗有所升高。

另一种情况，若单纯因产量降低引起的可控成本总额降低，将表现为单位产品可控成本差异为0，此时只解决产量为再降低的问题，与成本消耗无关。这可能是上级部门临时的决定，也可能是成本中心工作效率问题。后一原因，应由成本中心负责。如若编制弹性预算，此项问题则能一目了然。可以只设可控成本总额差异指标与弹性预算进行双重控制，而不再设单位产品可控成本差异指标。

2. 成本中心业绩报告

对成本中心的实际业绩，应定期及时地编制责任报告，向上一级管理部门汇报，以便编制汇总责任报告。成本中心责任报告具体编制方法和格式见下例。此例用弹性预算和可控成本总额差异指标进行控制考核。

[例10-2] 某车间本月份实际生产A产品2 500件，实际消耗资料如下：原材料3 250千克，单价1.50元，直接人工23 400小时，工资2 000元，工具费220元，电力费950元，管理人员工资1 200元，折旧费80 000元，加班费100元，其他250元。该车间弹性预算为（业务量范围2 000～3 000件）：原材料单耗标准1.5千克，单位成本1.5元，单件标准工时1.5小时/件，工资率0.60元/小时，间接费用工具费0.07元/时，电力费0.30元/小时。管理人员工资1 000元，折旧费8 000元，其他300元。

根据上述资料编制该车间本月份成本业绩报告见表10-3。

表10-3 ××成本中心业绩报告表 单位：元

项目	预算	实际	差异
可控成本：原材料	5 625	4 875	-750
工资	2 250	2 000	-250
工具费	262.5	220	-42.5
电力费	1 125	950	-175
加班费	0	100	100
合计	9 262.5	8 145	-1 117.5
不可控成本：管理人员工资	1 000	1 200	200
折旧费	8 000	8 000	0
其他	300	250	-50
合计	9 300	9 450	150
合计	18 562.5	17 595	-967.5

从表 10－3 中可看出，该成本中心从成本项目看，除加班费超支外其他可控成本项目均表现为节约，并且，此预算是产量在 2 000～3 000 元/件的弹性预算，故不存在费用与产量不同步增长的问题。实际上，上述资料以单位产品成本项目考核，可取得同样结果，如表 10－4 所示。

表 10－4　　单位成本项目考核表　　单位：元

单位成本项目	预算	实际	差异
可控成本：原材料	2.25	1.95	－0.30
工资	0.90	0.80	0.10
工具费	0.105	0.088	0.017
电力费	0.45	0.38	－0.07
加班费	0	0.04	0.04
合计	3.705	3.258	－0.447

10.4.4　对利润中心的评价与考核

1. 利润中心的考核指标

利润中心不但有成本发生，而且还有收入发生。因此，利润中心不但对成本、收入负责，而且也要对利润负责，即对收入与成本的差额负责。利润中心最为核心的评价指标是利润，具体可以划分为以下四个利润指标：边际贡献、可控贡献、中心毛利和税前利润。因此，对于利润中心而言，它的业绩报告通常包括以上四个利润指标，要将收入与变动成本和固定成本相对比，求边际贡献和经营净收益，并将实际与预算相比，求出差异系数，以此评价利润中心的工作业绩。

对利润中心的考核，应采用以下两个主要责任指标：可控制利润总额差异和销售利润率差异。可控利润总额可按变动成本原则计算获得。

	实际数（元）	预算数（略）
销售收入总额	100 000	
减：变动成本总额 （剔除外购半成品等不可控因素）	41 000	
边际贡献总额	59 000	
减：可控固定成本总额	19 000	
可控利润总额	40 000	
减：不可控固定成本 （或上级分配来的固定成本）	2 000	
部门利润	38 000	

可控利润总额差异＝实际可控利润总额－预算可控利润总额

＝40 000－39 000＝1 000（元）

可控利润总额差异是考核利润中心业绩较好的指标。它反映了利润中心在其权限和控制范围内有效使用资源的能力。该项指标计算简单，便于使用。它的主要不足是对不可控固定成本和可控固定成本难以划分。例如，对于折旧、保险和固定资产的财产税来说，如果中心有权处理这些资产，那么它们是可控的，若没有这一自主权，则是不可控的。

其次，可控利润总额差异指标难以反映下面一种情况的差异：

[例 10-3] 按照 $P=sx-bx-a$（s 为单位销售价格，a 为可控固定成本总额，x 表示业务量，b 表示单位变动成本）

其中预算数：3 000 = 100 × 100 − 55 × 100 − 1 500 = 10 000 − 5 500 − 1 500

实际数：3 000 = 110 × 110 − 65 × 100 − 1 500 = 11 000 − 65 000 − 1 500

可控成本总额差异 = 3 000 − 3 000 = 0

初步结论：该中心完成了预算目标利润。实际又如何呢？从等式右端看出，实际数中，由于单位变动成本升高而提价，勉强维持住了 3 000 元的目标利润指标，但后期由于售价升高，将会使销售减少。在本期若能及时发现这个问题，拟订措施加以改进，则能避免后患。

为了有效地揭示此类差异，设置销售利润率差异指标来考核。

在上例中，

$$预算销售利润率=\frac{预算可控利润总额}{预算销售收入总额}=\frac{3\ 000\times100\%}{10\ 000}=30\%$$

$$实际销售利润率=\frac{3\ 000\times100\%}{11\ 000}=27.27\%$$

由此看出，本期该中心销售利润率下降，并没很好地完成任务。所以，只用可控利润总额差异指标不能全面、真实地评价利润中心业绩，还应采用销售利润率差异指标。反之，只用后一指标，难以对不同生产规模的盈利指标加以控制。

以下两式便能说明：

$$某利润中心1：销售利润率=\frac{4\ 000\times100\%}{10\ 000}=40\%$$

表现为：4 000 = 10 000 − 4 000 − 2 000

$$某利润中心2：销售利润率=\frac{40\ 000\times100\%}{100\ 000}=40\%$$

不同的生产规模，要求达到不同的盈利总额，只有可控利润总额才能反映不同生产规模应达到的盈利水平。表现效率的销售利润率指标则不一定因生产规模不同而不同，因此，对利润中心考核，采用可控利润总额差异和销售利润率差异两项指标能扬长避短，较为全面、真实地评价利润中心的业绩。

2. 利润中心业绩报告

利润中心的业绩应通过编制责任报告加以反映。

[例 10-4] 某利润中心某月份责任报告如表 10-5。

表10－5　×利润中心责任报告

20××年×月

单位：元

项目	预算	实际	差异
销售收入	95 000	80 000	－15 000
变动成本：变动生产成本	39 000	40 000	1 000
变动推销及管理费用	7 800	8 000	200
小计	46 800	48 000	1 200
边际贡献	48 200	32 000	－16 200
减：可控固定成本	20 050	20 000	－50
可控利润	28 150	12 000	－16 150
减：上级分配固定成本	3 900	4 000	100
部门利润	24 250	8 000	－16 250
销售利润率（%）	29.63	15	－14.63

表10－5中有关数字计算如下：

$$预算销售利润率=\frac{预算可控利润总额}{预算销售收入总额}\times 100\%=\frac{28\,150}{95\,000}\times 100\%=29.63\%$$

$$实际销售利润率=\frac{实际可控利润总额}{实际销售收入总额}\times 100\%=\frac{12\,000}{80\,000}\times 100\%=15\%$$

结论：从表10－5中可看出，这是一个没有完成目标任务的利润中心，表现为可控利润总额差异和销售利润率总额差异均为不利差异。

10.4.5　对投资中心的评价与考核

1. 投资中心的考核指标

投资中心不仅需要对成本、收入和利润负责，而且还要对所占用的全部资产（包括固定资产和营运资金）承担责任。投资中心的业绩评价指标除了成本、收入和利润指标外，主要还有投资利润率、剩余收益和经济附加值等指标。因此，对于投资中心而言，它的业绩报告通常包含上述评价指标，除了将收入与成本相比较来求出经营净收益外，还要列示投资报酬率及销售利润率。

要对投资中心的业绩进行考核，先行工作是要确定投资基数。投资中心的投资基数是指该中心的可控投资额，包括中心的财产、厂房、设备及存货。若中心有销售和贷款政策的控制权，其应收款也包括在资产基数中。在中心一级保存和管理的现金余额也应包括在内。另外，用租赁资产经营带来的收益也应包括在总收益中。为公正地评价中心的业绩，租赁资产也应包括在总收益中和投资基数中。否则，将会使使用租赁资产的投资中心的投资报酬率戏剧性地增加。这是由于人为地把租赁资产排除在投资基数之外而造成的，非主观努力所致。对投资中心的考核，应建立以下两个主要责任指标：投资利润率（或叫投资报酬率）、剩余收益。

（1）投资利润率。投资利润率是指部门的净利润与部门占用的投资的比例。

公式如下：

$$投资利润率=\frac{净利润}{占用投资}=\frac{净利润}{销售收入}\times\frac{销售收入}{占用投资}=销售利润率\times投资周转率$$

[例 10－5] 设某投资中心有关数据如下：销售收入 1 000 000 元，净收益 100 000 元，经营资产：期初余额 400 000 元，期末余额 600 000 元，求投资利润率。

$$解：经营资产占用额=\frac{400\ 000+600\ 000}{2}=500\ 000$$

$$投资利润率=\frac{100\ 000}{1\ 000\ 000}\times\frac{1\ 000\ 000\times100\%}{500\ 000}=\frac{100\ 000\times100\%}{500\ 000}=20\%$$

投资利润率可以按不同口径计算。一种口径是：分子净利润指扣减利息、所得税的净利润，分母占用的投资按平均占用额计算。这种口径可以反映投资中心资产的利用效率。另一种口径是：分子净利润中扣除利息，分母投资总额中扣除负债。这样计算的投资利润率是为了从投资者角度看其投资报酬的大小。借入资金（负债）获取的利润只有在扣除利息后才归企业所有。表 10－6 列示了按两种口径计算的投资利润率：

表 10－6　**投资利润率计算表**　单位：元

部门	资产(包括负债)	负债	净额	利润(包括利息)	利息(12%)	利润(不包括利润)	投资利润率	
							用全部资产	用净额计算
甲	1 000 000	500 000	500 000	200 000	60 000	140 000	20%	28%
乙	1 000 000	0	1 000 000	200 000	0	200 000	20%	20%

投资利润率的计算公式还可以反映出这样一种信息：提高投资利润率的途径。

①增大销售量。在现有生产能力条件下（即不改变投资额），提高达到保本后的销售量，这样可以使销货增加的比例快于成本增加的比例，从而加大利润，提高投资利润率。

②降低成本。降低固定成本总额和单位变动成本，增大利润。

③减少营业资产。减少流动资产占用，例如，严格控制存货数量，加强应收账款的催收工作，以加速流动资金周转；减少固定资产占用，例如，对不需用的固定资产及时进行处理等。运用该项指标时应注意：分子、分母均应为投资中心可控的因素；对各级投资中心的经营资产的计价应建立在可比的基础上。特别是固定资产应按原始成本计价、而不按净值计价。否则，即使各投资中心的资产、利润不变，由于折旧净值逐年降低，投资利润也会提高。但运用投资利润率指标，会出现以下问题：

①由于通货膨胀的影响，使资产账面价值失实，从而每年少计折旧，虚增盈利，使投资利润率升高。

②会使一些投资中心不愿从事投资利润率较低，但对整个企业有利的投资项目，从而导致决策失误。

[例 10－6] 某投资中心第 1 年经营资料如下：经营资产平均余额 100 000 元，经营利润 20 000 元，则投资利润率为 20%（20 000/100 000×100%），规定最低的投资利率为 10%，准备第 2 年让该中心增加一项投资，投资额为 20 000 元，预计利润 3 000 元，则投资报酬率为 15%（3 000/20 000×100%），问该投资中心会接受吗？

［解］接受新投资后，部门的投资利润率为：

$$\frac{20\ 000+3\ 000}{100\ 000+20\ 000}\times100\%=19\%$$

若根据投资报酬率考虑，由于接受这项新投资会使该投资中心投资利润率下降（19%～20%），故它不会接受。实际上，这项投资的投资报酬率为15%，大于规定的最低投资利润10%，并产生新的现金流量。

3 000－20 000×10%＝1 000（元）

对该中心和整个企业都是有利的，应该接受。

③投资规模不同时会出现不公正的评价。

［例10－7］甲投资中心经营资产为90 000元，净利润为20 000元；乙投资中心经营资产为50 000元，净利润12 500元，资本成本15%，试评价哪个投资中心效果更好？更有优势？

［解］按投资利润率比较：甲为22.2%（20 000/90 000×100%），乙为25%（12 500/50 000×100%），所以，乙优于甲，乙的投资效果更好些。但用差异分析法：两个中心的差量收益为7 500元（20 000－12 500），两个投资中心的差量投资为40 000元（90 000－50 000），差量投资报酬率为18.75%（7 500/40 000×100%），明显高于资本成本15%。所以，扣除资本成本后，甲比乙有更大的获利能力。鉴于以上原因，采用另一项指标剩余收益来弥补以上之不足。

（2）剩余收益。剩余收益是指净利润扣除了按规定最低投资报酬率（或资本成本）计算的净利润的余额，公式如下：

剩余收益＝净利润－经营资产×规定最低投资报酬率

剩余收益指标有以下优点：

①能较全面评价各中心业绩，防止各投资中心受本位主义影响。

［例10－8］将前述［例10－6］的资料，规定最低投资报酬率为10%，用剩余收益加以比较考核，

第1年：剩余收益＝20 000－100 000×10%＝10 000（元）

第2年：接受新投资后，剩余收益＝23 000－120 000×10%＝11 000（元）

接受新投资后，能为该投资中心多带来1 000元的剩余收益，故可以接受。

②对不同规模的投资中心的评价问题将容易解决。

［例10－9］将前述［例10－8］的资料用剩余收益加以评价。

甲中心剩余收益＝20 000－90 000×15%＝6 500（元）

乙中心剩余收益＝12 500－50 000×15%＝5 000（元）

从剩余收益看，甲优于乙。所以，此项指标能使对投资中心的业绩评价和对其经济实力的考核相协调一致。

③在投资报酬率相同的几个投资项目中，可评出优劣。

通过上述例子，可以看出剩余收益指标能较好的弥补投资利润率指标之不足。但该项指标使用起来不甚方便。剩余收益是一个绝对数，规模不同的投资中心不能用相

同的目标剩余收益来衡量。因为，规模大的中心容易获得剩余收益。

例如：甲投资中心有100万元资产、乙投资中心有1 000万元资产，资金成本为15%。若目标剩余收益相同均为10万元，则甲需获利25万元（10＋100×15%），此时投资利润率为25%；乙需获利160万元（10＋1 000×15%），投资利润率为16%，由此看出，要完成相同目标，规模小的甲部门需要付出更大的努力，而乙部门能较容易达到目标。以此来评价甲、乙两部门业绩，显然是不公正的。所以，在制定目标剩余收益时，应按投资规模的不同制定不同的目标剩余收益，以充分反映各部门的努力程度。为及时反映投资中心的业绩，应编制投资中心责任报告。

2. 投资中心责任报告

如前所述，由于投资中心业绩评价的主要指标是投资报酬率和剩余收益，因此在投资中心的业绩报告中除了提供收入、成本、利润等预算数与实际数以及差异数之外，更重要的是提供投资报酬率和剩余收益两个指标及其相关指标——平均营业资产、营业资产周转率和销售利润率等指标的预算数、实际数以及两者之间的差异数。

［例10－10］某投资中心的业绩报告，如表10－7所示。

表10－7　**某投资中心的业绩报告**

20××年度

项目		预算数	实际数	差异
销售收入	(1)	700 000	720 000	20 000(有利)
减:主营业务成本		660 000	672 000	12 000(不利)
营业利润	(2)	40 000	48 000	5 000(有利)
平均营业资产	(3)	200 000	210 000	10 000(不利)
营业资产周转率	(4)＝(1)÷(3)	3.5次	3.43次	0.07次(不利)
销售利润率	(5)＝(2)÷(1)	5.71%	6.67%	0.96%(有利)
投资报酬率	(6)＝(4)×(5)	19.99%	22.88%	2.89%(有利)
公司要求的最低投资报酬率	(7)	10%	10%	
公司要求的最低投资报酬额	(8)＝(3)×(7)	20 000	21 000	1 000
剩余收益	(9)＝(2)－(8)	20 000	27 000	7 000(有利)

该投资中心的业绩报告表明，该中心的投资报酬率与剩余收益实际数都超过了预算数，这说明该投资中心的经营活动业绩较好。但营业资产周转率实际数小于预算数，这是不利差异，对此要做进一步分析，找出造成不利差异的原因，予以改正。

当公司同时拥有多个责任中心时，为激励各投资中心努力工作，公司经常将各投资中心的业绩进行对比。公司中的不同投资中心，其经营业务性质可能差异较大，如不同投资中心虽然都属于制造业，但是生产和销售的产品在市场上的竞争激烈程度差异较大；利润空间差异较大；或者一个公司中有的投资中心属于制造业，而另一投资中心则属于服务业等。因此，不同投资中心的风险与收益差异较大。在这种情况下，总公司应为每一投资中心设置目标投资报酬率与目标剩余收益，并将各投资中心实际值与目标值进行对比，以此评价各投资中心业绩。并且公司将某一投资中心的投资报酬率和剩余收益，与同行业另一公司相应的投资中心进行对比。这种做法，比同一公司内不同投资中心之间进行比较更合理。

本章小结

企业的组织管理形式有集权管理和分权管理两种形式，其中分权管理有诸多优点，是现代企业管理的主要组织形式。责任会计制度就是把分权管理、经济责任以及会计核算结合起来而形成的一种管理控制系统。建立责任会计制度的主要目的有以下两方面：

一是有利于贯彻经济责任制及考核、评价各责任中心的工作业绩与经营成果；二是便于把各个责任中心的经营目标与企业的经营总目标统一起来，确立经营目标的一致性，同时促使每个责任中心为保证企业经营总目标的实现而协调地工作。

责任中心是指由专人承担一定经济责任并具有相应管理权限的企业内部单位。根据企业内部单位的业务活动特点和权责范围的大小，责任中心一般可分成三大类型：成本中心、利润中心和投资中心。成本中心是指只对成本或费用承担经济责任的责任中心。成本中心计算与考核的成本指标是责任成本，而不是产品成本。利润中心不仅对成本负责，而且要对收入和利润负责。利润中心一般在企业处于较高的责任层次，对产品或服务具有生产经营决策权。在对利润中心进行评价和考核时，应以利润中心的边际贡献作为依据。投资中心是指对投资负责的责任中心，其特点是既要对成本、收入和利润负责，同时又要对投资效果负责。对投资中心不仅要考核利润，还要考核和评价其所用资金的使用效果。投资中心有两个重要的考核指标：投资报酬率和剩余收益。

内部转移价格是指企业内部各责任中心之间相互提供产品或劳务的结算价格。内部转移价格的变动对于企业内部各利润中心之间的利润分配影响较大，但对企业利润总额无影响。制定内部转移价格的基础可分为以下几种类型：成本、市场价格、协商价格和双重价格。

本章复习思考题

1. 什么是责任会计？试述其基本内容及应遵循的基本原则。
2. 什么是责任中心？它与企业的基本组织结构有何联系？
3. 成本中心的基本特征是什么？其考核指标主要有哪些？责任成本与产品成本有何区别与联系？
4. 利润中心的基本特征是什么？其考核指标主要有哪些？
5. 投资中心的基本特征是什么？其考核指标主要有哪些？
6. 什么是内部转移价格？其基本功能及定价原则有哪些？

图书在版编目(CIP)数据

管理会计/李玉周主编.—成都:西南财经大学出版社,2010.3(2017.5重印)

ISBN 978-7-81138-680-6

Ⅰ.①管… Ⅱ.①李… Ⅲ.①管理会计—高等学校—教材
Ⅳ.①F234.3

中国版本图书馆 CIP 数据核字(2010)第 027610 号

管理会计

主　编:李玉周

责任编辑:熊永根

封面设计:杨红鹰

责任印制:封俊川

出版发行	西南财经大学出版社(四川省成都市光华村街 55 号)
网　　址	http://www.bookcj.com
电子邮件	bookcj@foxmail.com
邮政编码	610074
电　　话	028-87353785　87352368
照　　排	四川胜翔数码印务设计有限公司
印　　刷	郫县犀浦印刷厂
成品尺寸	185mm×260mm
印　　张	16.5
字　　数	365 千字
版　　次	2010 年 3 月第 1 版
印　　次	2017 年 5 月第 7 次印刷
印　　数	19001—21000 册
书　　号	ISBN 978-7-81138-680-6
定　　价	31.80 元